中国现代美学名家文丛

中国现代美学名家文丛

文丛主编 金 雅

原著 **王国维**　　选编 **聂振斌**

王国维 卷

中国文联出版社
http://www.clapnet.cn

王国维（1877—1927）

专家委员会

主 任
（按姓氏笔画排序）

汝 信　聂振斌

委 员
（按姓氏笔画排序）

王元骧　王一川　王廷信　王德胜　牛宏宝　汝 信

仲呈祥　朱立元　孙伟科　刘成纪　杜书瀛　杜 卫

严昭柱　张首映　张 法　张永清　李春青　李心峰

余连祥　庞井君　金 雅　宛小平　胡经之　钱中文

聂振斌　凌继尧　高建平　党圣元　徐碧辉　夏燕靖

曾繁仁　彭吉象　滕守尧

《中国现代美学名家文丛》编选说明

一、《文丛》以人为卷，各卷以选主19世纪末至20世纪40年代写作或发表的相关论著为主要编选对象。其中朱光潜、宗白华、丰子恺三卷因其生活的年代至1949年新中国成立以后，且有较为重要的相关论著；为了便于读者对各选主有相对完整的了解，此三卷也遴选了各选主1949年以后写作或发表的少量重要论著。

二、《文丛》各卷为上、下编。上编主要为体现选主对美与艺术的基本观念的文字与相关论著。包括关系密切的哲学、人生、文化、教育、伦理、生活等方面的文字，以及关于美与艺术基本性质、价值等方面的文字。下编则主要为选主对审美、艺术等问题的具体见解的文字。附录为各选主自述人生经历、学术经历和人生观方面的文字，及选主为自己的论著作的自序等。《文丛》各卷文章的编排不以时间为序，主要依据所论思想或问题的性质、内在逻辑等为序。

三、《文丛》入选各文底本的选择以版本的原始性与权威性为原则，尽量依据原始底本和重要底本，并尽量保留历史的原貌。同时，对原版本中有明显错漏的，则予以了校订更正。

四、《文丛》尽量考虑今天读者的阅读习惯与方便。文章所依底本为竖排的一律改为横排，并尽量采用简体；文字古今写法不同，能理解的依原例，差异较大的依今习惯或予标注；个别文章的题目用字或作者的特殊用字，遵原例；标点按今习惯校点。外国人名翻译，原本多采音译，选用的对应汉字有些与今译不同，但依读音理解问题不大的，保持原貌。

五、《文丛》注释采用文内注。保留的各底本原注尽量保持原貌。各卷编者的新注一律注明"编者注"。

目 录
contents

序论：中国现代美学的精神传统

金　雅　聂振斌

《中国现代美学名家文丛》六卷遴选六位中国现代美学家——梁启超、王国维、蔡元培、朱光潜、宗白华、丰子恺的相关论著组成。将中国现代美学卓具代表性和成就的名家做集中的文献整理，迄今可能还是第一次。

《文丛》所说的"现代"是指19世纪末至20世纪40年代，并以此区别于通常的"近代""当代"两个概念。这50余年间，正是中华民族苦难深重的年代，也是中西古今思想文化大撞击大交汇的时代。异族入侵与古老帝国的衰亡，洋务派师夷长技、戊戌变法制度改良的失败，使得国人应对西方文化的态度逐渐由被动转向自觉。20世纪初，梁启超明确提出了"新民"的主张和"学做现代人"的问题，倡导人的革新和"精神之文明"的建设。由此，国民性改造成为进步的文化人士、学者、思想家、政治家关注的焦点之一，人、精神、心理、文化等的变革逐渐成为重要的社会课题。也正是在这个时期，西方美学开始进入中国文化视阈，"美学""美育"等专门学科术语引入，中西美学思想、观念、方法等撞击融会，走在时代前列的一部分思想家、学者开始对中国古代美学思想进行改造更新，并积极试图以美与艺术来启蒙民众、培育民族新人格。这个阶段的中国美学，既有学科建构与理论建设的探索，也有直面人生与关注时代的激情，并由此构筑凸显了自己的某些特点特征，既不同于西方美学，也不同于晚清以前的中国古代美学和新中国成立以后的中国当代美学。

中国现代美学是中国美学发展不可或缺的一个部分，也是非常具有特色、取得了重要成就的一个阶段。《文丛》所涉的六位大家，或是在中国现代美学的奠基期做出了重要的开创性贡献，或是在中国现代美学的发展与繁盛期成为突出的标志性与代表性人物。其中，梁启超、王国维、蔡元培既是中国现代思想的重要启蒙者，也是中国现代美学与文艺思想理论建构的重要先驱；朱光潜、宗白华、丰子恺乃是中国现代美学与文艺思想理论的积极建设者，并取得了卓著的成就。他们的思想理论，虽不能说完全反映了中国现代美学的全貌，因为在他们之外还有鲁迅、邓以蛰、吕澂、方东美、蔡仪、徐复观等重要的现代文艺家、美学家，但是他们的思想理论无疑代表了中国现代美学思想理论构架的主要部分和基本走向。六位大家各具特色，各从不同的侧面对中国现代美学的建设做出了独到的贡献，丰富了中国现代美学思想理论的库藏，这也使得六卷文集各具风采。同时，作为那个时代美学思想理论的引领者，共同的时代、社会、文化的语境，强烈的历史、民族使命感，相似的社会责任感，深厚的国学根基以及或游历或求学域外的直接外来文化背景，也使得他们的思想理论形成了某些共同的特色和民族特征，对于我们认识中国现代美学的性质与特点，探索中国现代美学的生命力所在及其价值意义尤为重要。

从《文丛》涉及的这些代表性人物来看，中国现代美学最为显著的标识是：它是关注现实关怀生存、追求审美艺术人生相统一的人生论美学。中国现代美学不是单纯学科意义上的理论美学，它不仅试图去解决美学的学科与理论问题，更是直面现实中人的生存及其意义的问题。在学科意识与理论形态上，中国现代美学区别于中国古代美学，体现出一定的自觉性与积极建设的意向，从而在话语方式、学科形态上构筑了与西方美学、与现代学科对话的某种基础。而作为一种人生论美学，中国现代美学也凸现出鲜明的人生精神、积极的美育指向、内在的诗性情怀和强烈的文化批判意识；这也正是中国现代美学传承发扬民族美学固有的精神传统，并融会创化中西美学、文化、艺术思想的精华而形成的重要特征与品格。

美学作为人文学科，不仅要解决理论的问题，也要解决实践的问题；不仅要回答知识的问题，也要回答信仰的问题。在某种意义上可以说，这就是以六大家为代表的中国现代美学留给我们的最为动人的地方。中国现代美学留给我们的精神财富，一方面是它对于西方美学学科及其思想理论、观念方法、术语形态等的积极学习和吸纳，另一方面也是它传承民族美学的优秀传统、融会中西古今滋养而试图建构起来的解决民族自身问题的独特话语及其精神特质。学术与人生的贯通，知识与信仰的融会，开放与新创的激情，不仅构筑了中国现代美学的精神特质，也使它至今仍有启益民族美学学术与国人精神生活的方面。

首先，鲜明的人生精神是中国现代美学重要的精神标识之一。

以美和艺术来介入人生介入生存，陶养美感与人格，提升生命活力，美化生命境界，这种针对当时国人人格人性弱点而潜蕴着启蒙意味的人生美学精神，构成了中国现代美学突出的精神传统，并以蕴含现代意义的情感启蒙与生命启蒙的意向呈现着自己的立场与态度。

人生精神亦是中国古典哲学与美学的基本传统之一。理想人格实现处也即审美人生实现处，这可以说是中国传统文化最为深刻的美学精神了。孔子主张完善的人格应将对社会的责任贡献与自我精神上的快乐融为一体。"仁者不忧"，"朝闻道，夕死可矣"。个体生命的价值既在于生命过程本身，更在于以广阔的胸襟和宏大的理想作为支撑，让生命在美善相济中获得永恒的意义。庄子则追求生命之"游"。"逍遥游"不是某种具体的飞翔，它也是一种绝对意义上的消解了物累的心灵自由之"游"，因此，它也象征着不受任何现实条件约束、超越世俗功利目的的精神的最高翱翔，这就是庄子所神往的生命美（至）境。但是，孔子的美善相济具有浓郁的伦理色彩，它真正的立足点还在于群体生命及其理性实现。而庄子则既赞美鲲鹏之高翔，也肯定鹪鹩之自适，他的神

"游"实际上也潜隐着面对人生困境时的某种消极色彩。中国现代美学的人生精神与中国传统哲学的人生精神有着直接的关联,同时这些现代大家又有着丰富的西方文化背景。西方现代哲学与美学的成果,尤其是对西方现代生命哲学、情感学说、艺术美学等的吸纳,使得中国现代美学的人生精神具有某些新的色彩与意蕴。传统美学的伦理色彩、消极取向有所淡化,生命、情感、个性在审美中的地位与意义得到了强化。

中国现代美学的人生视野是广阔的、同情的。它并不倡导艺术局限于作品本身的技能优劣与作家自身的悲喜忧乐,而是希望从艺术从美通向人生,通向生命与生活。中国现代美学的这些大家都主张通过美与艺术来涵养整个生命与人格境界,把丰富的生命、广阔的生活、整体的人生作为审美实践的对象和目的,以艺术的准则、审美的情韵来体味创化人生的境界,倡导审美·艺术·人生之统一,追求人生现实生存与审美超越之统一。王国维"境界说"源自中国传统"意境"论。在中国古典诗论中,运用较多的是"意境"一词,重在探讨诗词中情与景、主观与客观的关系问题。至《人间词话》,"境界"则成为出现频率更高的概念,由此也将唐以降"意境"的侧重艺术品鉴推进到"境界"的艺术与人生相统一的审美品鉴。著名的《人间词话》定稿第二十六则将人生境界分为三重,又以三句古典诗词来诠释,明确地将艺术意蕴的品鉴与人格情致、人生况味的品鉴相融含,从诗词、艺术的意境来通致人生、生命的境界。"真景物""真感情"为境界之本,"忧生""忧世"的"赤子之心"为创境之源。于王国维而言,境界之美实际上也成为人生之美的映照。梁启超明确提出美是人类生活中不可或缺的要素。他的"趣味说"则是对中国传统艺术趣味论与西方审美趣味论的新创造。他以生命、情感、创造为趣味之本,要求生命秉持不有之为的趣味精神,以情感为根基,激扬奋发,融小我入大我,在与宇宙、众生的迸合中开拓与享受生命的美境。梁启超把"趣味化"的生命境界涵括为"生活的艺术化",认为这是人类最合理的生活。他倡导通过学术、游戏、劳动等生命实践活动,尤其是艺术审美活动来涵养趣味人格。在梁启超,趣味生命的实现即创造的人生也即美的实现。与"境界说""趣味说"相映趣的，还有朱光潜的"情趣"、丰子恺的"真率"等等范畴与思想。朱光潜提出"每个人的生命史就是他自己的作品"。丰子恺强调艺术不是技巧的事业而是"心灵的事业"，要把整个生活与生命创造为"大艺术品"。这些思想与学说作为中国现代美学的重要组成，共同丰富凸现了中国现代美学人生精神的情韵与特征。

其次，积极的美育指向也是中国现代美学精神传统的突出特征。

关注美学的实践性，关注美育，是中国现代美学人生精神的重要落脚点。中国现代美学几乎所有重要的大家都倡导把美学研究的成果贯彻到教育中，把思想与理论落实到育人上。积极提倡美育，努力实施美育，强调与重视美育的情感功能，主张用艺术教育来改造国民性，这也是本《文丛》六位大家的共同意向与实践。

在现代中国，王国维最早提出"美育"问题。1903年他在《论教育之宗旨》一文中，认为健全的教育应是体智德美全面发展的，因此他建议清政府实施美育。但清政府并没有接受他的建议，他的美育思想影响只限于思想界。1912年2月蔡元培任民国临时政府教育总长，在就任时发表了《对于新教育之意见》的演说，阐述他的教育思想和美学见解，并且在中国教育史上第一次把美育确立为国家教育方针之一。从此，美学思想理论通过政府行为贯彻于教育实践，甚至影响全社会。朱光潜也非常重视美育，对美育有深入、系统的研究。他把自己的美学研究成果用优美的语言、通俗的实例写成美育小册了向社会普及，如《谈美》等，产生了广泛的社会影响。

美育的宗旨是情感教育，美育的主要途径与形式是艺术教育，这是中国现代美育的核心观念。蔡元培明确提出美育的目的是"陶养情感"，从而成为中国确立现代美育观念的第一人。梁启超明确提出了"情感教育"的概念，强调学做"现代人"，即知情意全面和谐发展的人。朱光潜强调美育的根本任务是解放人性，使人性自由，是"养性怡情"。对于美育情感品质的肯定，使中国现代美学具有了区别于中国古代美学的新质，也是中国现代美育走向独立的重要前提。

美育与艺术教育这两个概念并不完全相同，但有相互含融之处。美育含义比艺术教育宽泛，它包含艺术教育；同时，除艺术之外，自然山水、现实生活、历史遗迹、文化名胜、城市建筑、乡村田园、各种博物馆展览厅以及人自身等等，也都存在一个审美问题，都是审美教育可利用的资源。但从教育的角度言，这些都没有艺术教育那种丰富充实的社会内容和精致多样的美感形式，作用与效果也没有艺术教育那样强烈。中国古代一直重视艺术教育，但中国古代的艺术教育附丽于道德教育而没有独立地位。这种状况在中国现代美学中也得到了改变。蔡元培明确提出"美育之实施，直以艺术为教育"，给予艺术教育以独立的地位。梁启超是中国现代艺术教育最早的倡导者之一，他提出用文艺改造国民性的思想，影响了一个时代。鲁迅、郭沫若等人弃医从文以文艺救国的志向与行动，就受到了梁启超的影响。尤其是后期梁启超所说的"趣味教育"与"情感教育"实质上就是美育。他提出人类不可能个个都做"美术家"，但应该人人都成为"美术人"。他以趣味人格和情感个性为核心，论述艺术教育的特殊意义和艺术家的重大社会责任，在今天仍具有重要现实意义。在中国现代艺术教育史上，丰子恺也做出了突出的贡献。他独特风格的绘画创作（尤其是漫画）和极高的艺术鉴赏眼光（尤其对音乐），不仅为人生增添了无限的乐趣，也赢得了人们的无比敬佩。丰子恺主张艺术教育是"很重大很广泛的一种人的教育"，强调"事事皆可成艺术而人人皆得为艺术家"。他身兼艺术家与理论家为一身，不仅发表了丰富的艺术教育思想，也是中国现代艺术教育的重要导师和身体力行者。

再次，内在的诗性情怀构成了中国现代美学人生精神的重要方面。

中国现代美学的人生精神不仅发展了关怀现实、重视实践的维度，也发展萌生了艺术—审美超越及其诗性提升的维度。

应该承认，艺术—审美在中国传统文化中占有极其重要的地位。在某种意义上可以说，中国文化的理想，既不是科学实证的，也不是宗教幻想的，而是艺术—审美体验的。中国人的大多数都不信仰宗教，而把艺术—审美当成自己的理想追求，这也培育了中国文化的诗性之纬，在艺术—审美境界中挣脱现实物质的功利的束缚而追求精神的自由和超越。这种超越，既不是世俗功利的，也不是虚无缥缈的，既超现实又不脱离现实。这种诗性精神在中国传统文化中占有极其重要的地位，不仅为文学家所钟情，也历来为政治家、哲学家、教育家所重视。对于中国古代哲人而言，最理想的安顿无疑不在彼岸不在来世，而在富有艺术—审美品格的现实人生中。中国历史上一些失意的士大夫，很少皈依宗教，而是隐居山林田园，痴迷于艺术—审美活动。即使有的人皈依了佛教，也是中国的佛教，追求当下自我人格的自由，与现实的艺术—审美境界相沟通，而与印度佛教寄希望于"轮回来世"和西方基督教寄希望于"彼岸""天堂"不同。由此，具有审美意味的诗性主体的建设成为中国传统文化与哲学的重要命题之一。它在人、自然、社会、宇宙的关系中主张的是和谐而不是对立。这种精神追求，这种发展趋向，在中国学术、教育的奠基时期——先秦时代已经牢固地确定下来。孔子云"从心所欲，不逾矩"。庄子主张"物我两忘"而"道通为一"。禅宗则倡扬"佛是自性作，莫向身外求"。这种种既现实而又艺术化的伦理与心性之学，在中国传统艺术中演化为"静照""妙悟"等把握方式，也成为人生与艺术相融通的诗性渠道。

中国现代美学也传承发扬了这种诗性情怀。现代美学家们融会中西现代思想、理论和方法转化中国古代艺术　审美境界，重构现代的人生理想与精神品格。其突出表现之一就是以出世来入世的"人生艺术化"思想与学说。"人生艺术化"非以艺术来出世、游世或厌世，而是要求以艺术精神来塑造生命提升人格，超越小我达成大化，追求生命过程的非功利性和生命意义的诗意性。"人生艺术化"思想初萌于 20 世纪 20 年代前后。最早田汉、宗白华有相近似的表述，但当时缺乏系统深入丰满的阐释，影响不大。20 年代初，梁启超提出了"生活的艺术化"口号，并以"趣味主义"精神来诠释，从根本上奠定了"人生艺术化"命题的核心精神。梁启超指出"生活的艺术化"就是"把人类计较利害的观念,变为艺术的、情感的"。他强调,在这种"趣味化艺术化"的境界中,实践主体由情而动,有真性情,有大情怀,将小我之兴味与众生、宇宙之运化相融通,最终超越小我之成败得失而达致生命创化之"春意"。梁启超的"趣味主义"哲学和"生活的艺术化"的思想明确开启了融情感、哲思、意趣为一体的艺术化生活的实践方向。朱光潜是"人生艺术化"理论的积极倡导者之一。30 年代,经过他的诠释与积极倡导,"人生的艺术化"成为一个具有相对确定内涵的命题,产生了广泛的影响。朱光潜提出了"出世"与"入世"的关系问题,主张以"出世的精神"做"入世的事业",以"无所为而为"的艺术精神来涵养人生的理想与情趣。30—40 年代,宗白华一往情深于艺术和美的体悟与诠释。他将"意境"的范畴纳入人与世界的整体关系格局中,提升到人生观、宇宙观的形上层面予以诠释。在中国审美与艺术史上,宗白华第一次深刻地窥见了艺术意境的生命底蕴与诗性本真。他指出意境的底蕴就在于"天地诗心"和"宇宙诗心",它有直观感相、活跃生命、最高灵境三个层次,也就是从"情"到"气"到"格",从"写实"到"传神"到"妙悟"。飞动的生命和深沉的观照的统一,至动和韵律的和谐,缠绵悱恻和超旷空灵的迹化,成就了最活跃最深沉、最丰沛最空灵的自由生命境界,使每一个具体的生命都可以通向最高的天地诗心,自由诗意地翔舞。由此,宗白华的意境论不仅是对中国艺术精神的深刻发掘,也是对诗意的审美人格和诗性的审美人生的现代标举,它不仅强调了超越与自由的纬度,也强调了至动而有韵律的生命之美。宗白华的思想学说与成就是中国现代美学诗性精神绽放的巅峰之一。

中国现代美学的这种诗性精神既来源于中国传统文化的艺术—审美精神,也来源于西方现代美学的传统,如康德美学的审美无利害性思想与价值论视角,尼采美学的艺术形而上学精神,德国浪漫派美学人生与诗合一的主张等。中国现代美学面对民族的苦难与文化的危局,升华出美与艺术的诗意,主张超越的人生品格与积极的生命精神。这种诗性的光芒在整体上表现为一种情感的深沉、一种生命意义的大气与坚守，从而也构筑了中国现代美学诗性精神的独特品格。梁启超、朱光潜、丰子恺、宗白华等都强调个体生命、群体社会、宇宙大化三者的融合，强调个体生命境界的诗意提升与整体升华。这种精神意向也使得他们对美的理解与阐释常常体现出大气而灵动的特点。如梁启超对中国古典作家的鉴赏就侧重于作家的精神气度与人格魅力，他把杜甫誉为"情圣"，以"All or nothing"为屈原精神的神髓；宗白华对中国传统艺术的赏析则以民族精神、时空意识、生命情调、艺术意境等为中心，着意于体味民族心灵的高旷灵逸。在对现实生存与个体生命的关怀中，这些现代美学家呈现出对人生终极理想与生命至高意义的苦苦思索与追寻，并在现实的艺术—审美的诗性境界中找到了自己的答案。正如宗白华所言："我们任何一种生活都可以过，因为我们可以由自己给予它深沉永久的意义。"（宗白华《歌德之人生启示》）

此外，强烈的文化批判意识是中国现代美学留给我们的重要精神财富之一。

中国现代美学孕生于民族苦难、文化落后、民众麻木的历史背景中，对于那些先驱者与建设者们来说，这不仅是美学思想、意识、学科自身发展的历史，也必然是为时代大潮所激荡的文化更新史、思想更新史。启蒙、反思、批判，这样一些新的理性精神，在中国现代美学的诸多思想家身上，都可真切地感受到。

20年代，梁启超扛着"诗界革命""小说界革命"等旗帜最早向温柔敦厚、中和内敛的传统审美意识发起冲击，他批评中国的诗教总以"含蓄蕴藉"为文学的正宗，对于中国文学史上"以'多愁多病'为美人模范"的病态审美理念给予了辛辣的嘲讽。情感与个性的解放成为梁启超艺术与审美的两大基本准则，是对中国封建文化长期以来钳制人性压抑生命的批判。写于1932年的《谈美》是朱光潜的成名之作。在《开场话》中，朱光潜提出谈美在当时的中国是"太紧迫"了，因为中国人急需"免俗"。谈美就是对那些"俗人"与"伪君子"的批判与警醒。40 年代，宗白华深情地呼唤"中国文化的美丽精神往哪里去"？他说："中国民族很早发现了宇宙旋律及生命节奏的秘密，以和平的音乐的心境爱护现实，美化现实，轻视科学工艺征服自然的权力。这使我们不能解救贫弱的地位，在生存竞争剧烈的时代，受人侵略，受人欺侮，文化的美丽精神也不能长保了，灵魂里粗野了，卑鄙了，怯懦了，我们也现实得不近情理了。我们丧尽了生活里旋律的美（盲动而无秩序）、音乐的境界（人与人之间充满了猜忌、斗争）。一个最尊重乐教、最了解音乐价值的民族没有了音乐。这就是说没有了国魂，没有了构成生命意义、文化意义的高等价值"。（宗白华《中国文化的美丽精神往哪里去？》）艺术、审美被提升到与生命意义、文化意义甚至国魂相等的高度。美学不仅是一种学术的建构，也是一种文化的反思、思想的激扬，这也成为中国美学发展史中一道独特的景观。

当然，中国现代美学作为中国美学现代学科建设的开端，作为中国美学思想理论由古典向现代转换的发动，并非已经达到了完美的程度。其探索与实践的不足与局限，有待发展的方面与空白，不仅给予后人宝贵的启益，也留下了继续发展与完善的广阔空间。

今天，阅读六位大家的文本，不仅是一种吸纳，也必然是一种反思。中国现代美学是在中西古今文化交汇、碰撞的历史潮流中产生、发展的。中国现代美学的成果既是对中国古代美学思想的继承、转化与更新，也是对西方美学思想的吸纳、融会与改造。中国现代美学的开创者和建设者，始终是以中国固有的文化为基础，积极吸收西方文化的异质因素（即新因素），并加以融合会通、创化出新的。因此，中国现代美学既不同于中国古代美学思想而具有了新质即现代性，又不同于西方美学，因为它传承了中国文化的民族特色。以六大家为代表的中国现代美学的开创者和代表人物之所以能做到这一点，是因为他们既有很深的国学根柢，对自己固有的文化不仅是亲情所系，而且对它的长处与短处也有清醒的认识，他们又很开明通达，积极吸收西方文化的新营养，以弥补自己的不足。值得注意的是，六大家游历或求学域外的直接西学背景，不仅没有使他们全盘洋化，恰恰使他们在比较中理性反思中西文明，尤其是较早对以科技为核心的西方近现代文明做出了反思。梁启超、宗白华等都对西方近代文明的物质主义、技术主义、功利主义倾向提出了批判。梁启超指出科学很重要，但科学不是万能的；人需要有安身立命之所在。他批评欧洲"自然派文学"逼真描写"人类丑的方面兽性的方面"，这样的创作缺失了人类价值的光芒。宗白华批评西方近代文明中过分发展的"理智精神"背后站着一个"魔鬼式的人欲"，憔悴于"过分的聪明与过多的目的"，人类"飞翔于自然之上"又"束缚于自己的私欲之中"。他苦苦思索人生的真相与意义，对于席勒追求自由的人文思想，对于魏晋不滞于物的自由人格，对于屈原的深情和歌德的激情，都给予了富有艺术—审美意味的解读。中国现代美学在传承、化合中有反思、有新创，结出了以"境界（意境）""趣味（情趣）""美术人""人生的艺术化"等为代表的丰富成果。而他们在开放中积极批判吸收异质文化、坚守民族立场、试图解决自身问题的方法与立场，在经历了学术与文化领域西方话语曾一度占据压倒性优势的今天，确实给予我们深刻的启示。

另一方面，作为中国美学现代进程中的开端，这些现代美学家们在吸纳西方新思想、新理论、新方法时，有生硬粗糙之处，有简单硬搬之迹，他们的一些思想与学说在今天看来也不尽完善完美，需要我们省思推进。如王国维的《红楼梦评论》虽开中国现代悲剧思想的先河，但其在运用西方思想与悲剧理论时就有泥滞之处。再如早期梁启超认为文学艺术的变革能够直接改变社会状况；30年代的朱光潜把社会腐浊完全归结为"人心"问题，认为艺术精神在现实改造中具有决定意义。他们的这些看法也都有过分抬高艺术—审美效能的片面化简单化的毛病。

而他们的有些学说，则既有积极的成分，又有消极的因素，在不同的语境下也有不同的意义，具有一定的复杂性，需要我们梳理鉴别、批判继承、传承创新，积极挖掘发挥其在今天的价值。如他们所主张的"人生艺术化"的理想和人生—艺术相统一的审美精神，就当时的社会状况来说就是非常超前的，也是无法直接解决当时迫切的社会问题的，这种思想和学说无疑有着过于强调精神作用与审美救世的倾向。但是，"人生艺术化"的学说在苦难的现实中升华起来的理想的诗意的光芒，作为对于当时国人萎靡人性和委顿生命的批判与启蒙，作为对于现实中世俗物欲和功利主义的批判，作为对于现代社会工具理性和机械理性对人性分裂和束缚的否定，无论在当时还是今天都有它积极而独特的意义。"人生艺术化"是带有"乌托邦"性质的一种艺术理想、审美理想和人生理想。"乌托邦"是精神寄托的一种家园，它是幻想的，但它也是自由的、快乐的、完美的，是可望而不可即的。艺术—审美活动从本质而言，就是满足情感的美好需求，满足意志的自由追求，满足精神生活的快乐需要，也是满足生命与人生的意义寄托。艺术—审美的理想光靠感官是无法完整享受的，它与物质也分属两个世界。艺术—审美的光芒需要情感的体验、心灵的感悟、精神的观照。"乌托邦"与艺术—审美的精神具有某种一致性，它可以给予人精神的慰安、提升和享受。但"人生艺术化"不是让人最终迷失于"乌托邦"之中，而是要以美的艺术为武器，以情感的发动、心灵的高翔来激发生命的热情、人生的情怀，它是要以出世来入世，通过现实与小我的超越，实现个体生命境界和人格情致的提升。它的路径是试图通过人格和心灵的美化来最终影响和改变世界。"人生艺术化"的命题，在今天这个高度重视技术、物质、效益的社会中，在当下以经济与技术为前提的全球化语境中，无疑更有着特殊而重要的人文意义。我们应该扬弃中国现代"人生艺术化"思想中的消极因素，发掘充实它积极的人文意义和审美意义，在改造外部世界和发展塑造主体自我相统一的现实历史进程中，发挥这些优秀文化遗产应对当代新生活挑战的独特价值。

《文丛》遴选的六位大家是学者、思想家、理论家，也是生活于我们整个民族历史中的活生生的人。《文丛》在编选中不仅遴选了他们在直接的意义上论美谈艺的文章，也遴选了他们论析哲学、人生、伦理、教育等而又与论美谈艺具有内在联系的文字，并将其分为上下两编。这样的编选定位与编排风格，力求突出中国现代美学的特点和各位选主的特色。相信这样的编选对于凸现和把握中国现代美学及这些代表性人物的面貌与风范会有助益，同时也一定会有益于各位读者全面深入地理解这些大家的美学观、审美理念、美学与艺术学说。同时，基于《文丛》对"现代"概念的定位，入选各位选主的文章主要为1949年前写作或发表的；但为了便于读者能对选主有一个相对完整的了解，朱光潜、宗白华、丰子恺三卷也各自遴选了少量新中国成立后的重要代表作品。

希望通过这套《文丛》的出版，通过对中国现代美学代表性和标志性人物的文献整理，在梳理中国现代美学的主要精神传统、确立中华美学的精神特征、建构我们自己的民族美学，以及激活提升当代国人的生命实践和精神生活方面会有助益。

中国现代美学非仅此六家。在《文丛》编选的过程中，屡有热心人士建议扩大入选范围。确实，在中国现代美学的历史图谱中，值得整理和研究之人很多。希望我们这个工作作为一个开始，能够有更多的学者、更多的热心人士关心与参与，也希望在将来条件成熟的时候，能有更多的文卷问世，使得中国现代美学的资料图谱能够日臻完善！

导读：王国维及其美学

聂振斌

　　王国维（1877—1927），字静安（或静庵），又字伯隅，号观堂，浙江海宁人。出生于一个不太富裕的书香家庭，自称"中产人也"（《静安文集续编·自序》）。从小受中国旧传统教育，以科举考试为前程。十五岁（1892年）考中秀才，名噪乡里。以后，又连续两次应乡试，皆不果。从此放弃了科考仕途，转而学新学（即西学）。但他步入青年时代，家境已很窘困，无资就学深造，出国留学更是梦想。但读书学习又是他的天趣，因而不得不自谋生计，勤工俭学，自学成才。二十一岁时（1898年）离开浙江到上海，经人介绍到康梁改良派创办的《时务报》任司书和校对。他一面工作，一面利用业余时间到罗振玉开办的"东文学社"学哲学、文学、英语、日语等。不久，改良主义运动失败，《时务报》被关闭，王国维自然失去工作。但由于罗振玉很赏识王国维的才气志向，便聘请他做自己创办的"农学社"的庶务，照旧一面工作，一面读书听课。从此他与罗振玉结下不解之缘，罗振玉成为影响他人生道路的长者和朋友。二十四岁（1901年秋），罗振玉资助他到日本留学，学习物理、数学等。第二年秋因病回国，跟随罗振玉相继于上海、南通、苏州等地从事教学工作。在此学习期间，对哲学、美学尤感兴趣。在学西方哲学概论中，知道了康德、叔本华等人，遂之研读他们的著作，并发表了一系列哲学、美学、文学批评和教育论文、杂感等。三十岁（1907 年）随罗振玉入京，罗任清朝学部参事并引荐王国维任学部总务司行走之职。其后，又改任学部所属京师图书馆编译，有机会阅读图书馆所藏典籍，并从事中国诗词、戏曲研究。1911 年辛亥革命爆发，清政府被推翻。不知何故，王国维的哲学、美学、文学、戏曲研究，也到此结束。第二年，罗振玉亡命日本，王国维也跟随他留居日本五年，专治国学（主要是历史学与考古学），已完全失去对西学的兴趣。三十九岁（1916 年）回国，在上海先后任编辑、大学教授。四十六岁（1923年），经人举荐作了溥仪废帝的"南书房行走"。四十八岁（1925 年）应聘清华研究院掌教。五十岁（1927 年 6 月 2 日）自溺于颐和园昆明湖，了却了自己的一生。

一、人生苦索与美学启蒙

王国维是个悲观厌世主义者。他的自杀，正是这种悲观厌世的哲学人生观发展的必然结果。他在 20 世纪初，刚进入弱冠之年就接受叔本华悲观主义意志论哲学，大好之，反复阅读，可谓心有灵犀一点通，并以叔氏哲学为"标准"撰写了《红楼梦评论》，提倡悲剧精神，批评中国的"乐天"精神。这是人们所共知的事。但因此便产生两个似是而非的问题：一是把王国维的悲观厌世的人生观和他的悲剧精神混为一谈；二是把王国维悲观主义人生观同叔本华的悲观主义哲学观等量齐观。王国维的悲观厌世和提倡悲剧有一定的联系，但不是一回事：前者是他对社会人生的看法、态度，并左右他的人生道路（包括以自杀为解脱）；后者是他的文艺观点、美学思想，而且在艺术—审美上并不以自杀为解脱。第二个似是而非问题，是把王国维的悲观主义人生观（包括最后自杀）都归咎于叔本华的悲观主义的意志论哲学影响。这实在是只知其一而不知其二的片面观点。

王国维悲观主义人生观的形成有多种因素，叔本华的意志论哲学的影响固然重要，而且主要是在学理方面。他的悲观厌世思想，在接受叔本华影响之前，老庄的处世态度早已在他的人生观中打下了深深的烙印。《红楼梦评论》开篇即引证老庄："老子曰：'人之大患，在我有身。'庄子曰：'大块载我以形，劳我以生。'忧患与劳苦之与生相对待也，久矣。"老庄认为人的形体欲望是人生的一种累赘，这一点与叔本华是相通的，但老庄的影响在先。有诗为证："梦中恐怖诸天堕，眼前尘埃百斛强。苦忆罗浮山下住，万梅花裹一胡床。"（《题梅花画襄》）"几看昆池累劫灰，俄惊沧海又楼台。早知世界由心造，无奈悲欢触绪来。"（《题友人三十小像》）这是 1899 年的诗作，已见悲观主义端倪，此时他尚未见到叔本华之书。所以王国维的悲观主义思想，不仅来自叔本华，更有他的历史文化根基及由此而形成的悲观性格。同时，他的家庭、社会境遇和禀性也很适于悲观主义人生观的形成。王国维心中有一部较为显赫的家史，祖辈之前一直是官宦之家。到祖、父辈时业已衰落，不得不转而经商。到他懂事时家境便有些穷困潦倒，正如他自己一再所云："余境贫薄而体之屡弱"，"体素羸弱，性复忧郁"，"家贫不能以赀供游学，居恒怏怏亦不能专力于是（指读书）矣"（《自序》）。这些都很容易造成一种悲世伤时的性格，再加上国家的内忧外患，更使他厌恶这种现实人生。所以，王国维的内心世界，一直充满着矛盾以及由矛盾不得解决而产生的痛苦。青年王国维到上海接受新学，立志以此探索宇宙人生的真理。尤感兴趣的是哲学，因为他以为哲学是发明万世之真理者。但研究哲学的结果，更加深了他的情感与理智的矛盾，并发出一系列感慨："哲学上之说，大都可爱者不可信，可信者不可爱。余知真理，而余又爱其谬误。""知其可信而不能爱，觉其可爱而不能信，此近二三年中最大之烦闷。而近日之嗜好，所以渐由哲学而移于文学，而欲于其中求直接之慰藉者也。要之，余之性质，欲为哲学家，则感情苦多而智力苦寡；欲为诗人，则又苦感情寡而理性多。诗歌乎？哲学乎？他日以何者终吾身？"（《自序》）可见他内心是何等的矛盾与痛苦："人生过处唯存悔，知识增时只益疑。"（《六月二十七日宿硖石》）想借文学鉴赏得到慰藉，

导读：王国维及其美学

003

可是现实人生的黑暗战乱时时在击破他的人生理想，使他感到无望。"……我生三十载，役役苦不平。如何万物长，自作牺与牲。安得吾丧我，表里洞澄莹……何为方寸地，矛戟禁纵横？闻道既未得，逐物又未能。衮衮百年内，持此欲何成？"（《端居》二）"欲觅吾心已自难，更从何处把心安？诗缘病辍弥无赖，忧与生来讵有端？起看月中霜万瓦，卧闻风里竹千竿。沧浪亭北君迁树，何限栖鸦噪暮寒？"（《欲觅》）"书成付与炉中火，了却人间是与非。"（《书古书中故纸》）从以上所列举的事实足以说明，王国维的悲观主义不同于叔本华的悲观主义。叔本华的悲观主义是纯学术研究的结果，是理性（逻辑）推导出的结论，与其人生践履是不达界的。而王国维的悲观主义，既有理性认识，又有对人生的生命体验，理智与情感交织不分，是"知行合一"的结果。他以自杀为人生苦痛的解脱，就是最有力的说明。

王国维的学术思想既继承了儒道释的思想传统，又深受西方康德、叔本华、尼采、席勒等人的思想影响，并运用他们的哲学、美学观点研究中国传统的哲学、美学，进行文艺批评，撰写了一系列哲学、美学论文和文学、教育杂感以及戏曲史研究专著。他对哲学、美学和文学进行研究的时间并不长（仅仅十年左右），在他的学术思想中并不占主要地位，但在中国现代哲学、美学和文学史上都是新的开拓，并具有重要的理论价值。在哲学方面，他不仅介绍、评述西方的哲学思想，更主要的是把西方的新观点新方法与中国古代的思想资料糅合起来加以贯通和发挥，从而构建具有民族特点的理论体系。他的重要哲学论文《论理》《释性》《原命》《国朝汉学派戴阮二家之哲学说》等就是新的理论范式，从而改变了中国古代经学解释学的旧范式。

王国维是中国现代美学思想的启蒙者，也是中国现代美育的最早提倡者。1903年，他所写的《论教育之宗旨》一文认为，教育大而言之可分体育与心育二者，而心育又可分智育、德育和美育三者，并建议政府实施体智德美全面发展的宗旨。其后又写了《孔子之美育主义》，运用康德、叔本华的美学观点，论述美育的性质和功能，然后评述了孔子的美育思想。他虽然没有撰写美学理论的长篇巨制，但美学思想还是比较丰富的，是现代美学理论构建的开创者。

二、美的性质及审美范畴

对于美的性质，《古雅之在美学上之位置》（以下简称《古雅》）说："美之性质，一言以蔽之，曰：可爱玩而不可利用者是已。虽物之美者，有时亦足供吾人之利用，但人之视为美时，决不计及可利用之点。其性质如是，其价值亦存于美之自身，而不存乎其外。"《孔子之美育主义》认为："美之为物，不关于吾人之利害者也。吾人观美时，亦不知有一己之利害。"很明显，这是对康德、叔本华的审美无利害性观点的发挥。在他的论著中，经常援引中国固有的思想资料，加相互印证，说明中西哲人对美的性质的认识不谋而合。他特别欣赏邵雍在《皇极经世·观物内篇》中"以物观物"的一段话，并发挥说："圣人所以能一万物之情者，谓其能反观也。所以谓之反观者，不以我观物也。不以我观物者，以物观物之谓也。既能以物观物，又安有我于其间哉？"（《孔子之美育主义》）后来他在《人间词话》中，仍然用"以物观物"的观点论证"无我之境"。王国维对庄子的"无用之用"的思想和超越的人生态度，更情有独钟，反复进行引证和创造性的发挥。在论审美的超越性时，王国维把各种不尽相同而相通的观点，信手拈来加以糅合、贯通。如康德"美在形式"，叔本华的审美主体乃"纯粹无欲之我"及天才论，庄子的"无用之用"，儒家的"孔颜之乐"，都成为王国维建构美学理论的思想资料。《红楼梦评论》载："夫自然之物，无不与吾人有利害之关系，纵非直接，亦必间接相关系者也。苟吾人而能忘物与我之关系而观物，则夫自然之山明水媚，鸟飞花落，固无往而非华胥之国，极乐之土也。岂独自然界而已，人类之语言动作，悲欢啼笑，孰非美之对象乎！然此物既与吾人有利害之关系，而吾人强欲离其关系而观之，自非天才，岂易及此！于是天才者出，以其所观于自然人生中者复现于美术中，而使中知以下之人亦因其物与己无关系，而超然于利害之外。是故，观物无方，因人而变。濠上之鱼，庄、惠之所乐也，而渔父袭之以网罟。舞雩之木，孔、曾之所憩也，而樵者继之以斤斧。若物非有形，心无所住，则虽殉财之夫、贵私之子，宁有对曹霸韩干之马而计驰骋之乐？见毕宏、韦偃之松而观思栋梁之用，求好逑于雅典之偶、思税驾于金字之塔者哉？故美术之为物，欲者不观，观者不欲，而艺术之美之所以优于自然之美者，全存于使人易忘物我之关系也。"

王国维对美学的主要范畴多有论述，可以分两种情况：一是结合中国审美思想和文艺作品实际阐释西方美学的主要范畴，如优美、崇高（王国维称之为"宏壮"）与悲剧等；二是用新的美学理论阐释中国固有的审美范畴，如意境、古雅、嗜好、玄惑等。这里主要介绍古雅。"因为美学尚未有专论古雅者，故略述其性质及位置"，《古雅》开篇云：

> "美术者，天才之制作也。"此自康德以来，百余年间学者之定论也。然天下之物，有决非真正之美术品而又决非利用品；又其制作之人，决非必为天才，而吾人之视之也，若与天才之所制作之美术无异者，无以名之名，曰古雅。

很显然，王国维认为康德把一切艺术品归之为天才制作，是不完全符合历史实际的。因此提出"古雅"范畴，以概括非天才之作品和天才的非优美与宏壮之作品的特点与规律，从而弥补了对康德天才论及其范畴论的缺陷。

首先，"古雅"具有审美超越性，即"可爱玩而不可利用者也"，这是美的普遍"公性"，"优美与宏壮然，古雅亦然。"它们的不同，只是量度的，而不是性质的。王国维认为，优美与宏壮是高度美，古雅则是一种低度美。"优美之形式使人心和平，古雅之形式使人心休息，故亦可谓之低度之优美。宏壮之形式常以不可抵抗之势力，唤起人钦仰之情，古雅之形式，则以不习于世俗之耳目，故而唤起一种之惊讶；惊讶者，钦仰之情之初步，故虽谓古雅为低度之宏壮亦无不可也。故古雅之位置，可谓在优美与宏壮之间，而兼有此二者之性质也。"王国维说："美学上之区别美也，大率分为二种：曰优美，曰宏壮。自巴克及汗德之书出，学者殆视此为精密之分类矣。"王国维认为这种分类，不完全符合历史事实。例如，某些作品虽不是天才之作，却与天才之作一样具有"无一切利害关系"之特性。同时，即使是天才艺术家，他的作品也不都是"神来兴到"之笔，也有不属于天才的优美与宏壮而属于"古雅"者。古雅具有独立的审美价值，对于艺术创作（包括天才之作）是必不可缺的。"以文学论，则虽最优美最宏壮之文学中，往往书有陪衬之篇，篇有陪衬之章，章有陪衬之句，句有陪衬之字，一切艺术莫不如是。此等神兴枯涸之处，非以古雅弥缝之不可。而此等古雅之部分，又非借修养之力不可。若优美与宏壮，则固非修养所能为力也。"事实说明，在艺术创作中，天才与学养是不能截然分开的；天才必须借助于学养才能得以充分发挥，才能创作出"真正的美术品"。

其次，王国维说："一切之美，皆形式之美也。"古雅与优美、宏壮都是"形式之美"，但古雅是形式美中的"第二种之形式"，属于艺术范畴，而不存于自然。所谓"第二种之形式"是相对于"第一种之形式"即优美与宏壮而言的。"第一种之形式"属于自然，"第二种之形式"属于人化或人为。自然之形式即"第一种之形式"，需要人造之形式即"第二种之形式"表现之，才能成为艺术美。也就是王国维所说的："而一切形式之美，又不可无他形式以表之，唯经过此第二之形式，斯美者愈增其美，而吾人之所谓古雅，即此第二种之形式。""斯美者愈增其美"，可见古雅之重要。所以王国维说："古雅者，形式美之形式美也。"作为美的分类，古雅与优美、宏壮分属不同的领域。优美与宏壮存于自然，"古雅之致，存于艺术而不存于自然"；作为表现形式，古雅与优美、宏壮是表现与被表现的关系。优美与宏壮，需要通过古雅表现之，才能成为艺术中的优美与宏壮。如果只局限于康德的天才论，是无法全面而恰当地揭示艺术创作的规律，无法真实地解释审美现象（经验）的实际。因此，无论是艺术鉴赏，还是艺术创作，既需要优美宏壮，又需要古雅；既需要天才，又需要学养。

古雅与优美、宏壮，其"原质"即根源也是不同的。古雅来自人为创造，优美、宏壮来自天赋自然，因而决定了审美判断力的不同："后者先天的，前者后天的、经验的也。""既为先天的，故亦普遍的、必然的也"；既是"后天的，故亦特别的也、偶然的也"。从艺术创作的角度说，先天的"原质"（天才）与后天的"原质"（学养）必须紧密结合，才能成为艺术美。王国维说："优美与宏壮必与古雅合，然后得显其固有之价值。不过，优美及宏壮之原质愈显，则古雅之原质愈蔽。"当古雅的原质完全不显时，即看不出人工雕琢的痕迹时，则艺术中的优美、宏壮也达到了极致，成为一种物我化一、浑然天成的意境美。故优美与宏壮是古雅的"内容"或依据，古雅是优美与宏壮的表现形式；古雅使优美与宏壮得以艺术地再现与提高。因为"内容"本身就是一种形式，所以古雅则是"形式之形式"。"由是观之，则古雅之原质为优美及宏壮中不可缺之原质，且得离优美宏壮而有独立之价值，则固一不可诬之事实也。"

第三，古雅的价值意义。王国维的古雅说，是运用新的美学观点，结合历史的审美经验和艺术作品进行分析、论证，赋予"古雅"范畴以新的意义。他对"古雅"概念虽未做词义解释，但字里行间都说明，"古"是悠远，具有超越性，"雅"是典雅不俗，指具有深厚的艺术修养；二字合起来即"古雅"乃是一种艺术美，这种艺术美不是来自先验的天才，而是来自后天的学养。古雅的超越性是如何形成的？王国维认为，古代遗留下来的许多器物、文物，如钟鼎、摹印、碑帖、书记等等，这些东西在创造当时并不是艺术，其主要功用也不是为了审美，而是为了现实实用，如用于宗教祭祀、政治工具、道德教训等等。但是经过漫长的历史潮流的洗刷、淘汰，如今这些历史遗物的"可利用性"完全消失，而变成"可爱玩"的艺术或审美对象，因而具有了超越性。这种文化遗物，其历史越古，就越超出可利用的范围，其审美价值就越大。王国维所说，"吾人爱石刻不如爱真迹，又其于石刻中爱翻刻不如爱原刻，亦以此也"。这才是"古"的真义。而古雅之"雅"，是指某物经过人为的文饰、雕琢、加工而创造的一种美的形式或形式美。因为自然界和日常生活中，许多东西都是非美的，既不具优美的"原质"，也不具崇高的"原质"，但经过人为的创造，却可以成为古雅的"原质"——人造的形式美。如茅茨土阶和自然界中寻常琐碎之景物，"以吾人肉眼观之，举无足于优美若宏壮之数，一经艺术家（绘画或诗歌）之手，而遂觉有不可言之趣味。此等趣味，不自第一形式得之，而自第二形式得之无疑也"。

王国维认为，正是古雅美的创造及其丰富性、后天的经验性，才有可能广泛地运用于社会大众的审美教育之中。他说："至论其实践之方面，则以古雅之能力，能由修养得之，故可为美育普及之津梁。虽中智以下之人，不能创造优美及宏壮之物者，亦得由修养而有古雅之创造力；又虽不能喻优美及宏壮之价值者，亦得于优美宏壮中古雅之原质，或于古雅之制作物中得其直接之慰藉。故古雅之价值，自美学上观之，诚不能及优美及宏壮，然自其教育众庶言之，则虽谓其范围较大成效较著可也。""故古雅之价值，自美学上观之，诚不能及优美及宏壮，然自其教育众庶言之，则谓其范围较大成效较著可也。"（以上引文未注明者均自《古雅之在美学上之位置》）

三、悲剧美学价值之发明——《红楼梦评论》

悲剧，是西方美学的重要范畴，在中国古代没有这个概念。随着西方美学的传播，悲剧范畴也为中国现代美学所普遍接受，并且运用于文学艺术批评之中。而最早接受这个范畴，并用以阐述、评论中国古代文学的悲剧美的，是王国维的《红楼梦评论》。

《红楼梦评论》主要是以叔本华的悲剧观点，解释《红楼梦》的悲剧根源。叔本华从唯意志论出发，认为"宇宙人生的本来性质"，就是意志。意志是盲目的，它无所不在，乃一切生存之基础，又为一切事物之本原。王国维完全接受了叔本华的观点，认为意志在人身上的表现就是"生活之欲"。"欲"是无限的，它产生于不足。不足加深，则变为苦痛。一种欲满足了，接着又来了新的欲。而且"欲之被偿也一，而不偿者什佰"，所以欲望造成的痛苦，大大超过快乐。即使各种欲求都得到满足，再也无物可欲，厌倦之情绪遂之而起，仍然造成一种苦痛。所以人生生活的主流，也可以说就是苦痛。生活、欲求、苦痛，三者"一而已矣"。三者"如环无端"，"不知其所终"，这就是人生的本质。(《叔本华之哲学及其教育学说》)《红楼梦评论》(本节凡引此文皆不注) 说，人生为求永久的生活，则有牝牡之交，生儿育女；为求种姓之生活，从而产生家室之累，保抱扶持饮食教诲之资；为种姓生活不受侵害，又集合组织为群体，相约为国家；国家要有君主，要立法，建军队，设学校……方能有统一的秩序。生活欲望如此之切也，用力如此之勤也，设计如此其周且至也，是否就能得到满足快乐而无忧患呢？非但不能，且愈加增之。因为人发展科学文化和不停地探索、追求，"无往而不与生活之欲相关系，即与苦痛相关系"，因而随着社会的进步和科学文化的发展，人的欲望也随之增大加多，苦痛也愈深愈重。

叔本华认为，悲剧就是描写人生可怕的事件，描写意志欲望所造成的罪恶和痛苦，所以能深刻地揭示人生的本质。王国维"由叔本华之说"，区分悲剧为三种："第一种之悲剧，由极恶之人，极其所有之能力，以交构之者。第二种由于盲目的命运者。第三种之悲剧，由于剧中之人物之位置及关系不得不然者；非必有蛇蝎之性质，与意外之变故也，但由普通之人物，普通之境遇，逼之不得不如是；彼等明知其害，交施之而交受之，各加以力而各不任其咎。此种悲剧，其感人贤于前二者远甚。何则？彼示人生最大之不幸，非例外之事，而人生之所固有故也。"而《红楼梦》正属于第三种悲剧，因而王国维称《红楼梦》是"悲剧中之悲剧"，是"彻头彻尾的悲剧"。这种悲剧的发生，不是人生中的偶然例外，也不是罕有的或是由极恶之人造成的，而是由我们自己的行为和性格自发产生的，所以这种不幸和我们接近到可怕的程度。同时，这种悲剧最难写，许多优秀的悲剧作家都躲避这种困难，而《红楼梦》的作者所创构所描写的非常成功，更加难能可贵。王国维十分感慨地说："呜呼！宇宙——生活之欲而已。而此生活之欲之罪过，即以生活之苦痛罚之：此即宇宙之永远的正义也。自犯罪，自加罚，自忏悔，自解脱。美术之务，在描写人生之苦痛与其解脱之道，而使吾侪冯生之徒，于此桎梏之世界中离此生活之欲之争斗，而得其暂时之平和，此一切美术之目的也。"

《红楼梦》用艺术的手法，真实地描写了人生的悲剧图景，促使人们看破红尘而超越现实，走"解脱"之路。王国维所谓悲剧"解脱"分两种：一是起于观他人所经历的无限苦痛，而"洞观宇宙人生之本质"，通过先验的知识使意志欲望破裂而遁去，这只有天才人物能做得到，如歌德的《浮士德》中的主人公即是如此；二是由于自己经历了无限苦痛的折磨，"遂悟宇宙人生之真相"，而甘愿放弃自己的意志欲望，这是一般人可能做得到的，如《红楼梦》中的贾宝玉的"解脱"即是如此。王国维说："然前者之解脱，唯非常之人为能，其高百倍于后者，而其难亦百倍。但由成功观之，二者一也。通常之人，其解脱由于苦痛之阅历，而不由于苦痛之知识。唯非常之人，由非常之知力，而洞观宇宙人生之本质，始知生活与苦痛不能相离，由是绝其生活之欲，而得解脱之道。然于解脱之途中，彼之生活之欲，犹时时起而与之相抗，而生种种之幻影。所谓恶魔者，不过此幻影之人物化而已矣。故通常之解脱，存于自己之苦痛，彼之生活之欲，因不得其满足而愈烈，又因愈烈愈不得其满足，如此循环，而陷于失望之境遇，遂悟宇宙人生之真相遽而求其息肩之所。彼全变其气质，而超出乎苦乐之外，举昔之执著者，一旦而舍之。彼以生活为炉，苦痛为炭，而铸解脱之鼎。"从选材的角度看，二者无高下之分，只要写得成功。从美感的范围、效果看，王国维认为后者更大，更具普遍意义。贾宝玉式的解脱，犹令人有切肤之感。

在"红学"研究史上，王国维第一次而又深刻地揭示了《红楼梦》的悲剧美学价值。王国维认为，《红楼梦》的悲剧精神与我们民族传统的"乐天"精神是背道而驰的，这正是《红楼梦》的价值所在，也是《红楼梦》问世以来受冷遇，甚至遭禁毁的根本原因。《红楼梦》不仅具有反传统的悲剧精神，而且在艺术上取得了无与伦比的成就，创造了具有典范意义的悲剧美。王国维说，《红楼梦》的美学价值在于：它以宇宙人生为自己描写的广阔题材，深刻地揭示宇宙人生的本质，遵循艺术自身的规律，表现普遍的哲理。王国维以《桃花扇》为例，说《桃花扇》也表现"厌世解脱之精神"，但它的表现是"他律的也"，即作者强加的，实在不能令人信服。而《红楼梦》之解脱是"自律的也"，深刻入理，震撼心脾，具有无懈可击的逻辑力量。"故《桃花扇》，政治的也，国民的也，历史的也，《红楼梦》，哲学的也，宇宙的也，文学的也。此《红楼梦》之所以大背吾国人之精神，而其价值亦即存乎此。"如此完美的艺术表现，如此成功的悲剧创造，"其动吾人之感情何如！凡稍有审美的嗜好者，无人不经验之也"。

王国维对《红楼梦》的深刻的哲理性，高度的艺术真实性，以及人物性格的刻画和巨大的美感力量等，都在理论上做出了创造性的发挥，给予极高的评价。在中国文学批评史上，《红楼梦评论》从理论和方法两个方面为中国现代文学批评开辟了新路。他对中国古代的小说和戏剧中那些千人一面、千部一腔的公式化之作，对于不敢正视人生、编造"大团圆"的陋习，首先举起了批判的旗帜，成为五四时期批判中国文艺旧传统、提倡"写实主义"的先声。

四、意境范畴的现代阐释——《人间词话》

意境，是中国文艺特有的审美范畴，是王国维文艺批评的核心概念，其思想理论集中表现在《人间词话》中。《人间词话》是继《红楼梦评论》之后，王国维文学批评的另一部代表作。《人间词话》是以词为主要批评对象（也联系到诗，甚至小说），对自唐五代至宋以来词的形成、发展，以及重要的词家、词作，进行了较为系统的分析、比较和评论。如果说在此之前，他主要是通过哲学思辨，比较冷静地探讨美的"可爱玩而不可利用"的性质，那么，自此之后，他主要是通过对文学艺术的鉴赏，去体悟、观照美的境界。《人间词话》作为理论建构，在方法上不同于《红楼梦评论》，不是用科学分析的方法，进行系统的逻辑演绎，而是沿用中国传统的"话体"式点评。这种点评，把鉴赏、体验与评论相结合，点到为止，常常只下断语而无分析，不求系统的逻辑结构。

王国维标举意境说，是古代意境思想的集大成。但他对意境理论又做了创造性的发挥，使意境说由以前的风格论、性情论、兴趣论一变而为本质论，使意境成为普遍适用的美学范畴。他在《人间词话》第九则说："严沧浪《诗话》谓：'盛唐诸公，唯在兴趣。羚羊挂角，无迹可求。故其妙处，透彻玲珑，不可凑泊。如空中之音、相中之色、水中之月、镜中之象，言有尽而意无穷。'余谓：北宋以前之词，亦复如是。然沧浪所谓兴趣，阮亭所谓神韵，犹不过道其面目，不若鄙人拈出'境界'二字，为探其本也。"为什么意境说是探其"本"，而兴趣说、神韵说等不过是"道其面目"呢？王国维没有解释，但从王国维的具体论述看，他是从哲学的角度，对意境进行本质分析，即揭示了构成艺术的本质因素（情与景），论述了构成意境的本质关系（主观与客观）。因而不同于以前诸说只是从创作主体一个方面着眼，没有触及艺术的本质关系。正如朱光潜所说："从前诗话家常拈出一两个字来称呼诗的这种独立自足的小天地。严沧浪所说的'兴趣'，王渔洋所说的'神韵'，袁简斋所说的'性灵'，都只能得其片面。王静安标举'境界'，似较赅括，这里就采用它。"（《朱光潜美学文学论文选集》，湖南人民出版社 1980 年版，第 186 页。）朱光潜所指出的"片面"，正是说以前的诗话家只持主观一端，而忽略了客观方面，不见主客关系。

对于文学的本质分析和主客关系的论述，是王国维的意境说的哲学理论基础。他在《文学小言》第四则中说："文学中有二原质焉：曰景，曰情。前者以描写自然及人生之事实为主，后者则吾人对此种事实之精神的态度也。故前者客观的，后者主观的也；前者知识的，后者感情的也。"在这简短的几句话中，明确指出构成文学的本质原素是景与情，景是对自然界和社会人生的描写、反映，是客观的，而情是对这种客观事实的情感态度，是主观的。景与情的矛盾，根源于客观与主观的矛盾，两种矛盾关系普遍存在于文学艺术中，因而是本质关系。在《屈子文学之精神》一文中，他比较了先秦时代南北方由于地理环境的不同，从而形成了南北文学的不同风格。他的结论是："由此观之，北方人之感情，诗歌的也，以不得想象力之助，故其所作遂止于小篇。南方人之想象，亦诗歌的也，以无深邃之感情之后援，故其想象亦散漫无所丽，是以无纯粹之诗歌。而大诗歌之出，必须俟北方人之感情与南方人之想象合而为一，即必须通过南北之驿骑而后可，斯即屈子其人也。"在这里王国维把想象也看成是文艺的"原质"。这种原质要以感情为"素地"，与感情结合起来才能创造出伟大的文学作品，这正是屈子成为我国古代第一位大诗人的原因所在。在《人间词话》中，王国维援引辛弃疾的《木兰花慢》词："可怜今夜月，向何处，去悠悠？是别有人间，那边才见，光景东头。"然后评论说："词人想象，直悟月轮绕地之理，与科学家密合，可谓神悟。"想象力是主观的，想象的内容却来自客观世界，与知识相关，因而创造了"景"。在《文学小言》第四则又说："要之，文学者不外知识与感情交代之结果而已。苟无敏锐之知识与深邃之感情者，不足与于文学之事，此其所以但为天才游戏之事业而不能以他道劝也。"在王国维看来，文学活动（包括创作与审美两方面），既需要有客观的景物，又需要有主观的感情态度，从而才能构成文学形象的有机生命和感性特征。

王国维认为，文学的最高目的就是创造意境美。《人间词话》开篇即云："词以境界为最上。有境界，则自成高格，自有名句。"又云："境非独谓景物也，喜怒哀乐亦人心中之一境界。故能写真景物真感情者，谓之有境界。否则谓之无境界。"境界美的基本构成，就是情景交融而不"隔"。《人间词话》云："大家之作，其言情也，必沁人心脾，其写景也，必豁人耳目，其词脱口而出，无娇柔妆束之态。以其见者真，所知者深也。诗词皆然。持此以衡古今之作者，可无大误矣。"他在《宋元戏曲考·元剧之文章》中，也有同样论述，认为写景必须达到生动、鲜明，栩栩如生，写情必须真实、动人，摇荡性情，语言表达必须自然，脱口而出，三者水乳交融，就是有意境。情景交融的对立面是"隔"。《人间词话》载："问隔与不隔之别，曰，陶、谢之诗不隔，延年则稍隔矣；东坡之诗不隔，山谷则稍隔矣。"接着他就举一系列例句，说明隔与不隔。就一人而论，其诗词也有隔与不隔之别。如梅圣俞《少年游》上半阕云："阑干十二独凭春，晴碧远连云，二月三月，千里万里，行色苦愁人"，语语都在目前，便是不隔。至于云"谢家池上，江淹浦畔"，则隔矣。再如姜白石的《翠楼吟》，"此地宜有词仙，拥素云黄鹤，与君游戏。玉梯凝望久，叹芳草萋萋千里"，便是不隔。至于"酒祓清愁，花消英气"，则隔矣。从以上可以看出，王国维所说的不隔，就是景情生动、真实，表达自然、连贯，才有境界可言。反之，矫揉造作，故作姿态，就是隔，就无境界。

王国维把"真"与"自然"作为意境的本质规定。真与自然，是主观表现的真情实感，客观描写的本真自然。与真、自然相对立是假，是矫情伪饰，故作姿态。他多次写道：能写真景物，真感情者，谓之有境界。否则谓之无境界。从创作方面言之，"诗人体物之妙，侔于造化。然皆出于离人孽子征夫之口，故知感情真者，其观物亦真。"（《文学小言》第八则）从审美方面而言，唯有真情、真景，才能使"读之者但觉亲切动人"，"精力弥满"（《人间词话》），从而产生强烈的美感愉悦。王国维所说的"自然"，是多义的：一是指自然界和客观存在，如说写景是以"自然与人生之事实为主"；二是指人的自然本性（赤子之心），如说"纳兰容若以自然之眼观物，以自然之舌言情"；三是更多的指文学创作和审美表现自然而然，如《宋元戏曲考》："元曲之佳处何在？一言以蔽之，曰：自然而已矣。"这些涵意又和本真、真实很接近，所以自然与真共同成为意境的本体。

五、中国戏曲史研究的新开拓——《宋元戏曲考》

在王国维之前，中国戏曲的起源、发展、演变以及戏曲的分类、特征、价值等等问题，虽然不能说无人论及，但从总体上说还是一笔糊涂账。王国维在北京清朝学部所属图书馆任职期间，对戏曲史研究发生浓厚兴趣，并利用丰富的馆藏图书的有利条件，广泛阅读、搜集、整理资料，从浩瀚而繁杂的各种历史典籍、野史、杂记中进行精心的考据、分析、比较、论证，先后写出二十多万字的研究成果，而《宋元戏曲考》是代表作。他既继承乾嘉以来汉学家的治学方法，又吸收了西方科学分析的新方法，把历史考据和文艺批评结合起来，使他的戏曲研究，既有历史价值，又有美学理论价值。他说："词曲一道，前人视为末伎，不复搜讨，遂使一代文献之名，沈晦者且数百年，一旦考而得之，其愉快何如也。"（《董西厢》）他进行戏曲研究不仅出于兴趣，更抱有自觉目的：就是要以自己的研究成果推翻对戏曲艺术的历史偏见，"补三朝之志所不敢言"，以促进我国戏曲艺术的繁荣。

《宋元戏曲考》，对中国戏曲的起源、发展、高峰、衰落的历史过程，做了系统而全面的考察。不仅对作者、版本、目录进行考订，提出一系列新的结论，还进行审美批评，构建自己的戏曲理论。《宋元戏曲考》的基本思想观点、理论成就，可以把他整个戏曲研究成果的精华囊括其中。

第一，关于中国戏剧的起源。王国维认为："后世戏剧，当自巫、优二者出；而此二者，固未可以后世戏剧视之也。"即是说，巫、优二者是中国戏剧产生的源头，却不是后来所谓的戏剧。因为巫与优并非同一时代的产物，而且历史差距窎远，但二者都与戏剧的正式形成有直接关系。王国维经过考证认为，巫乃是远古时代负责事（敬）鬼神以求降福之人，在女为巫，在男为觋。他援引《说文解字》："巫，祝也。女能事无形以舞降神者也。像人两襃（袖）舞形，与工同意。"说明"巫"的观念的产生，已包含审美意识的萌芽。巫之所以具有审美意识，就在于这种文字符号所表示的观念，不仅具有抽象意义，而且含有具体形象。这种形象就是人舞动两袖进行表演的优美动作，是戏剧最原始的因素。中国巫产生于氏族社会，是中国戏剧最早的源头。发展到战国时代，又出现另一个源头——优。巫与优作为中国戏剧的源头，不仅时间相隔遥远，而且在形式、内容上对戏剧的形成也起了大不相同的作用。要而言之，"巫以乐神，而优以乐人；巫以歌舞为主，而优以调谑为主；巫以女为之，而优以男为之。"优的出现，说明古老的审美观念，到了战国时代已发生了重大变化：已由幻想中的鬼神世界转向现实人生，由崇高（崇敬乐神）转向滑稽（戏谑自娱）。

第二，元代杂剧的文学价值和审美价值。王国维说："凡一代有一代之文学，楚之骚，汉之赋，六代之骈语，唐之诗，宋之词，元之曲，皆所谓一代之文学，而后世莫能继焉者也。"王国维一反历史成见，把元曲提高到同唐诗宋词同等地位，都代表了一代的文学发展的高峰。元曲的最高成就，就是创造出意境美。他说："其文章之妙，亦一言以蔽之，曰：有意境而已矣。何以谓有意境？曰：写情则沁人心脾，写景则在人耳目，述事则如其口出也。古诗词之佳者，无不如是。元曲亦然。明以后其思想结构，尽有胜于前人者，唯意境则为元人所独擅。"又说："元曲之佳处何在？一言以蔽之，曰：自然而已矣。古今之大文学，无不以自然胜，而莫善于元曲。盖元剧之作者，其人均非有名位学问也；其作剧也，非有藏之名山，传之其人之意也。彼以意兴之所之为之，以自娱娱人。关目之拙劣，所不问也；思想之卑陋，所不讳也；人物之矛盾，所不顾也；彼但摹写其胸中之感想，与时代之情状，而真挚之理，与俊杰之气，时流露于其间。故谓元曲为中国最自然之文学，无不可也。若其文字之自然，则又为其必然之结果，抑其次也。"元曲之所以取得这样高的成就，根本原因是它的作者不抱任何功利目的，乃是"意兴之所之"，是真情的自然流露，是自然而然。自然与意境从创造与审美两个方面揭示了元曲的美学价值。自然是审美价值产生的根源，而意境则是审美所达到的最高境界。

第三，揭示了通俗文艺的价值意义，提高了通俗文艺的社会地位。王国维以精博的历史考据确证元曲的历史地位，以全新的美学眼光揭示了它的价值，推倒了历史偏见，为一代文学正了名。他从平民主义思想出发，推崇戏曲小说等通俗文学艺术，其实质是为广大的社会下层人民争得文艺创作和审美享受的合法权利，具有重大的历史进步意义。

上编

论哲学家与美术家之天职

　　天下有最神圣、最尊贵而无与于当世之用者，哲学与美术是已。天下之人嚣然谓之曰无用，无损于哲学、美术之价值也。至为此学者自忘其神圣之位置，而求以合当世之用，于是二者之价值失。夫哲学与美术之所志者，真理也。真理者，天下万世之真理，而非一时之真理也。其有发明此真理（哲学家）或以记号表之（美术）者，天下万世之功绩，而非一时之功绩也。唯其为天下万世之真理，故不能尽与一时一国之利益合，且有时不能相容，此即其神圣之所存也。且夫世之所谓有用者，孰有过于政治家及实业家者乎？世人喜言功用，吾姑以其功用言之。夫人之所以异于禽兽者，岂不以其有纯粹之知识与微妙之感情哉？至于生活之欲，人与禽兽无以或异。后者政治家及实业家之所供给；前者之慰藉满足，非求诸哲学及美术不可。就其所贡献于人之事业言之，其性质之贵贱，固以殊矣。至就其功效之所及言之，则哲学家与美术家之事业，虽千载以下，四海以外，苟其所发明之真理与其所表之之记号之尚存，则人类之知识感情由此而得其满足慰藉者，曾无以异于昔；而政治家及实业家之事业，其及于五世十世者希矣。此又久暂之别也。然则人而无所贡献于哲学、美术，斯亦已耳；苟为真正之哲学家、美术家，又何慊乎政治家哉！

　　披我中国之哲学史，凡哲学家无不欲兼为政治家者，斯可异已！孔子大政治家也，墨子大政治家也，孟、荀二子皆抱政治上之大志者也。汉之贾、董，宋之张、程、朱、陆，明之罗、王无不然。岂独哲学家而已，诗人亦然。"自谓颇腾达，立登要路津。致君尧舜上，再使风俗淳"，非杜子美之抱负乎？"胡不上书自荐达，坐令四海如虞唐"，非韩退之之忠告乎？"寂寞已甘千古笑，驰驱犹望两河平"，非陆务观之悲愤乎？如此者，世谓之大诗人矣。至诗人之无此抱负者，与夫小说、戏曲、图画、音乐诸家，皆以侏儒、倡优自处，世亦以侏儒、倡优畜之。所谓"诗外尚有事在"，"一命为文人便无足观"，我国人之金科玉律也。呜呼，美术之无独立之价值也久矣！此无怪历代诗人，多托于忠君爱国、劝善惩恶之意，以自解免，而纯粹美术上之著述，往往受世之迫害而无人为之昭雪者也。此亦我国哲学、美术不发达之一原因也。

夫然，故我国无纯粹之哲学，其最完备者，唯道德哲学与政治哲学耳。至于周、秦、两宋间之形而上学，不过欲固道德哲学之根柢，其对形而上学非有固有之兴味也。其于形而上学且然，况乎美学、名学、知识论等冷淡不急之问题哉！更转而观诗歌之方面，则咏史、怀古、感事、赠人之题目弥满充塞于诗界，而抒情叙事之作什佰不能得一，其有美术上之价值者，仅其写自然之美之一方面耳。甚至戏曲、小说之纯文学，亦往往以惩劝为旨，其有纯粹美术上之目的者，世非惟不知贵，且加贬焉。于哲学则如彼，于美术则如此，岂独世人不具眼之罪哉，抑亦哲学家、美术家自忘其神圣之位置与独立之价值，而蒽然以听命于众故也？

至我国哲学家及诗人所以多政治上之抱负者，抑又有说。夫势力之欲，人之所生而即具者，圣贤豪杰之所不能免也。而知力愈优者，其势力之欲也愈盛。人之对哲学及美术而有兴味者，必其知力之优者也，故其势力之欲亦准之。今纯粹之哲学与纯粹之美术，既不能得势力于我国之思想界矣，则彼等势力之欲，不于政治，将于何求其满足之地乎？且政治上之势力，有形的也，及身的也；而哲学、美术上之势力，无形的也，身后的也。故非旷世之豪杰，鲜有不为一时之势力所诱惑者矣。虽然，无亦其对哲学、美术之趣味有未深，而于其价值有未自觉者乎？今夫人积年月之研究，而一旦豁然悟宇宙人生之真理，或以胸中惝恍不可捉摸之意境，一旦表诸文字、绘画、雕刻之上，此固彼天赋之能力之发展，而此时之快乐，决非南面王之所能易者也。且此宇宙人生而尚如故，则其所发明所表示之宇宙人生之真理之势力与价值，必仍如故。之二者，所以酬哲学家、美术家者固已多矣。若夫忘哲学、美术之神圣，而以为道德政治之手段者，正使其著作无价值者也。愿今后之哲学、美术家，毋忘其天职，而失其独立之位置，则幸矣！

（原载《教育世界》杂志 1905 年。）

论哲学家与美术家之天职

论新学语之输入

近年文学上有一最著之现象，则新语之输入是已。夫言语者，代表国民之思想者也，思想之精粗广狭，视言语之精粗广狭以为准，观其言语，而其国民之思想可知矣。周秦之言语，至翻译佛典之时代而苦其不足；近世之言语，至翻译西籍时而又苦其不足，是非独两国民之言语间有广狭精粗之异焉而已，国民之性质各有所特长，其思想所造之处各异，故其言语或繁于此而简于彼，或精于甲而疏于乙，此在文化相若之国犹然，况其稍有轩轾者乎！抑我国人之特质，实际的也，通俗的也；西洋人之特质，思辨的也，科学的也，长于抽象而精于分类，对世界一切有形无形之事物，无往而不用综括（Generalization）及分析（Specification）之二法，故言语之多，自然之理也。吾国人之所长，宁在于实践之方面，而于理论之方面，则以具体的知识为满足，至分类之事，则除迫于实际之需要外，殆不欲穷究之也。夫战国议论之盛，不下于印度六哲学派及希腊诡辩学派之时代。然在印度，则足目出，而从数论声论之辩论中抽象之而作因明学，陈那继之，其学遂定；希腊则有雅里大德勒自哀利亚派诡辩学派之辩论中抽象之而作名学；而在中国则惠施、公孙龙等所谓名家者流，徒骋诡辩耳，其于辩论思想之法则，固彼等之所不论，而亦其所不欲论者也。故我中国有辩论而无名学，有文学而无文法，足以见抽象与分类二者，皆我国人之所不长，而我国学术尚未达自觉（Selfconsciousness）之地位也。况于我国夙无之学，言语之不足用，岂待论哉！夫抽象之过，往往泥于名而远于实，此欧洲中世学术之一大弊，而今世之学者犹或不免焉。乏抽象之力者，则用其实而不知其名，其实亦遂漠然无所依，而不能为吾人研究之对象。何则？在自然之世界中，名生于实，而在吾人概念之世界中，实反依名而存故也。事物之无名者，实不便于吾人之思索，故我国学术而欲进步乎，则虽在闭关独立之时代犹不得不造新名，况西洋之学术骎骎而入中国，则言语之不足用，固自然之势也。

　　如上文所说，言语者，思想之代表也，故新思想之输入，即新言语输入之意味也。十年以前，西洋学术之输入，限于形而下学之方面，故虽有新字新语，于文学上尚未有显著之影响也。数年以来，形上之学渐入于中国，而又有一日本焉，为之中间之驿骑，于是日本所造译西语之汉文，以混混之势，而侵入我国之文学界。好奇者滥用之，泥古者唾弃之，二者皆非也。夫普通之文字中，固无事于新奇之语也；至于讲一学，治一艺，则非增新语不可。而日本之学者，既先我而定之矣，则沿而用之，何不可之有？故非甚不妥者，吾人固无以创造为也。侯官严氏，今日以创造学语名者也。严氏造语之工者固多，而其不当者亦复不少，兹笔其最著者，如 Evolution 之为"天演"也，Sympathy 之为"善相感"也。而天演之于进化，善相感之于同情，其对 Evolution 与 Sympathy 之本义，孰得孰失，孰明孰昧，凡稍有外国语之知识者，宁俟终朝而决哉！又西洋之新名，往往喜以不适当之古语表之，如译 Space（空间）为"宇"、Time（时间）为"宙"是已。夫谓 Infinite Space（无限之空间）、Infinite time（无限之时间）曰宇曰宙可矣，至于一孔之隙，一弹指之间，何莫非空间时间乎？空间时间之概念，足以该宇宙；而宇宙之概念，不足以该空间时间。以"宇宙"表 Space time，是举其部分而遗其全体（自概念上论）也。以外类此者，不可胜举。夫以严氏之博雅而犹若是，况在他人也哉！且日人之定名，亦非苟焉而已，经专门数十家之考究，数十年之改正，以有今日者也。窃谓节取日人之译语，有数便焉：因袭之易，不如创造之难，一也；两国学术有交通之便，无扞格之虞，二也。（叔本华讥德国学者于一切学语不用拉丁语而用本国语，谓如英法学者亦如德人之愚，则吾侪学一专门之学语，必学四五度而后可。其言颇可味也。）有此二便而无二难，又何嫌何疑而不用哉？

虽然，余非谓日人之译语必皆精确者也。试以吾心之现象言之，如 Idea 为"观念"，Intuition 之为"直观"，其一例也。夫 Intuition 者，谓吾心直觉五官之感觉，故听、嗅、尝、触，苟于五官之作用外加以心之作用，皆谓之 Intuition，不独目之所观而已。观念亦然。观念者，谓直观之事物。其物既去，而其象留于心者，则但谓之观，亦有未妥，然在原语亦有此病，不独译语而已。Intuition 之语源出于拉丁之 In 及 tuitus 二语，tuitus 者，观之意味也。盖观之作用，于五官中为最要，故悉取由他官之知觉，而以其最要之名名之也。Idea 之语源出于希腊语之 Idea 及 Idein，亦观之意也。以其源来自五官，故谓之观；以其所观之物既去，而象尚存，故谓之念。或有谓之"想念"者，然考张湛《列子注序》所谓"想念以著物自丧"者，则"想念"二字，乃伦理学上之语，而非心理学上之语，其劣于观念也审矣。至 Conception 之为"概念"，苟用中国古语，则谓之"共名"亦可（《荀子·正名篇》），然一为名学上之语，一为文法上之语，苟混此二者，此灭名学与文法之区别也。由上文所引之例观之，则日人所定之语，虽有未精确者；而创造之新语，卒无以加于彼，则其不用之也谓何？要之，处今日而讲学，已有不能不增新语之势；而人既造之，我沿用之，其势无便于此者矣。

然近人之唾弃新名词，抑有由焉，则译者能力之不完全是也。今之译者（指译日本书籍者言），其有解日文之能力者，十无一二焉；其有国文之素养者，十无三四焉；其能兼通西文、深知一学之真意者，以余见闻之狭，殆未见其人也。彼等之著译，但以罔一时之利耳；传知识之思想，彼等先天中所未有也，故其所作，皆粗漏庞杂，佶屈而不可读。然因此而遂欲废日本已定之学语，此又大不然者也。若谓用日本已定之语，不如中国古语之易解，然如侯官严氏所译之《名学》，古则古矣，其如意义之不能了然何？以吾辈稍知外国语者观之，毋宁手穆勒原书之为快也。余虽不敢谓用日本已定之语，必贤于创造，然其精密，则固创造者之所不能逮（日本人多用双字，其不能通者，则更用四字以表之。中国则习用单字，精密不精密之分，全在于此）。而创造之语之难解，其与日本已定之语相去又几何哉！若夫粗漏佶屈之书，则固吾人之所唾弃，而不俟踌躇者也。

（原载《教育世界》杂志 1905 年。）

论近年之学术界

外界之势力之影响于学术，岂不大哉！自周之衰，文王、周公势力之瓦解也，国民之智力成熟于内，政治之纷乱乘之于外，上无统一之制度，下迫于社会之要求，于是诸子九流各创其学说，于道德、政治、文学上，灿然放万丈之光焰。此为中国思想之能动时代。自汉以后，天下太平，武帝复以孔子之说统一之。其时新遭秦火，儒家唯以抱残守缺为事，其为诸子之学者，亦但守其师说，无创作之思想，学界稍稍停滞矣。佛教之东，适值吾国思想凋敝之后，当此之时，学者见之，如饥者之得食，渴者之得饮，担簦访道者，接武于葱岭之道；翻经译论者，云集于南北之都，自六朝至于唐室，而佛陀之教极千古之盛矣。此为吾国思想受动之时代。然当是时，吾国固有之思想与印度之思想互相并行而不相化合，至宋儒出而一调和之。此又由受动之时代出而稍带能动之性质者也。自宋以后以至本朝，思想之停滞略同于两汉，至今日而第二之佛教又见告矣，西洋之思想是也。

今置宗教之方面勿论，但论西洋之学术。元时罗马教皇以希腊以来所谓七术（文法、修辞、名学、音乐、算术、几何学、天文学）遗世祖，然其书不传。至明末，而数学与历学，与基督教俱入中国，遂为国家所采用。然此等学术，皆形下之学，与我国思想上无丝毫之关系也。咸同以来，上海、天津所译书，大率此类。唯近七八年前，侯官严氏（复）所译之赫胥黎《天演论》（赫氏原书名《进化论与伦理学》，译义不全）出，一新世人之耳目，比之佛典，其殆摄摩腾之《四十二章经》乎？嗣是以后，达尔文、斯宾塞之名，腾于众人之口；物竞天择之语，见于通俗之文。顾严氏所奉者，英吉利之功利论及进化论之哲学耳，其兴味之所存，不存于纯粹哲学，而存于哲学之各分科，如经济、社会等学，其所最好者也。故严氏之学风，非哲学的，而宁科学的也，此其所以不能感动吾国之思想界者也。近三四年，法国十八世纪之自然主义，由日本之介绍，而入于中国，一时学海波涛沸渭矣。然附和此说者，非出于知识，而出于情意。彼等于自然主义之根本思想，固懵无所知，聊借其枝叶之语，以图遂其政治上之目的耳。由学术之方面观之，谓之无价值可也。其有蒙西洋学说之影响，而改造古代之学说，于吾国思想界上占一时之势力者，则有南海康有为之《孔子改制考》、《春秋董氏学》，浏阳谭嗣同之《仁学》。康氏以元统天之说，大有泛神论之臭味，其崇拜孔子也颇模仿基督教，其以预言者自居，又居然抱穆罕默德之野心者也。其震人耳目之处，在脱数千年思想之束缚，而易之以西洋已失势力之迷信，此其学问上之事业，不得不与其政治上之企图同归于失败者也。然康氏之于学术，非有固有之兴味，不过以之为政治上之手段，《荀子》所谓"今之学者以为禽犊"者也。谭氏之说，则出于上海教会中所译之治心免病法，其形而上学之以太说，半唯物论、半神秘论也。人之读此书者，其兴味不在此等幼稚之形而上学，而在其政治上之意见。谭氏此书之目的，亦在此而不在彼，固与南海康氏同也。庚辛以还，各种杂志接踵而起，其执笔者，非喜事之学生，则亡命之逋臣也。此等杂志，本不知学问为何物，而但有政治上之目的，虽时有学术上之议论，不但剽窃灭裂而已，如《新民丛报》中之《汉德哲学》其纰缪十且八九也。其稍有一顾之价值者，则《浙江潮》中某氏之《续无鬼论》，作者忘其科学家之本分，而闯入形而上学，以鼓吹其素朴浅薄之唯物论，其科学上之引证亦甚疏略，然其唯有学术上之目的，则固有可褒者。又观近数年之文学，亦不重文学自己之价值，而唯视为政治教育之手段，与哲学无异。如此者，其亵渎哲学与文学之神圣之罪固不可逭，欲求其学说之有价值，安可得也！故欲学术之发达，必视学术为目的，而不视为手段而后可。汗德《伦理学》之格言曰："当视人人为一目的，不可视为手段。"岂特人之对人当如是而已乎，对学术亦何独不然？然则彼等言政治，则言政治已耳，而必欲渎哲学、文学之神圣，此则大不可解者也。

　　近时之著译与杂志既如斯矣，至学校则何如？中等学校以下，但授国民必要之知识，其无与于思想上之事，固不俟论。京师大学之本科，尚无设立之日，即令设立，而据南皮张尚书之计划，仅足以养成呫哔之俗儒耳。此外私立学校，亦无足以当专门之资格者。唯上海之震旦学校，有丹徒马氏（良）之哲学讲义，虽未知其内容若何，然由其课程观之，则依然三百年前特嘉尔之独断哲学耳。国中之学校如此，则海外之留学界如何？夫同治及光绪初年之留学欧美者，皆以海军制造为主，其次法律而已，以纯粹科学专其家者，独无所闻；其稍有哲学之兴味如严复氏者，亦只以余力及之，其能接欧人深邃伟大之思想者，吾决其必无也。即令有之，亦其无表出之之能力，又可决也。况近数年之留学界，或抱政治之野心，或怀实利之目的，其肯研究冷淡干燥无益于世之思想问题哉！即有其人，然现在之思想界，未受其戋戋之影响，则又可不言而决也。

　　由此观之，则近数年之思想界，岂特无能动之力而已乎，即谓之未尝受动，亦无不可也。夫西洋思想之入我中国，为时无几，诚不能与六朝唐宋之于印度较，然西洋之思想与我中国之思想，同为入世间的，非如印度之出世间的思想，为我国古所未有也。且重洋交通，非有身热头痛之险；文字易学，非如佉卢之难也，则我国思想之受动，宜较昔日为易，而顾如上所述者何哉？盖佛教之入中国，帝王奉之，士夫敬之，蚩蚩之氓膜拜而顶礼之；且唐宋以前，孔子之一尊未定，道统之说未起，学者尚未有入主出奴之见也，故其学易盛，其说易行。今则大学分科，不列哲学，士夫谈论，动诋异端，国家以政治上之骚动，而疑西洋之思想皆酿乱之麴蘖；小民以宗教上之嫌忌，而视欧美之学术皆两约之悬谈。且非常之说，黎民之所惧；难知之道、下士之所笑，此苏格拉底之所以仰药，婆鲁诺之所以焚身，斯披诺若之所以破门，汗德之所以解职也。其在本国且如此，况乎在风俗文物殊异之国哉！则西洋之思想之不能骤输入我中国，亦自然之势也。况中国之民，固实际的而非理论的，即令一时输入，非与我中国固有之思想相化，决不能保其势力。观夫三藏之书已束于高阁，两宋之说犹习于学官，前事之不忘，来者可知矣。

然由上文之说，而遂疑思想上之事，中国自中国，西洋自西洋者，此又不然。何则？知力人人之所同有，宇宙人生之问题，人人之所不得解也。其有能解释此问题之一部分者，无论其出于本国或出于外国，其偿我知识上之要求，而慰我怀疑之苦痛者则一也。同此宇宙，同此人生，而其观宇宙人生也，则各不同。以其不同之故，而遂生彼此之见，此大不然者也。学术之所争，只有是非真伪之别耳。于是非真伪之别外，而以国家、人种、宗教之见杂之，则以学术为一手段，而非以为一目的也。未有不视学术为一目的而能发达者，学术之发达，存于其独立而已。然则吾国今日之学术界，一面当破中外之见，而一面毋以为政论之手段，则庶可有发达之日欤！

（原载《教育世界》杂志 1905 年。）

《国学丛刊》序

学之义，不明于天下久矣！今之言学者，有新旧之争，有中西之争，有有用之学与无用之学之争。余正告天下曰：学无新旧也，无中西也，无有用无用也。凡立此名者，均不学之徒，即学焉而未尝知学者也。

学之义广矣。古人所谓学，兼知行言之。今专以知言，则学有三大类：曰科学也，史学也，文学也。凡记述事物而求其原因，定其理法者，谓之科学；求事物变迁之迹，而明其因果者，谓之史学；至出入二者间，而兼有玩物适情之效者，谓之文学。然各科学有各科学之沿革，而史学又有史学之科学（如刘知几《史通》之类）；若夫文学，则有文学之学（如《文心雕龙》之类）焉，有文学之史（如各史《文苑传》）焉。而科学史学之杰作，亦即文学之杰作。故三者非斠然有疆界，而学术之蕃变，书籍之浩瀚，得以此三者括之焉。凡事物必尽其真，而道理必求其是，此科学之所有事也；而欲求知识之真与道理之是者，不可不知事物道理之所以存在之由，与其变迁之故，此史学之所有事也；若夫知识道理之不能表以议论，而但可表以情感者，与夫不能求诸实地，而但可求诸想像者，此则文学之所有事。古今东西之为学，均不能出此三者。惟一国之民，性质有所毗，境遇有所限，故或长于此学，而短于彼学；承学之子，资力有偏颇，岁月有涯涘，故不能不主此学而从彼学；且于一学之中，又择其一部而从事焉。此不独治一学当如是，自学问之性质言之，亦固宜然。然为一学，无不有待于一切他学，亦无不有造于一切他学。故是丹而非素，主入而奴出，昔之学者或有之，今日之真知学、真为学者，可信其无是也。

　　夫然，故吾所谓学无新旧、无中西、无有用无用之说，可得而详焉。何以言学无新旧也？夫天下之事物，自科学上观之，与自史学上观之，其立论各不同。自科学上观之，则事物必尽其真，而道理必求其是。凡吾智之不能通，而吾心之所不能安者，虽圣贤言之，有所不信焉；虽圣贤行之，有所不慊焉。何则？圣贤所以别真伪也，真伪非由圣贤出也；所以明是非也，是非非由圣贤立也。自史学上观之，则不独事理之真与是者足资研究而已，即今日所视为不真之学说，不是之制度风俗，必有所以成立之由，与其所以适于一时之故。其因存于邃古，而其果及于方来，故材料之足资参考者，虽至纤悉，不敢弃焉。故物理学之历史，谬说居其半焉；哲学之历史，空想居其半焉；制度风俗之历史，弁髦居其半焉；而史学家弗弃也。此二学之异也。然治科学者，必有待于史学上之材料；而治史学者，亦不可无科学上之知识。今之君子，非一切蔑古，即一切尚古。蔑古者出于科学上之见地，而不知有史学；尚古者出于史学上之见地，而不知有科学；即为调停之说者，亦未能知取舍之所以然。此所以有古今新旧之说也。

　　何以言学无中西也？世界学问，不出科学、史学、文学。故中国之学，西国类皆有之；西国之学，我国亦类皆有之，所异者，广狭疏密耳。即从俗说，而姑存中学西学之名，则夫虑西学之盛之妨中学，与虑中学之盛之妨西学者，均不根之说也。中国今日，实无学之患，而非中学西学偏重之患。京师号学问渊薮，而通达诚笃之旧学家，屈十指以计之，不能满也；其治西学者，不过为羔雁禽犊之资，其能贯串精博，终身以之如旧学家者，更难举其一二。风会否塞，习尚荒落，非一日矣！余谓中西二学，盛则俱盛，衰则俱衰，风气既开，互相推助。且居今日之世，讲今日之学，未有西学不兴，而中学能兴者；亦未有中学不兴，而西学能兴者。特余所谓中学，非世之君子所谓中学；所谓西学，非今日学校所授之西学而已。治《毛诗》《尔雅》者，不能不通天文博物诸学；而治博物学者，苟质以《诗》《骚》草木之名状而不知焉，则于此学固未为善。必如西人之推算日食，证梁虞𠜂、唐一行之说，以明《竹书纪年》之非伪；由《大唐西域记》，以发见释迦之支墓，斯为得矣。故一学既兴，他学自从之，此由学问之事，本无中西。彼鳃鳃焉虑二者之不能并立者，真不知世间有学问事者矣！

顾新旧中西之争，世之通人率知其不然，惟有用无用之论，则比前二说为有力。余谓凡学皆无用也，皆有用也。欧洲近世农工商业之进步，固由于物理化学之兴，然物理化学高深普遍之部，与蒸气电信有何关系乎？动植物之学，所关于树艺畜牧者几何？天文之学，所关于航海授时者几何？心理社会之学，其得应用于政治教育者亦尠。以科学而犹若是，而况于史学、文学乎？然自他面言之，则一切艺术，悉由一切学问出，古人所谓"不学无术"，非虚语也。夫天下之事物，非由全不足以知曲，非致曲不足以知全，虽一物之解释，一事之决断，非深知宇宙人生之真相者，不能为也。而欲知宇宙人生者，虽宇宙中之一现象，历史上之一事实，亦未始无所贡献。故深湛幽渺之思，学者有所不避焉；迂远繁琐之讥，学者有所不辞焉。事物无大小，无远近，苟思之得其真，纪之得其实，极其会归，皆有裨于人类之生存福祉。己不竟其绪，他人当能竟之；今不获其用，后世当能用之。此非苟且玩愒之徒所与知也！学问之所以为古今中西所崇敬者，实由于此。凡生民之先觉，政治教育之指导，利用厚生之渊源，胥由此出，非徒一国之名誉与光辉而已。世之君子，可谓知有用之用，而不知无用之用者矣。

以上三说，其理至浅，其事至明。此在他国所不必言，而世之君子，犹或疑之，不意至今日而犹使余为此哓哓也。适同人将刊行国学杂志，敢以此言序其端，此志之刊，虽以中学为主，然不敢蹈世人之争论。此则同人所自信，而亦不能不自白于天下者也。

（1911 年作。）

哲学辨惑

甚矣名之不可以不正也！观去岁南皮尚书之陈学务摺，及管学大臣张尚书之复奏摺，一虞哲学之有流弊，一以名学易哲学，于是海内之士颇有以哲学为诟病者。夫哲学者，犹中国所谓理学云尔。艾儒略《西学发凡》有"费禄琐非亚"之语，而未译其义。"哲学"之语实自日本始。日本称自然科学曰"理学"，故不译"费禄琐非亚"曰理学，而译曰哲学。我国人士骇于其名，而不察其实，遂以哲学为诟病，则名之不正之过也。今辨其惑如下。

一　哲学非有害之学

今之诟病哲学者，岂不曰自由平等民权之说由哲学出，今弃绝哲学，则此等邪说可以熄乎？夫此等说之当否，姑置不论。夫哲学中亦非无如此之说，然此等思想，于哲学中不占重要之位置。霍布士之绝对国权论，与福禄特尔、卢骚之绝对民权论，皆为哲学说之一。今以福禄特尔、卢骚之故而废哲学，何不一思霍布士之说乎？且古之时有倡言民权者矣，孟子是也。今若举天下之言民权，而归罪于孟子，废《孟子》而不立诸学官，斯亦过矣！欲废哲学者，何以异于是？且今之言自由平等，言革命者，果皆自哲学上之研究出欤？抑但习闻他人之说而称道之欤？夫周秦与宋代，中国哲学最盛之时也，而君主之威权不因之而稍替。明祖之兴，而李自成、洪秀全之乱，宁皆有哲学家说以鼓舞之欤？故不研究哲学则已，苟研究哲学，则必博稽众说而唯真理之是从。其视今日浅薄之革命家，方鄙弃之不暇，而又奚惑焉？则竟以此归狱于哲学者，非也。且自由平等说非哲学之原理，乃法学、政治学之原理也。今不以此等说废法学、政治学，何独至于哲学而废之？此余所不解者一也。

二　哲学非无益之学

于是说者曰：哲学即令无害，决非有益，非叩虚课寂之谈，即鹜广志荒之论。此说不独我国为然，虽东西洋亦有之。夫彼所谓无益者，岂不以哲学之于人生日用之生活无关系乎？夫但就人生日用之生活言，则岂徒哲学为无益，物理学、化学、博物学，凡所谓纯粹科学，皆与吾人日用之生活无丝毫之关系。其有实用于人者，不过医、工、农等学而已。然人之所以为人者，岂徒饮食男女，芸芸以生，厌厌以死云尔哉！饮食男女，人与禽兽之所同，其所以异于禽兽者，则岂不以理性乎哉！宇宙之变化，人事之错综，日夜相迫于前，而要求吾人之解释，不得其解，则心不宁。叔本华谓人为形而上学之动物，洵不诳也。哲学实对此要求而与吾人以解释。夫有益于身者与有益于心者之孰轩孰轻，固未易论定者。巴尔善曰："人心一日存，则哲学一日不亡。"使说者而非人则已，说者而为人，则已于冥冥之中，认哲学之必要，而犹必诋之为无用，此其不可解者二也。

三　中国现时研究哲学之必要

尤可异者，则我国上下，日日言教育，而不喜言哲学。夫既言教育，则不得不言教育学；教育学者实不过心理学、伦理学、美学之应用。心理学之为自然科学而与哲学分离，仅曩日之事耳；若伦理学与美学，则尚俨然为哲学中之二大部。今夫人之心意，有知力，有意志，有感情。此三者之理想，曰真，曰善，曰美。哲学实综合此三者，而论其原理者也。教育之宗旨，亦不外造就真善美之人物，故谓教育学上之理想即哲学上之理想，无不可也。试读西洋之哲学史、教育学史，哲学者而非教育学者有之矣，未有教育学者而不通哲学者也。不通哲学而言教育，与不通物理、化学而言工学，不通生理学、解剖学而言医学何以异？今日日言教育，言伦理，而独欲废哲学，此其不可解者三也。

四　哲学为中国固有之学

今之欲废哲学者，实坐不知哲学为中国固有之学故。今姑舍诸子不论，独就六经与宋儒之说言之。夫六经与宋儒之说，非著于功令而当时所奉为正学者乎？周子"太极"之说，张子"正蒙"之论，邵子之《皇极经世》，皆深入哲学之问题。此岂独宋儒之说为然，六经亦有之。《易》之"太极"，《书》之"降衷"，《礼》之"中庸"，自说者言之，谓之非虚非寂得乎？今欲废哲学，则六经及宋学皆在所当废，此其所不解者四也。

五　研究西洋哲学之必要

于是说者曰：哲学既为中国所固有，则研究中国之哲学足矣，奚以西洋哲学为？此又不然。余非谓西洋哲学之必胜于中国，然吾国古书，大率繁散而无纪，残缺而不完，虽有真理，不易寻绎，以视西洋哲学之系统灿然、步伐严整者，其形式上之孰优孰劣，固自不可掩也。且今之言教育学者，将用《论语》《学记》作课本乎？抑将博采西洋之教育学以充之也？于教育学然，于哲学何独不然？且欲通中国哲学，又非通西洋之哲学不易明也。近世中国哲学之不振，其原因虽繁，然古书之难解，未始非其一端也。苟通西洋之哲学，以治吾中国之哲学，则其所得当不止此。异日昌大吾国固有之哲学者，必在深通西洋哲学之人无疑也。今欲治中国哲学，而废西洋哲学，其不可解者五也。

余非欲使人人为哲学家，又非欲使人人研究哲学，但专门教育中，哲学一科必与诸学科并立，而欲养成教育家，则此科尤为要。吾国人士所以诟病哲学者，实坐不知哲学之性质之故，苟易其名曰理学，则庶可以息此争论哉！庶可以息此争论哉！

（原载《教育世界》杂志1903年。）

论　性

今吾人对一事物，虽互相反对之议论，皆得持之而有故，言之而成理，则其事物必非吾人所能知者也。"二加二为四"，"二点之间只可引一直线"，无论何人，未有能反对之者也。因果之相嬗，质力之不灭，无论何人，未有能反对之者也。数学及物理学之所以为最确实之知识者，岂不以此矣乎？今孟子之言曰："人之性善。"荀子之言曰："人之性恶。"二者皆互相反对之说也，然皆持之而有故，言之而成理。然则吾人之于人性，固有不可知者在欤？孔子之所以罕言性与命者，固非无故欤？且于人性论中，不但得容反对之说而已，于一人之说中，亦不得不自相矛盾。孟子曰："人之性善，在求其放心而已。"然使之放其心者谁欤？荀子曰："人之性恶，其善者伪（人为）也。"然所以能伪者何故欤？汗德曰："道德之于人心，无上之命令也。"何以未几而又有根恶之说欤？叔本华曰："吾人之根本，生活之欲也。"然所谓拒绝生活之欲者，又何自来欤？古今东西之论性，未有不自相矛盾者。使性之为物，如数及空间之性质然，吾人之知之也既确，而其言之也无不同，则吾人虽昌言有论人性之权利可也。试问吾人果有此权利否乎？今论人性者之反对矛盾如此，则性之为物，固不能不视为超乎吾人之知识外也。

今夫吾人之所可得而知者，一先天的知识，一后天的知识也。先天的知识，如空间时间之形式，及悟性之范畴，此不待经验而生，而经

论
性

021

验之所由以成立者，自汗德之知识论出后，今日殆为定论矣。后天的知识，乃经验上之所教我者，凡一切可以经验之物皆是也。二者之知识皆有确实性，但前者有普遍性及必然性，后者则不然，然其确实则无以异也。今试问性之为物，果得从先天中或后天中知之乎？先天中所能知者，知识之形式，而不及于知识之材质，而性固一知识之材质也，若谓于后天中知之，则所知者又非性。何则？吾人经验上所知之性，其受遗传与外部之影响者不少，则其非性之本来面目，固已久矣。故断言之曰：性之为物，超乎吾人之知识外也。

人性之超乎吾人之知识外，既如斯矣，于是欲论人性者，非驰于空想之域，势不得不从经验上推论之。夫经验上之所谓性，固非性之本然，苟执经验上之性以为性，则必先有善恶二元论起焉。何则？善恶之相对立，吾人经验上之事实也，反对之事实，而非相对之事实也。相对之事实，如寒热、厚薄等是。大热曰热，小热曰寒。大厚曰厚，稍厚曰薄。善恶则不然。大善曰善，小善非恶；大恶曰恶，小恶亦非善。又积极之事实，而非消极之事实也。有光曰明，无光曰暗。有有曰有，无有曰无。善恶则不然。有善曰善，无善犹非恶；有恶曰恶，无恶犹非善。惟其为反对之事实，故善恶二者，不能由其一说明之，唯其为积极之事实，故不能举其一而遗其他。故从经验上立论，不得不盘旋于善恶二元论之胯下，然吾人之知识，必求其说明之统一，而决不以此善恶二元论为满足也。于是性善论、性恶论及超绝的一元论（即性无善无不善说及可以为善可以为不善说）接武而起。夫立于经验之上以言性，虽所论者非真性，然尚不至于矛盾也。至超乎经验之外，而求其说明之统一，则虽反对之说，吾人得持其一，然不至自相矛盾不止。何则？超乎经验之外，吾人固有言论之自由，然至欲说明经验上之事实时，则又不得不自圆其说，而复反于二元论。故古今言性者之自相矛盾，必然之理也。今略述古人论性之说，而暴露其矛盾，世之学者，可以观焉。

我国之言性者古矣。尧之命舜曰："人心唯危，道心唯微。"仲虺之诰汤曰："唯天生民，有欲无主乃乱，唯天生聪明时乂。"《汤诰》则云:"惟皇上帝,降衷于下民。若有恒性,克绥厥猷唯后。"此二说互相发明,而与霍布士之说若合符节。然人性苟恶而不可以为善,虽聪明之君主,亦无以义之。而聪明之君主亦天之所生也。又苟有善之恒性,则岂待君主之绥义之乎?然则二者非互相豫想,皆不能持其说。且仲虺之于汤,固所谓见而知之者,不应其说之矛盾如此也。二《诰》之说,不遇举其一面而遗其他面耳。嗣是以后,人又有唱一元之论者。《诗》曰:"天生蒸民,有物有则。民之秉彝,好是懿德。"刘康公所谓"民受大地之中以生"者,亦不外《汤诰》之意。至孔子而始唱超绝的一元论,曰"性相近也,习相远也",又曰"唯上知与下愚不移"。此但从经验上推论之,故以之说明经验上之事实,自无所矛盾也。

告子本孔子之人性论,而曰:"生之谓性,性无善无不善也。"又曰:"性犹湍水也,决诸东方则东流,决诸西方则西流。"此说虽为孟子所驳,然实孔子之真意。所谓"湍水"者,性相近之说也;"决诸东方则东流,决诸西方则西流"者,习相远之说也。孟子虽攻击之,而主性善论,然其说则有未能贯通者。其山木之喻曰:"牛山之木尝美矣,……是岂山之性也哉!虽存乎人者,岂无仁义之心哉!其所以放其良心者,亦犹斧斤之于木也,旦旦而伐之,可以为美乎?其昼夜之所息,平旦之气,其好恶与人相近也者几希,则其旦昼之所为,有梏亡之矣。梏之反覆,则其夜气不足以存,……此岂人之情也哉!"然则所谓"旦旦伐之"者何欤?所谓"梏亡之"者何欤?无以名之,名之曰欲,故曰"养心莫善于寡欲"。然则所谓欲者,何自来欤?若自性出,何为而与性相矛盾欤?孟子于是以小体大体说明之曰:"耳目之官,不思而蔽于物,物交物,则引之而已矣。心之官则思,思则得之,不思则不得也,此天之所以与我者。"顾以心为天之所与,则耳目二者,独非天之所与欤?孟子主性善,故不言耳目之欲之出于性,然其意则正如此,故孟子之性论之为二元论,昭然无疑矣。

至荀子反对孟子之说而唱性恶论,曰礼义法度"是生于圣人之伪,非故生于人之性也。若夫目好色,耳好声,口好味,心好利,骨体肤理好愉佚,是皆生于人之情性者也;感而自然,不待事而后生之者也。夫感而不能然,必且待事而后然者,谓之生于伪。是性伪之所生,其不同之征也。故圣人化性而起伪"。又曰:"古者圣人以人之性恶,以为偏险而不正,悖乱而不治,故为之立君上之势以临之,明礼义以化之,起法政以治之,重刑罚以禁之,使天下皆出于治,合于善。此圣王之治,而礼义之化也。今试去君上之势,无礼义之化;去法政之治,无刑罚之禁,倚而观天下人民之相与也。若是,则夫强者害弱而夺之,众者暴寡而哗之,天下之悖乱而相亡,不待顷矣。然则人之性恶明矣,其善者伪也。"(《性恶篇》)吾人且进而评其说之矛盾,其最显著者,区别人与圣人为二是也。且夫圣人独非人也欤哉!常人待圣人出,礼义兴而后出于治,合于善,则夫最初之圣人,即制作礼义者,又安所待欤?彼说礼之所由起曰:"人生而有欲,欲而不得则不能无求,求而无度量分界则争,争则乱,乱则穷。先王恶其乱也,故制礼义以分之,以养人之欲,给人之求,此礼之所由起也。"(《礼论篇》)则所谓礼义者,亦可由欲推演之,然则胡不曰"人恶其乱也,故作礼义以分之",而必曰"先王"何哉?又其论礼之渊源时,亦含矛盾之说,曰:"今人之性,饥而欲饱,寒而欲暖,劳而欲休,此人之情也。今人饥,见长而不敢先食者,将有所让也;劳而不敢求息者,将有所代也。夫子之让乎父,弟之让乎兄;子之代乎父,弟之代乎兄,此二行者,皆反于性而悖于情也。"(《性恶篇》)然又以三年之丧为称情而立文,曰:"凡生乎天地之间者,有血气之属必有知,有知之属莫不爱其类。今夫大鸟兽,则失亡其群匹,越月逾时,则必反沿,过故乡,则必徘徊焉,鸣号焉,蹢躅焉,踟蹰焉,然后能去之也。小者是燕爵犹有啁噍之顷焉,然后能去之。故有血气之属,莫知于人,故人之于亲也,至死无穷。"故曰:"说豫娩泽,忧患萃恶,是吉凶忧愉之情之发于颜色者也。……"(《礼论篇》)此与孟子所谓"孩提之童,无不知爱其亲,及所以告夷之"者何异?非所谓感于自然,不待事而后然者欤?则其非反于性而悖于情明矣。于是荀子性恶之一元论,由自己破灭之。

人性之论，唯盛于儒教之哲学中，至同时之他学派则无之。约而言之，老、庄主性善，故崇自然；申、韩主性恶，故尚刑名。然在此诸派中，并无争论及之者。至汉而《淮南子》奉老子之说，而唱性善论，其言曰："清净恬愉，人之性也。"（《人间训》）故曰："乘舟而惑者，不知东西，见斗极则寤矣。夫性，亦人之斗极也。有以自见也，则不失物之情；无以自见也，则动而惑营。"又曰："人之性无邪，久湛于俗则易。易而忘本，合于若性。故曰月欲明，浮云盖之；河水欲清，沙石涉之；人性欲平，嗜欲害之。"（《齐俗训》）于是《淮南子》之性善论与《孟子》同，终破裂而为性欲二元论。

同时董仲舒亦论人性曰："性之名非生欤？如其生之自然之资之谓性。性者质也。诘性之质于善之名，能中之与？既不能中矣，而尚谓之质善，何哉？""故性比于禾，善比于米。米出禾中，而禾未可全为米也；善出性中，而性未可全为善也。善与米，人之所继天而成于外，非在天之所为之内也。"（《春秋繁露·深察名号篇》）其论法全似《荀子》，而其意则与告子同。然董子亦非能久持此超绝的一元论者。夫彼之形而上学，固阴阳二元论也。其言曰：阳天之德，阴天之刑，"阳常居实位而行于盛；阴常居空虚而行于末。"（同《阳尊阴卑篇》）故曰："天雨有阴阳之施，人雨亦有贪仁之性。"（《深察名号篇》）由此二元论，而一面主性恶之说曰：民之为言暝也，"弗扶将颠陷猖狂，安能善？"（《深察名号篇》）刘向谓仲舒作书美荀卿，非无据也。然一面又谓："天覆育万物，既化而生之，有养而成之。""察于天之意，无穷极之仁也。人之受命于天也，取仁于天而仁也。"（《王道通三篇》）又曰："阴之行不得于春夏，而月之魄常厌于日光，乍全乍伤，天之禁阴如此，安得不损其欲而辍其情以应天？"（《深察名号篇》）夫人受命于天，取仁于天，捐情辍欲，乃合天道，则又近于性善之说。要之，仲舒之说，欲调和孟荀二家，而不免以苟且灭裂终者也。至扬雄出，遂唱性善恶混之二元论。至唐之中叶，伦理学上复提起人性论之问题。韩愈之《原性》，李翱之《复性书》，皆有名于世。愈区别性与情为二，翱虽谓情由性出，而又以为性善而情恶。其根据薄弱实无足言者。至宋之王安石，复绍述告子之说。其《性情论》曰："性情一也。七情之未发于外，而存于心者，性也。七情之发于外者，情也。性者情之本，情者性之用也。故性情一也。"又曰："君子之所以为君子者，无非情；小人之所以为小人者，无非情。情而当于理，则圣贤也；不当于理，则小人也。"同时苏轼亦批评韩愈之说，而唱超绝的一元论，又下善之界说。其《扬雄论》曰："性者果泊然而无所为耶？则不当复有善恶之说。苟性之有善恶也，则夫所谓情者，乃吾所谓性也。人生而莫不有饥寒之患，牝牡之欲，今告于人曰：饥而食，渴而饮，男女之欲，不出于人之性也，可乎？是天下知其不可也。圣人无是，无由以为圣；而小人无是，无由以为恶。圣人以其喜、怒、哀、惧、爱、恶、欲七者御之，而之乎善；小人以是七者御之，而之乎恶。由是观之，善恶者，性之所能之，而非性所能有也。且夫言性又安以其善恶为哉！虽然，扬雄之论，则固已近之，曰：人之性善恶混，修其善则为善人，修其恶则为恶人。此其所以为异者。唯其不知性之不能以有善恶，而以为善恶之皆出于性而已。夫太古之初，本非有善恶之论，唯天下之所同安者，圣人指以为善，而一人之所独乐者，则名以为恶。天下之人，固将即其所乐而行之，孰知圣人唯以其一人之所独乐，不能胜天下之所同安，是以有善恶之辨也。"（《东坡全集》卷四十七）苏、王二子，盖知性之不能赋以善恶之名，故遁而为此超绝的一元论也。

综观以上之人性论，除董仲舒外，皆就性论性，而不涉于形而上学之问题。至宋代哲学兴（苏、王二氏虽宋人，然于周、张之思想全不相涉）而各由其形而上学以建设人性论。周子之语，最为广漠，其《太极图说》曰："无极而太极。太极动而生阳，动极而静，静则生阴，静极复动。一动一静，互为其根；分阴分阳，两仪立焉。阳变阴合，而生水火木金土；五气顺布，四时行焉。""无极之真，二五之精，妙合而凝。'乾道成男，坤道成女。'二气交感，化生万物，万物生生，而变化无穷焉。唯人也得其秀而最灵。形既生矣，神发知矣。五性感动而善恶分，万物出矣。"又曰："诚无为，几善恶。"（《通书·诚几德》章）几者动之微，诚者即前所谓太极也。太极动而后有阴阳，人性动而后有善恶。当其未动时，初无善恶之可言。所谓秀而最灵者，以才言之，而非以善恶言之也。此实超绝的一元论，与苏氏所谓"善恶者，性之所能之，而非性所能有者"无异。然周子又谓"诚者圣人之本"，"纯粹至善者也"（《通书·诚上》）。然人之本体既善，则其动也，何以有善恶之区别乎？周子未尝说明之。故其性善之论，实由其乐天之性质与尊崇道德之念出，而非有名学上必然之根据也。

横渠张子亦由其形而上学而演绎人性论。其言曰："太虚无形，气之本体，其聚其散，变化之客形尔。至静无感，性之渊源，有识有知，物交之客感尔。"（《正蒙·太和篇》）即谓人之性与太虚同体，善恶之名无自而加之。此张子之本意也。又曰："气本之虚，则湛而无形；感而生，则聚而有象。有象斯有对，对必反其为；有反斯有仇，仇必和而解。"（同《太和篇》）此即海额尔之辩证法所谓由正生反、由反生合者也。象者海氏之所谓正，对者反也，和解者正反之合也。故曰："太虚为清，清则无碍，无碍故神；反清为浊，浊则碍，碍则形。"（同《太和篇》）"形而后有气质之性，善反之则天地之性存焉。故气质之性，君子有所不性焉。"（同《诚明篇》）又曰："湛一，气之本；攻取，气之欲。"（同《大和篇》）由是观之，彼于形而上学，立太虚之一元，而于其发现也，分为形神之二元。善出于神，恶出于形，而形又出于神、合于神，故二者之中，神其本体，而形其客形也。故曰："一物两体，气也。一故神，两故化。"（同《参两篇》）然形既从神出，则气质之性，何以与天地之性相反欤？又气质之性，何以不得谓之性欤？此又张子所不能说明也。

至明道程子之说曰："生生之谓易，此天之所以为道也。天只是以生为道，继此生理者，只是善，便有一个元的意思。元者善之长，万物皆有春意便是。继之者善也，成之者性也。却待他万物自成其性须得。"（《二程全书》卷二）又曰："论性不论气不备，论气不论性不明，二之则不是"。（同上）由是观之，明道之所谓性，兼气而言之。其所谓善，乃生生之意，即广义之善，而非孟子所谓"性善"之善也。故曰："生之谓性，性即气，气即性，生之谓也。人生气禀，理有善恶，然不是性中元有此两物相对而生。有自幼而恶，有自幼而善，气禀有然也。善固性也，然恶亦不可不谓之性。盖生之谓性，人生而静，以上不容说。才说性时，便已不是性也。"（《二程全书》卷二）按明道于此，语意未明。盖既以生为性，而性中非有善恶二者相对，则当云"善固出于性也，而恶亦不可不谓之出于性"，又当云"人生而静，以上不容说善恶，才说善恶，便不是性"。然明道不敢反对孟子，故为此暧昧之语，然其真意，则正与告子同。然明道他日又混视广义之善与狭义之善，而反覆性善之说。故明道之性论，于宋儒中最为薄弱者也。

至伊川纠正明道之说，分性与气为二，而唱性善论曰："性出于天，才出于气。气清则才清，气浊则才浊。才则有善有不善，性则无不善。"（《近思录·道体类》）又曰："性无不善，而有善有不善者才也。性即是理，理则自尧舜至于途人一也。才禀于气，气有清浊。禀其清者为贤，禀其浊者为愚。"（《二程全书》卷十九）盖欲主张性善之说，则气质之性之易趋于恶，此说之一大障碍也。于是非置气于性之外，则不能持其说。故伊川之说，离气而言性，则得持其性善之一元论。若置气于性中，则纯然空间的善恶二元论也。

朱子继伊川之说，而主张理气之二元论。其形而上学之见解曰："天地之间，有理有气。理者，形而上之道也，生物之本也；气者，形而下之器也，生物之具也。是以人物之生，必禀此理，然后有性；必禀此气，然后有形。"（《学的》上）又曰："天下未有无理之气，亦未有无气之理。"（《语类》一）而此理伊川已言之，曰："离阴阳则无道。阴阳气也，形而下也；道太虚也，形而上也。"（《性理会通》卷二十六）但于人性上伊川所目为气者，朱子直谓之性。即性之纯乎理者，谓之天地之性；其杂乎气者，谓之气质之性，而二者又非可离而为二也。故曰："性非气质，则无所寄；气非天性，则无所成。"（《语类》卷四）又曰："论天地之性，则专主理；论气质之性，则以理与气杂而言之。"（《学的》

上）而性如水然，气则盛水之器也。故曰："水皆清也，以净器盛之则清，以不净器盛之则臭，以淤泥之器盛之则浊。"（《语类》卷四）故由朱子之说，理无不善，而气则有善有不善。故朱子之性论，与伊川同，不得不谓之二元论也。

朱子又自其理气二元论，而演绎其理欲二元论曰："有个天理，便有个人欲。盖缘这个天理，须有个安顿处。才安顿得不恰好，便有人欲出来。"（《性理会通》卷五十）象山陆子起而驳之曰："天理人欲之分，语极有病。自《礼记》有此言，而后人袭之。《记》曰：'人生而静，天之性也。感于物而动，性之欲也。'若是，则动亦是，静亦是，岂有天理物欲之分；动若不是，则静亦不是，岂有动静之间哉！"（《全集》三十五）又驳人心道心之说曰："心一也，安得有二心？"（《全集》三十四）此全立于告子之地位，而为超绝的一元论也。然此非象山之真意，象山固绝对的性善论者也。其告学者曰："汝耳自聪，目自明，事父自能孝，事兄自能弟。"（《全集》三十四）故曰："人生皆善，其不善者，迁于物也。"（同，三十二）然试问人之所以迁于物者如何，象山亦归之于气质，曰："气质偏弱，则耳目之官不思而蔽于物。物交物，则引之而已。"（同上）故陆子之意，与伊川同，别气于性，而以性为善。若合性与气而言之，则亦为二元论。阳明王子亦承象山之说而言性善，然以格去物欲为致良知之第一大事业。故古今之持性善论，而不蹈于孟子之矛盾者，殆未之有也。

呜呼！善恶之相对立，百人经验上之事实也。自生民以来至于今，世界之事变，孰非此善恶二性之争斗乎？政治与道德，宗教与哲学，孰非由此而起乎？故世界之宗教，无不著二神教之色彩。野蛮之神，虽多至不可稽，然不外二种，即有爱而祀之者，有畏而祀之者，即善神与恶神是已。至文明国之宗教，于上帝之外，其不豫想恶魔者殆稀也。在印度之婆罗门教，则造世界之神谓之梵天（Brahma），维持世界者谓之吠舍那（Aishnu），而破坏之者谓之湿婆（Siva），以为今日乃湿婆之治世，梵天与吠舍那之治世已过去矣。其后乃有三位一体之说，此则犹论理学之由二元论而变为超绝的一元论也。迤印度以西，则波斯之火教，立阿尔穆兹（Ormuzd）与阿利曼（Ahriman）之二神。阿尔穆兹，善神也，光明之神也，平和之神也；阿利曼则主恶与暗黑及争斗，犹太教之耶和华（Jehovah）与撒旦（Satan），实自此出者也。希腊神语中之亚波罗（Apolo）与地哇尼速斯（Dionysus）之关系，亦颇似之。嗣是以后，基督教之理知派，亦承此思想，谓世界万物之形式为神，而其物质则堕落之魔鬼。暗黑且恶之魔鬼，与光明且善之神相对抗，而各欲加其势力于人，现在之世界，即神与魔鬼之战地也。夫所谓神者，非吾人善性之写象乎？所谓魔鬼者，非吾人恶性之小影乎？他如犹太、基督二教之堕落之说，佛教及基督教之忏悔之说，皆示善恶二性之争斗。盖人性苟善，则堕落之说为妄，既恶矣，又安知堕落之为恶乎？善则无事于忏悔，恶而知所以忏悔，则其善端之存在，又不可诬也。夫岂独宗教而已，历史之所纪述，诗人之所悲歌，又孰非此善恶二性之争斗乎？但前者主纪外界之争，后者主述内界之争，过此以往，则吾不知其区别也。吾人之经验上善恶二性之相对立如此，故由经验以推论人性者，虽不知与性果有当与否，然尚不与经验相矛盾，故得而持其说也。超绝的一元论，亦务与经验上之事实相调和，故亦不见有显著之矛盾。至执性善性恶之一元论者，当其就性言性时，以性为吾人不可经验之一物故，故皆得而持其说。然欲以之说明经验，或应用于修身之事业，则矛盾即随之而起。余故表而出之，使后之学者，勿徒为此无益之议论也。

（1904 年作。）

释　理

　　昔阮文达公作《塔性说》，谓"翻译者但用典中'性'字以当佛经无得而称之物，而唐人更以经中'性'字当之"，力言翻译者遇一新义为古语中所无者，必新造一字，而不得袭用似是而非之古语。是固然矣。然文义之变迁，岂独在输入外国新义之后哉！吾人对种种之事物，而发见其公共之处，遂抽象之而为一概念，又从而命之以名；用之既久，遂视此概念为一特别之事物，而忘其所从出。如"理"之概念，即其一也。吾国语中"理"字之意义之变化，与西洋"理"字之意义之变化，若出一辙。今略述之如左：

　　（一）理字之语源　《说文解字》第一篇："理，治玉也，从玉，里声。"段氏玉裁注："《战国策》郑人谓玉之未理者为璞，是理为剖析也。"由此类推，而种种分析作用，皆得谓之曰理。郑玄《乐记》注："理者，分也。"《中庸》所谓"文理密察"，即指此作用也。由此而分析作用之对象，即物之可分析而粲然有系统者，亦皆谓之理。《逸论语》曰："孔子曰：美哉璠玙！远而望之，奂若也；近而视立，瑟若也。""一则理胜，一则孚胜"，此从"理"之本义之动词，而变为名词者也。更推之而言他物，则曰"地理"（《易·系词传》），曰"腠理"（《韩非子》），曰"色理"，曰"蚕理"，曰"箴理"（《荀子》），就一切物而言之曰"条理"（《孟子》）。然则所谓"理"者，不过谓吾心分析之作用，及物之可分析者而已矣。

其在西洋各国语中，则英语之 Reason，与我国今日理字之义大略相同，而与法国语之 Raison，其语源同出于拉丁语之 Ratio。此语又自动词 Retus（思索之意）而变为名词者也。英语又谓推理之能力曰 Discourse，同时又用为言语之义。此又与意大利语之 Discorso 同出于拉丁语之 Discursus，与希腊语之 Logos 皆有言语及理性之两义者也。其在德意志语，则其表理性也曰 Vernunft，此由 Vernehmen 之语出，此语非但听字之抽象名词，而实谓知言语所传之思想者也。由此观之，古代二大国语及近世三大国语，皆以思索（分合概念之力）之能力，及言语之能力，即他动物之所无而为人类之独有者，谓之曰理性、Logos（希）、Ratio（拉）、Vernunft（德）、Raison（法）、Reason（英）。而从吾人理性之思索之径路，则下一判断，必不可无其理由。于是拉丁语之 Ratio、法语之 Raison、英语之 Reason 等，于理性外，又有理由之意义。至德语之 Vernunft 则但指理性，而理由则别以 Grunde 之语表之。吾国之理字，其义则与前者为近，兼有理性与理由之二义，于是理之解释，不得不分为广义的及狭义的二种。

（二）理之广义的解释　理之广义的解释，即所谓理由是也。天下之物，绝无无理由而存在者。其存在也，必有所以存在之故，此即物之充足理由也。在知识界，则既有所与之前提，必有所与之结论随之。在自然界，则既有所与之原因，必有所与之结果随之。然吾人若就外界之认识，而皆以判断表之，则一切自然界中之原因，即知识上之前提；一切结果，即其结论也。若视知识为自然之一部，则前提与结论之关系，亦得视为因果律之一种。故欧洲上古及中世之哲学，皆不区别此二者，而视为一物。至近世之拉衣白尼志始分晰之，而总名之曰充足理由之原则，于其《单子论》之小诗中，括之为公式曰："由此原则，则苟无必然，或不得不然之充足理由，则一切事实不能存在，而一切判断不能成立。"汗德亦从其说而立形式的原则与物质的原则之区别。前者之公式曰："一切命题，必有其论据。"后者之公式曰："一切事物，必有其原因。"其学派中之克珊范台尔更明言之曰:"知识上之理由(论据)必不可与事实上之理由(原因)相混。前者属名学,后者属形而上学;前者思想之根本原则,后者经验之根本原则也。原因对实物而言,论据则专就吾人之表象言也。"至叔本华而复就充足理由之原则,为深邃之研究,曰:"此原则就客观上言之,为世界普遍之法则;就主观上言之,乃吾人之知力普遍之形式也。"世界各事物,无不入此形式者,而此形式,可分为四种:一、名学上之形式。即从知识之根据之原则者,曰既有前提,必有结论。二、物理学上之形式。即从变化之根据之原则者,曰既有原因,必有结果。三、数学上之形式。此从实在之根据之原则者,曰一切关系,由几何学上之定理定之者,其计算之成绩不能有误。四、实践上之形式。曰动机既现,则人类及动物,不能不应其固有之气质,而为惟一之动作。此四者,总名之曰"充足理由之原则"。此四分法中,第四种得列诸第二种之形式之下,但前者就内界之经验言之,后者就外界之经验言之,此其所以异也。要知第一种之充足理由之原则,乃吾人理性之形式,第二种悟性之形式,第三种感性之形式也。此三种之公共之性质,在就一切事物而证明其所以然,及其不得不然。即吾人就所与之结局观之,必有其所以然之理由;就所与之理由观之,必有不得不然之结局。此世界中最普遍之法则也。而此原则所以为世界最普遍之法则者,则以其为吾人之知力之最普遍之形式故。陈北溪(淳)曰:"理有确然不易的意。"临川吴氏(澄)曰:"凡物必有所以然之故,亦必有所当然之则。所以然者理也,所当然者义也。"征之吾人日日之用语,所谓"万万无此理","理不应尔"者,皆指理由而言也。

(三)理之狭义的解释 理之广义的解释外,又有狭义的解释,即所谓理性是也。夫吾人之知识,分为二种:一直观的知识;一概念的知识也。直观的知识,自吾人之感性及悟性得之;而概念之知识,则理性之作用也。直观的知识,人与动物共之;概念之知识,则惟人类所独有。古人所以称人类为理性的动物,或合理的动物者,为此故也。人之所以异于动物,而其势力与忧患且百倍之者,全由于此。动物生活于现

释
理

033

在，人则亦生活于过去及未来。动物但求偿其一时之欲，人则为十年百年之计。动物之动作，由一时之感觉决定之，人之动作，则决之于抽象的概念。夫然，故彼之动作，从豫定之计划而不为外界所动，不为一时之利害所摇，彼张目敛手，而为死后之豫备，彼藏其心于不可测度之地，而持之以归于邱墓。且对种种之动机而选择之者，亦惟人为能。何则？吾人惟有概念的知识，故将有为也，将有行也，必先使一切远近之动机，表之以概念，而悉现于意识，然后吾人得递验其力之强弱，而择其强者而从之；动物则不然，彼等所能觉者，现在之印象耳。惟现在之苦痛之恐怖心，足以束缚其情欲，逮此恐怖心久而成为习惯，遂永远决定其行为，谓之曰驯扰。故感与觉，人与物之所同；思与知，则人之所独也。动物以振动表其感情及性质，人则以言语传其思想，或以言语揜盖之，故言语者，乃理性第一之产物，亦其必要之器官也。此希腊及意大利语中所以以一语表理性及言语者也。此人类特别之知力，通古今东西皆谓之曰"理性"，即指吾人自直观之观念中，造抽象之概念，及分合概念之作用。自希腊之柏拉图、雅里大德勒，至近世之洛克、拉衣白尼志，皆同此意。其始混用之者，则汗德也。汗德以理性之批评，为其哲学上之最大事业，而其对理性之概念，则有甚暧昧者。彼首分理性为纯粹及实践二种，纯粹理性，指知力之全体，殆与知性之意义无异。彼于《纯粹理性批评》之《绪论》中曰："理性者，吾人知先天的原理的能力是也。"实践理性，则谓合理的意志之自律，自是"理性"二字，始有特别之意义，而其所谓纯粹理性中，又有狭义之理性。其下狭义理性之定义也，亦互相矛盾。彼于理性与悟性之别，实不能深知，故于《先天辨证论》中曰："理性者，吾人推理之能力。"（《纯理批评》第五版三百八十六页）又曰："单纯判断，则悟性之所为也。"（同，九十四页）叔本华于《汗德哲学之批评》中曰："由汗德之意，谓若有一判断，而有经验的、先天的或超名学的根据，则其判断乃悟性之所为；如其根据而为名学的，如名学上之推理式等，则理性之所为也。此外尚有种种之定义，其义各不同，其对悟性也亦然。要之，汗德以通常所谓理性者谓之悟性，而与理性以特别之意义，谓吾人于空间及时间中结合感觉以成直观者，感性之事；而结合直观而为自然界之经验者，悟性之事；至结合经验之判断，以为形而上学之知识者，理性之事也。自此特别之解释，而汗德以后之哲学家，遂以理性为吾人超感觉之能力，而能直知本体之世界及其关系者也。例如希哀林、海额尔之徒，乘云驭风而组织理性之系统，然于吾人之知力中果有此能力否，本体之世界果能由此能力知之否，均非所问也。至叔本华出，始严立悟性与理性之区别。彼于《充足理由》之论文中，证明直观中已有悟性之作用存。吾人有悟性之作用，斯有直观之世界，有理性之作用而始有概念之世界。故所谓理性者，不过制造概念及分合之之作用而已。由此作用，吾人之事业已足以远胜于动物。至超感觉之能力，则吾人所未尝经验也。彼于其《意志及观念之世界》及《充足理由之论文》中辨之累千万言，然后理性之概念灿然复明于世。孟子曰："心之所同然者何也？谓理也，义也。"程子曰："性即理也。"其对理之概念，虽于名学的价值外，更赋以伦理学的价值，然就其视理为心之作用时观之，固指理性而言者也。

（四）理之客观的假定　由上文观之，理之解释有广狭二义，广义之理是为理由，狭义之理则理性也。充足理由之原则，为吾人知力之普遍之形式，理性则知力作用之一种，故二者皆主观的而非客观的也。然古代心理上之分析未明，往往视理为客观上之物，即以为离吾人之知力而独立，而有绝对的实在性者也。如希腊古代之额拉吉来图，谓天下之物，无不生灭变化，独生灭循环之法则，乃永远不变者。额氏谓之曰"天运"，曰"天秩"，又曰"天理（Logos）"。至斯多噶派，更绍述此思想，而以指宇宙之本体，谓生产宇宙及构造宇宙之神，即普遍之理也。一面生宇宙之实质，而一面赋以形式，故神者，自其有机的作用言之，则谓之创造及指导之理；自其对个物言之，则谓之统辖一切之命；自其以普遍决定特别言之，则谓之序；自其有必然性言之，则谓之运。近世希腊哲学史家宓尔列尔之言曰，由斯多噶派之意，则所谓天心、天理、天命、天运、天然、天则，皆一物也。故其所谓"理"，兼有理、法、命、运四义，与额拉吉来图同；但于开辟论之意义外，兼有实体论之意义，此其相异者也。希腊末期之斐洛，与近世之初之马尔白兰休，亦皆有此"理即神也"之思想。此理之自主观的意义，而变为客观的意义者也。更返而观吾中国之哲学，则理之有客观的意义，实自宋人始。《易·说卦传》曰："将以顺性命之理。"固以理为性中之物。孟子亦既明言理为心之所同然矣。而程子则曰："在物为理。"又曰："万物各具一理，而万理同出一原。"此原之为心为物，程子不言，至朱子直言之曰："盖人心之灵，莫不有知；而天下之物，莫不有理。惟于理有未穷，故其知有不尽。"至万物之有理，存于人心之有知，此种思想，固朱子所未尝梦见也。于是理之渊源，不得求诸外物，于是谓"天地之间，有理有气。理也者，形而上之道也，生物之本也；气也者，形而下之器也，生物之具也。是以人物之生，必禀此理，然后有性；必禀此气，然后有形。"又曰："天以阴阳五行化生万物，气以成形，而理亦附焉。"于是对周子之"太极"而与以内容曰："'太极'不过一个'理'字。"万物之理，皆自此客观的大理出，故曰："物物各具此理，而物物各异其用，然莫非理之流行也。"又《语类》云："问天与命，性与理四者之别，天则就其自然者言之，命则就其流行而赋于物者言之，性则就其全体而万物所得以为生者言之，理则就其事事物物各有其则者言之。到得合而言之，则天即理也，命即性也，性即理也，是如此否？曰然。"故朱子之所谓理，与希腊斯多噶派之所谓理，皆预想一客观的理，存于生天、生地、生人之前，而吾心之理，不过其一部分而已。于是理之概念，自物理学上之意义出，至宋以后，而遂得形而上学之意义。

（五）理之主观的性质　如上所述，理者，主观上之物也。故对朱子之实在论，而有所谓观念论者起焉。夫孟子既以理为心之所同然，至王文成则明说之曰："夫物理不外于吾心，外吾心而求物理，无物理矣。遗物理而求吾心，吾心又何物？"我国人之说理者，未有深切著明如此者也。其在西洋，则额拉吉来图及斯多噶派之理说，固为今日学者所不道；即充足理由原则之一种，即所谓因果律者，自雅里大德勒之范畴说以来，久视为客观上之原则。然希腊之怀疑派驳之于先，休蒙论之于后，至汗德、叔本华，而因果律之有主观的性质，遂为不可动之定论。休蒙谓因果之关系，吾人不能直观之，又不能证明之者也。凡吾人之五官所得直观者，乃时间上之关系，即一事物之续他事物而起之事实是也。吾人解此连续之事物为因果之关系，此但存于吾人之思索中，而不存于事物。何则？吾人于原因之观念中，不能从名学上之法则而演绎结果之观念，又结果之观念中，亦不含原因之观念，故因果之关系，决非分析所能得也。其所以有因果之观念者，实由观念联合之法则而生，即由观念之互相连续者，屡反复于吾心，于是吾人始感其间有必然之关系，遂疑此关系亦存于客观上之外物。易言以明之，即自主观上之必然的关系，转而视为客观上之必然的关系，此因果之观念之所由起也。汗德力拒此说，而以因果律为悟性先天之范畴，而非得于观念联合之习惯；然谓宇宙不能赋吾心以法则，而吾心实与宇宙以法则，则其视此律为主观的而非客观的，实与休蒙同也。此说至叔本华而更精密证明之。叔氏谓吾人直观时，已有悟性（即自果推因之作用）之作用行乎其间。当一物之呈于吾前也，吾人所直接感之者，五官中之感觉耳。由此主观上之感觉，进而求其因于客观上之外物，于是感觉遂变而为直观，此因果律之最初之作用也。由此主观与客观间之因果之关系，而视客观上之外物，其间亦皆有因果之关系，此于先天中预定之者也。而此先天中之所预定，所以能于后天中证明之者，则以此因果律乃吾人悟性之形式，而物之现于后天中者，无不入此形式故。其《充足理由》论文之所陈述，实较之汗德之说更为精密完备也。夫以充足理由原则中之因果律，即事实上之理由，犹全属吾人主观之作用，况知识上之理由，及吾人知力之一种之理性乎！要之，以理为有形而上学之意义者，与《周易》及毕达哥拉斯派以数为有形而上学之意义同，自今日视之，不过一幻影而已矣。

由是观之，则所谓理者，不过理性、理由二义，而二者皆主观上之物也。然则古今东西之言理者，何以附以客观的意义乎？曰：此亦有所自。盖人类以有概念之知识，故有动物所不能者之利益，而亦陷于动物不能陷之误谬。夫动物所知者，个物耳。就个物之观念，但有全偏明昧之别，而无正误之别。人则以有概念，故从此犬彼马之个物之观念中，抽象之而得"犬"与"马"之观念；更从犬、马、牛、羊及一切跂行喙息之观念中，抽象之而得"动物"之观念；更合之植物、矿物而得"物"之观念。夫所谓"物"，皆有形质可衡量者也。而此外尚有不可衡量之精神作用，而人之抽象力进而不已，必求一语以赅括之，无以名之，强名之曰"有"。然离心与物之外，非别有所谓"有"也；离动、植、矿物以外，非别有所谓"物"也；离犬、马、牛、羊及一切跂行喙息之属外，非别有所谓"动物"也；离此犬彼马之外，非别有所谓"犬"与"马"也。所谓马者，非此马即彼马，非白马即黄马、骊马，如谓个物之外，别有所谓马者，非此非彼，非黄非骊非他色，而但有马之公共之性质，此亦三尺童子之所不能信也。故所谓"马"者，非实物也，概念而已矣。而概念之不甚普遍者，其离实物也不远，故其生误解也不多。至最普遍之概念，其初固亦自实物抽象而得，逮用之既久，遂忘其所自出，而视为表特别之一物，如上所述"有"之概念是也。夫离心物二界，别无所谓"有"，然古今东西之哲学，往往以"有"为有一种之实在性，在我中国则谓之曰太极，曰玄，曰道；在西洋则谓之曰神。及传衍愈久，遂以为一自证之事实，而若无待根究者，此正柏庚所谓"种落之偶像"，汗德所谓"先天之幻影"。人而不求真理则已，人而唯真理之是求，则此等谬误，不可不深察而明辨之也。理之概念，亦岂异于此！其在中国语中，初不过自物之可分析而有系统者，抽象而得此概念，辗转相借，而遂成朱子之理即太极说；其在西洋，本但有理由及理性之二义，辗转相借，而前者生斯多噶派之宇宙大理说，后者生汗德以降之超感的理性说，所谓由灯而之燹，由烛而之钥，其去理之本义，固已远矣。此无他，以理之一语为不能直观之概念，故种种误谬，得附此而生也。而所谓太极，所谓宇宙大理，所谓超感的理性，不能别作一字，而必借理字以表之者，则又足以证此等观念之不存于直观之世界，而惟寄生于广莫暗昧之概念中。易言以明之，不过一幻影而已矣。故为之考其语源，并其变迁之迹，且辨其性质之为主观的而非客观的。世之好学深思之君子，其亦有取于此欤？

由上文观之，则理之意义，以理由而言，为吾人知识之普遍之形式；以理性而言，则为吾人构造概念及定概念间之关系之作用，而知力之一种也。故理之为物，但有主观的意义，而无客观的意义。易言以明之，即但有心理学上之意义，而无形而上学上之意义也。然以理性之作用，为吾人知力作用中之最高者，又为动物之所无而人之所独有，于是但有心理学上之意义者，于前所述形而上学之意义外，又有伦理学上之意义。此又中外伦理学之所同，而不可不深察而明辨之者也。

理之有伦理学上之意义，自《乐记》始。《记》曰："人生而静，天之性也。感于物而动，性之欲也。物至知知，然后好恶形焉。好恶无节于内，知诱于外，不能反躬，天理灭矣。夫物之感人无穷，而人之好恶无节，则是物至而人化物也。人化物也者，灭天理而穷人欲者也。"此天理对人欲而言，确有伦理上之意义。然则所谓天理果何物欤？案《乐记》之意，与《孟子》小体大体之说极相似。今援《孟子》之说以解之曰："耳目之官不思，而蔽于物，物交物，则引之而已矣。心之官则思，思则得之，不思则不得也。此天之所以与我者，先立乎其大者，则其小者不能夺也。"由此观之，人所以引于物者，乃由不思之故。而思（定概念之关系）者，正理性之作用也。然则《乐记》之所谓天理，固指理性言之。然理性者知力之一种，故理性之作用，但关于真伪，而不关于善恶。然在古代，真与善之二概念之不相区别，故无足怪也。至宋以降，而理欲二者，遂为伦理学上反对之二大概念。程子曰："人心莫不有知，蔽于人欲，则亡天理矣。"上蔡谢氏曰："天理与人欲相对，有一分人欲，即灭却一分天理；存一分天理，即胜得一分人欲。"于是理之一字，于形而上学之价值（实在）外，兼有伦理学上之价值（善）。其间惟朱子与国朝婺源戴氏之说，颇有可味者。朱子曰："有个天理，便有个人欲。盖缘这个天理，须有个安顿处，才安顿得不恰好，便有人欲出来。"又曰："天理人欲，分数有多少。天理本多，人欲也便是天理里面做出来；虽是人欲，人欲中自有天理。"戴东原氏之意与朱子同，而颠倒其次序而言之曰："理也者，情之不爽失也。"又曰："天理云者，言乎自然之分理也。自然之分理，以我之情，絜人之情，而无不得其平是也。"朱子所谓"安顿得好"，与戴氏所谓"絜人之情而无不得其平"者，则其视理也，殆以"义"字、"正"字、"恕"字解之。于是"理"之一语，又有伦理学上之价值。其所异者，惟朱子以理为人所本有，而安顿之不恰好者，则谓之欲；戴氏以欲为人所本有，而安顿之使无爽失者理也。

其在西洋之伦理学中亦然。柏拉图分人性为三品：一曰嗜欲，二曰血气，三曰理性。而以节制嗜欲与血气，而成克己与勇毅二德为理性之任，谓理性者，知识与道德所税驾之地也。厥后斯多噶派亦以人性有理性及感性之二元质，而德之为物，只在依理而克欲。故理性之语，亦大染伦理学之色彩。至近世汗德而遂有实践理性之说，叔本华于其《汗德哲学批评》中，极论之曰："汗德以爱建筑上之配偶，故其说纯粹理性也，必求其匹偶。"而说实践理性，而雅里大德勒之 Nous praktikos 与烦琐哲学之 Intellectus practicus（皆实践知力之义）二语，已为此语之先导，然其意与二者大异。彼以理性为人类动作之伦理的价值之所由生，谓一切人之德性及高尚神圣之行，皆由此出，而无待于其他。故由彼之意，则合理之动作，与高尚神圣之动作为一，而私利惨酷卑陋之动作，但不合理之动作而已。然不问时之古今、地之东西，一切国语皆区别此二语（理性与德性）；即在今日，除少数之德意志学者社会外，全世界之人，犹执此区别。夫欧洲全土所视为一切德性之模范者，非基督教之开祖之生活乎？如谓彼之生活为人类最合理之生活，彼之教训示人以合理的生活之道，则人未有不议其大不敬者也。今有人焉，从基督之教训，而不计自己之生活，举其所有以拯无告之穷民，而不求其报，如此者，人固无不引而重之，然孰敢谓其行为为合理的乎？或如阿诺尔特以无上之勇，亲受敌人之刃，以图其国民之胜利者，孰得谓之合理的行为乎？又自他方面观之，今有一人焉，自幼时以来，深思远虑，求财产与名誉，以保其一身及妻子之福祉。彼舍目前之快乐，而忍社会之耻辱，不寄其心于美学及哲学等无用之事业，不费其日于不急之旅行，而以精确之方法，实现其身世之目的，彼之生涯，虽无害于世，然终其身无一可褒之点。然孰不谓此种俗子，有非常之推理力乎？又设有一恶人焉，以卑劣之策猎取富贵，甚或盗国家而有之，然后以种种诡计，蚕食其邻国，而为世界之主。彼其为此也，坚忍果戾而不夺于正义及仁爱之念，有妨彼之计划者，羁之、除之、屠之、刈之，而无所顾，驱亿万之民于刀锯缧绁而无所悯，然且厚酬其党类及助己者而无所吝，以达其最大之目的。孰不谓彼之举动，全由理性出者乎？当其设此计划也，必须有最大之悟性，然执行此计划，必由理性之力。此所谓实践理性者非欤？将谨慎与精密，深虑与先见，马启万里所以描写君主者，果不合理的欤？夫人知其不然也，要知大恶之所由成，不由于其乏理性，而反由与理性同盟之故。故汗德以前之作者，皆以良心为伦理的冲动之源，以与理性相对立。卢梭于其《哀美耳》中，既述二者之区别；即雅里大德勒亦谓德性之根源，不存于人性之合理的部分，而存于其非理的部分。基开碌所谓理性者，罪恶必要之手段，其意亦谓此也。何则？理性者，吾人构造概念之能力也。而概念者，乃一种普遍而不可直观之观念，而以言语为之记号，此所以使人异于禽犬，而使于圆球上占最优之位置者也。盖禽犬常为现在之奴隶，而人类则以有理性之故，能合人生及世界之过去未来而统计之，故能不役于现在，而作有计划有系统之事业，可以之为善，亦可以之为恶。而理性之关于行为者，谓之实践理性，故所谓实践理性者，实与拉丁语之 Prudentra（谨慎小心）相似，而与伦理学上之善，无丝毫之关系者也。

　　吾国语中之理字，自宋以后，久有伦理学上之意义，故骤闻叔本华之说，固有未易首肯者。然理之为义，除理由、理性以外，更无他解。若以理由言，则伦理学之理由，所谓动机是也。一切行为，无不有一物焉为之机括，此机括或为具体的直观，或为抽象的概念，而其为此行为之理由则一也。由动机之正否，而行为有善恶，故动机虚位也，非定名也。善亦一动机，恶亦一动机，理性亦然。理性者，推理之能力也。为善由理性，为恶亦由理性，则理性之但为行为之形式，而不足为行为之标准，昭昭然矣。惟理性之能力，为动物之所无，而人类之所独有，故世人遂以形而上学之所谓真，与伦理学之所谓善，尽归诸理之属性；不知理性者，不过吾人知力之作用，以造概念，以定概念之关系，除为行为之手段外，毫无关于伦理上之价值。其所以有此误解者，由理之一字，乃一普遍之概念故，此又前篇之所极论而无待赘述者也。

（原载《教育世界》杂志 1904 年。）

原 命

  我国哲学上之议论，集于性与理二字，次之者命也。命有二义：通常之所谓命，《论语》所谓"死生有命"是也；哲学上之所谓命，《中庸》所谓"天命之谓性"是也。命之有二义，其来已古，西洋哲学上亦有此二问题。其言祸福寿夭之有命者，谓之定命论（Fatalism）；其言善恶贤不肖之有命，而一切动作皆由前定者，谓之定业论（Determinism）。而定业论与意志自由论之争，尤为西洋哲学上重大之事实，延至今日，而尚未得最终之解决。我国之哲学家除墨子外，皆定命论者也。然遽谓之定业论者，则甚不然。古代之哲学家中，今举孟子以代表之。孟子之为持定命论者，而兼亦持意志自由论，得由下二章窥之。其曰：

  求则得之，舍则失之，是求有益于得也，求在我者也。求之有道，得之有命，是求无益于得也，求在外者也。

又曰：

  口之于味也，目之于色也，耳之于声也，鼻之于臭也，四肢之于安佚也，性也，有命焉，君子弗谓性也。仁之于父子也，义之于君臣也，礼之于宾主也，智之于贤者也，圣人之于天道也，命也，有性焉，君子弗谓命也。

前章之所谓命，即"死生有命"之命，后章之命，与"天命之谓性"之命略同，而专指气质之清浊而言之。其曰"命也，有性焉，君子不谓命也"，则孟子之非定业论者，昭昭然矣。至宋儒亦继承此思想，今举张横渠之言以代表之。张子曰：

形而后有气质之性，善反之则天地之性存焉。故气质之性，君子有弗性焉。

（《正蒙·诚明篇》）

通观我国哲学上，实无一人持定业论者，故其昌言意志自由论者，亦不数数觏也。然我国伦理学无不预想此论者，此论之果确实与否，正吾人今日所欲研究者也。

我国之言命者，不外定命论与非定命论二种。二者于哲学上非有重大之兴味，故可不论。又我国哲学上无持定业论者，其他经典中所谓命，又与性字、与理字之义相近。朱子所谓："天则就其自然者言之，命则就其流行而赋于物者言之，性则就其全体而万物所得以为生者言之，理则就其事事物物各有其则者言之。到得合而言之，则天即理也，命即性也，性即理也。"而二者之说，已见于余之《释理》《论性》二篇，故亦可不论。今转而论西洋哲学上与此相似之问题，即定业论与自由意志论之争，及其解决之道，庶于吾国之性命论上，亦不无因之明晰云尔。

定业论者之说曰：吾人之行为，皆为动机所决定。虽吾人有时于二行为间，或二动机间，若能选择其一者，然就实际言之，不过动机之强者，制动机之弱者，而己之选择作用无与焉。故吾人行为之善恶，皆必然的。因之吾人品性之善恶，亦必然的，而非吾人自由所为也。意志自由论反是，谓吾人于二动机间，有自由之选择力，而为一事与否，一存于吾人之自由，故吾人对自己之行为及品性，不能不自负其责任。此二者之争，自希腊以来，永为哲学上之题目。汗德《纯理批评》之第三《安梯诺朱》中所示正理及反理之对立，实明示此争论者也。

此二论之争论而不决者，盖有由矣。盖从定业论之说，则吾人对自己之行为，无丝毫之责任，善人不足敬，而恶人有辞矣。从意志自由论之说，则最普遍最必然之因果律，为之破灭，此又爱真理者之所不任受也。于是汗德始起而综合此二说曰：在现象之世界中，一切事物，必有他事物以为其原因，而此原因复有他原因以为之原因，如此递衍，以至于无穷，无往而不发见因果之关系。故吾人之经验的品性中，在在为因果律所决定，故必然而非自由也。此则定业论之说，真也。然现象之世界外，尚有本体之世界，故吾人经验的品性外，亦尚有睿智的品性，而空间时间及因果律，只能应用于现象之世界，本体之世界则立于此等知识之形式外。故吾人之睿智的品性，自由的非必然的也。此则意志自由论之说，亦真也。故同一事实，自现象之方面言之，则可谓之必然，而自本体之方面言之，则可谓自由。而自由之结果，得现于现象之世界中，所谓无上命法是也。即吾人之处一事也，无论实际上能如此与否，必有当如此不当如彼之感，他人亦不问我能如此否。苟不如此，必加以呵责，使意志而不自由，则吾人不能感其当然，他人亦不能加以责备也。今有一妄言者于此，自其经验的品性言之，则其原因存于不良之教育，腐败之社会，或本有不德之性质，或缺羞恶之感情，又有妄言所得之利益之观念，为其目前之动机，以决定此行为。而吾人之研究妄言之原因也，亦得与研究自然中之结果之原因同。然吾人决不因其固有之性质故，决不因其现在之境遇故，亦决不因前此之生活状态故，而不加以责备，其视此等原因，若不存在者。然而以此行为为彼之所自造，何则？吾人之实践理性，实离一切经验的条件而独立，以于吾人之动作中生一新方向。故妄言之罪，自其经验的品性言之，虽为必然的，然睿智的品性，不能不负其责任也。此汗德之调停说之大略也。

汗德于是下自由之定义。其消极之定义曰：意志之离感性的冲动而独立；其积极之定义则曰：纯粹理性之能现于实践也。然意志之离冲动而独立，与纯粹理性之现于实践，更无原因以决定之欤？汗德亦应之曰：有理性之势力即是也。故汗德以自由为因果之一种。但自由之因果，与自然之因果，其性质异耳。然既有原因以决定之矣，则虽欲谓之自由，不可得也。其所以谓之自由者，则以其原因在我而不在外物，即在理性而不在外界之势力，故此又大不然者也。吾人所以从理性之命令，而离身体上之冲动而独立者，必有种种之原因。此原因不存于现在，必存于过去；不存于个人之精神，必存于民族之精神。而此等表面的自由，不过不可见之原因战胜可见之原因耳。其为原因所决定，仍与自然界之事变无以异也。

叔本华亦绍述汗德之说，而稍正其误，谓动机律之在人事界，与因果律之在自然界同。故意志之既入经验界，而现于个人之品性以后，则无往而不为动机所决定，惟意志之自己拒绝或自己主张，其结果虽现于经验上，然属意志之自由。然其谓意志之拒绝自己，本于物我一体之知识，则此知识，非即拒绝意志之动机乎？则自由二字，意志之本体，果有此性质否，吾不能知。然其在经验之世界中，不过一空虚之概念，终不能有实在之内容也。

然则吾人之行为，既为必然的而非自由的，则责任之观念，又何自起乎？曰：一切行为，必有外界及内界之原因。此原因不存于现在，必存于过去；不存于意识，必存于无意识。而此种原因，又必有其原因。而吾人对此等原因，但为其所决定，而不能加以选择。如汗德所引妄言之例，固半出于教育及社会之影响，而吾人之入如此之社会，受如此之教育，亦有他原因以决定之。而此等原因，往往为吾人所不及觉。现在之行为之不适于人生之目的也，一若当时全可以自由者，于是有责任及悔恨之感情起。而此等感情，以为心理上一种之势力故，故足为决定后日行为之原因。此责任之感情之实践上之价值也。故吾人责任之感情，仅足以影响后此之行为，而不足以推前此之行为之自由也。余以此二论之争，与命之问题相联络，故批评之于此，又使世人知责任之观念，自有实在上之价值，不必藉意志自由论为羽翼也。

（原载《教育世界》杂志1906年。）

国朝汉学派戴阮二家之哲学说

　　近世哲学之流，其胶浅枯涸，有甚于国朝三百年间者哉！国初承明之后，新安、姚江二派，尚相对垒，然各抱一先生之言，姝姝自悦，未有能发展明光大之者也。雍乾以后，汉学大行，凡不手许慎、不口郑玄者，不足以与于学问之事。于是昔之谈程朱、陆王者，屏息敛足，不敢出一语。至乾嘉之间，而国朝学术与东汉比隆矣，然其中之巨子，亦悟其说之庞杂破碎，无当于学，遂出汉学固有之范围外，而取宋学之途径。于是孟子以来所提出之人性论，复为争论之问题。其中之最有价值者，如戴东原之《原善》《孟子字义疏证》，阮文达之《性命古训》等，皆由三代秦汉之说，以建设其心理学及伦理学。其说之幽玄高妙，自不及宋人远甚；然一方复活先秦之古学，一方又加以新解释，此我国最近哲学上唯一有兴味之事，亦唯一可纪之事也。兹略述二氏之说如左。

　　戴氏之学说，详于《原善》及《孟子字义疏证》。然其说之系统，具于《读易系辞论性》一篇，兹录其全文于左。由此而读二书，则思过半矣。

　　《易》曰："一阴一阳之谓道，继之者善也，成之者性也。"
一阴一阳，盖言天地之化不已也，道也。一阴一阳，其生生乎？其生生而条理乎？以是见天地之顺，故曰"一阴一阳之谓道"。生生，仁也。未有生生而不条理者。条理之秩然，礼至著也；条理之截然，义至著也，以是见天地之常，三者咸得，天下之至善也，人物之常也，故曰"继之者善也"。言乎人物之生，其善则与天地继承不隔者也。有天地，然后有人物；有人物，于是有人物之性。人与物同有欲，欲也者，性之事也。人与物同有觉，觉也者，性之能也。事能无有失，则协于天地之德，协于天地之德，理至正也。理也者，性之德也。言乎自然之谓顺，言乎必然之谓常，言乎本然之谓德。天下之道尽于顺，天下之教一于常，天下之性同之于德。性之事配阴阳五行，性之能配鬼神，性之德配天地之德。所谓血气心知之性，发于事能者是也。所谓天之性者，事能之无有失是也。为夫不知德者别言之也。人与物同有欲，而得之以生也各殊。人与物同有觉，而喻大者大，喻小者小也各殊。人与物之中正同协于天地之德，而存乎其得之以生，存乎喻大喻小之明昧也各殊。此之谓阴阳五行以成性，故曰"成之者性也"。善以言乎天下之大共也，性言乎成于人人之一举凡自为。性其本也；所谓善无他焉，天地之化，性之事能，可以知善矣。君子之教也，以天下之大共正人之所自为，性之事能，合之则中正，违之则邪僻，以天地之常，俾人咸知由其常也。明乎天地之顺者，可与语道；察乎天地之常者，可与语善；通乎天地之德者，可与语性。

（《戴东原集》卷八）

宋儒之言性也，以性为即理。又虽分别理义之性与气质之性，然以欲为出于气质之性，而其所谓性，概指义理之性言之。（朱子《论语》"性相近也"章注引程子曰："此言气质之性，非性之本也。若言其本，则性即是理，理无不善，孟子之言性善是也。何相近之有哉？"又《孟子》"生之谓性"章注："告子不知性之为理，而以所为气者当之。"）故由宋儒之说，欲者，性以外之物；又义理者，欲以外之物也。戴氏则以欲在性中，而义理即在欲中。曰："欲也者，性之事也。事无有失，则协于天地之德，协于天地之德，理至正也。理也者，性之德也。"（见上）又曰："欲不流于私则仁，不溺而为慝则义，情发而中节则和，如是之谓天理。情欲未动，湛然无失，是为天性。非天性自天性，情欲自情欲，天理自天理也。"（《答彭进士书》）又曰："理也者，情之不爽失也。"（《孟子字义疏证》卷上）又曰："无过情、无不及情之谓性。"（同上）此所谓情兼欲而言之。兹将其论情及欲二条对照之可知：

　　问：古人之言天理，何谓也？曰：理也者，情之不爽失也，未有情不得而理得者也。凡有所施于人，反躬而静思之：人以此施于我，能受之乎？凡有所责于人，反躬而静思之：人以此责于我，能尽之乎？以我絜之人则理明。天理云者，言乎自然之分理也；自然之分理，以我之情絜人之情，而无不得其平是也。《乐记》曰："人生而静，天之性也。感于物而动，性之欲也。物至知知，然后好恶形焉。好恶无节于内，知诱于外，不能反躬，天理灭矣。""夫物之感人无穷，而人之好恶无节，则是物至而人化物也。人化物也者，灭天理而穷人欲者也。于是有悖逆诈伪之心，有淫佚作乱之事。是故强者胁弱，众者暴寡，知者诈愚，勇者苦怯，疾病不养，老幼孤独不得其所。此大乱之道也。"诚以弱、寡、愚、怯与夫疾病、老幼、孤独，反躬而思其情，人岂异于我？盖方其静也，未感与物，其血气心知，湛然无有失，故曰"天之性"；及其感而动，则欲出于性；一人之欲，天下人之所同欲也，故曰"性之欲"。好恶既形，遂己之好恶，忘人之好恶，往往贼人以逞欲。反躬者，以人逞其欲，思身受之之情也。情得其平，是为好恶之节，是为依乎天理。古人所谓天性，未有如后儒所谓天理者矣。

　　　　　　　　　　　　　　　　　　（《孟子字义疏证》卷上）

又曰：

> 问：《乐记》言"灭天理而穷人欲"，其言有似以理欲为正邪之别，何也？曰：性，譬则水也；欲，譬则水之流也。节而不过，则为依乎"天理"，为相生相养之道，譬则水由地中行也；"穷人欲"而至于"有悖逆诈伪之心，有淫佚作乱之事"，譬则洪水横流，泛滥于中国也。圣人教之反躬，以己之加于人，设人如是加于己，而思躬受之之情，譬则禹之行水，行其所无事，非恶泛滥而塞其流也。恶泛滥而塞其流，其立说之工者直绝其源，是遏欲无欲之喻也。"口之于味也，目之于色也，耳之于声也，鼻之于臭也，四肢之于安佚也"，此后儒视为人欲之私者，而孟子曰"性也"，继之曰"有命焉"。命者，限制之名，如命之东则不得而西，言性之欲之不可无节也。节而不过，则依乎天理，非以天理为正、人欲为邪也。天理者，节其欲而不穷人欲也。是故欲不可穷，非不可有，有而节之，使无过情，无不及情，可谓之非天理乎！（同上）

由此观之，上之所谓情，即此之所谓欲也。其与彭进士（绍升）书所谓"情者，有亲疏长幼尊卑，而发于自然"，又曰欲患其过，而情患其不及者，则狭义之情，而非此所谓情也。此所谓情者，欲而已矣。而欲之得其平，得其节者，即谓之理。又引《中庸》之"文理"，《乐记》之"伦理"，《孟子》之"条理"，《庄子》之"天理"（《养生主》），《韩非子》之"腠理"之训，以为理者，非具于物之先，而存于物之中，物之条分缕析者即是也。盖生生者，天地之性，由是而有阴阳五行，由是而有山川原隰，由是而有飞潜动植。所谓"生生而条理"者也，此天地之理也。人之性感于物而动，于是乎有欲，天下之人，各得遂其欲而无所偏，此人之理也。而使吾人之欲，在在依乎天理，其道在行孔子之所谓"恕",《大学》所谓"絜矩之道"。所谓"理"者，自客观上言之，所谓"恕"与"絜矩之道"者，自主观上言之；所谓"理"者，自其究竟言之，所谓"恕"与"絜矩之道"者，自其手段言之，其实则一而已矣。

然则使吾人节人欲而依乎天理者何欤？使吾人以己之情絜人之情，而无不得其平者何欤？夫戴氏之所谓性，固兼心知与血气言之，则所以使吾人如此者，其为心知必矣。故曰：

> 凡血气之属，皆有精爽。其心之精爽、巨细不同。如火光之照物，光小者其照也近，所照者不谬也，所不照者疑谬承之，不谬之谓得理；其光大者其照也远，得理多而失理少。且不特远近也，光之及又有明暗，故于物有察有不察；察者尽其实，不察斯疑谬承之，疑谬之谓失理。失理者，限于质之昧，所谓愚也。惟学可以增益其不足而进于智，益之不已，至乎其极，如日月有明，容光必照，则圣人矣。
>
> （《孟子字义疏证》卷上）

然则如戴氏之说，则非理之行，存于知之失，而不存于欲之失，故驳周子无欲之说。又曰：

> 朱子亦屡言"人欲所蔽"，皆以为无欲则无蔽，非《中庸》"虽愚必明"之道也。有生而愚者，虽无欲亦愚也。凡出于欲，无非相生相养之事。欲之失，为私不为蔽。……私生于欲之失，蔽生于知之失。
>
> （同上）

然由戴氏之说推之，则必欲之失根于知之失而后可，必私与蔽相因而后可。不然，则理者情欲之不爽失之谓，知之失，安得即谓之非理？今乃曰"欲之失为私不为蔽"，一若私与蔽全为二物者，自其哲学之全体观之，不可谓之非矛盾也。

厥后阮文达又推阐戴氏之说，而作《性命古训》（《揅经室一集》卷十），复括其意作《节性斋主人小像跋》一篇（《揅经室再续集》卷一），其文曰：

> 余讲学不敢似学案立宗旨，惟知言性则溯始《召诰》之"节性"，迄于《孟子》之"性善"，不立空谈，不生异说而已。性字之造，于周召之前，从心则包仁、义、礼、智等在内，从生则包味、臭、色、声等在内。是故周召之时，解性字者朴实不乱。何也？字如此实造，事亦如此实讲。周召知性中有欲，必须节之。节者，如有所节制，使不逾尺寸也。以节字制天下后世之性，此圣人万世可行，得中庸之道也。《中庸》之"率性"（率同帅），犹《召诰》之"节性"也。……至于各义，已详余《性命古训》篇。
>
> 《虞夏书》内无性字，性字始见于《书·西伯戡黎》（天性）、《召诰》（节性）、《诗·卷阿》（弥性）。古性字之义，包于命字之中，其字乃商、周孳生之字，非仓颉所造。从心则包仁义等事（人非仁义，无以为生），从生则包食色等事（人非食色，无以生生）。孟子曰："动心忍性。"若性但须复，何必言忍？忍即节也。

故阮氏之说，全祖戴氏，其所增益者，不过引《书·召诰》、《诗·卷阿》之说，为戴氏之未及，又分析性之字义而已。二氏之意，在申三代秦汉之古义，以攻击唐宋以后杂于老、佛之新学。戴氏于《孟子字义疏证》外，其攻击新学，尤详于《答彭进士书》。其弟子段若膺氏谓此书"以六经、孔孟之旨还之六经、孔孟，以程朱之旨还之程朱，以陆王、佛氏之旨还之陆王、佛氏"。诚哉此言也！阮氏于《性命古训》

中，亦力攻李翱复性之说。又作《塔性说》(《揅经室续集》卷三)，以为翻译者，但用典中"性"字，以当佛经无得而称之物，而唐人更以经中"性"字当之。其说与唐宋以来千余年之说，其优劣如何，暂置勿论。要之，以宋儒之说还宋儒，以三代之说还三代，而使吾人得明认三代与唐宋以后之说之所以异，其功固不可没也。

盖吾中国之哲学，皆有实际的性质，而此性质于北方之学派中为尤著。古代北方之学派中，非无深邃统一之哲学，然皆以实用为宗旨。《易》之旨在于前民用，《洪范》之志在于叙彝伦，故生生主义者，北方哲学之唯一大宗旨也。苟无当于生生之事者，北方学者之所不道。故孔、墨之徒，皆汲汲以用世为事，惟老庄之徒生于南方，(庄子楚人，虽生于宋，而钓于濮水。陆德明《经典释文》曰："陈地，水也。"此时陈已为楚灭，则亦楚地也。故楚王欲以为相)，遁世而不悔，其所说虽不出实用之宗旨，然其言性与道，颇有出于北方学者之外者。盖北方土地硗瘠，人民图生事之不暇，奚暇谈空理? 其偏于实际，亦自然之势也。至江、淮以南，富水利，多鱼盐，其为生也较易，故有思索之余暇。《史记·货殖列传》曰：

> 总之，吴越之地，地广人稀，饭稻羹鱼，或火耕而水耨，果隋蠃蛤，不待贾而足，地势饶食，无饥馑之患，以故呰窳偷生，无积聚而贫。是故江、淮以南，无冻饿之人，亦无千金之家。沂、泗水以北，宜五谷桑麻六畜，地小人众，数被水旱之害。

理论哲学之起于南方，岂不以此也乎? 此外古代幽深玄远之哲学，所以起于印度、希腊者，其原因亦存于此。至魏晋以后，南方之哲学与印度哲学之一部代兴于中国，然以不合于我国人实际之性质，故我国北方之学者，亦自觉其理论之不如彼也。三者混合，而成宋元明三朝之学术，至国朝而三者之说俱微矣。自汉学盛行，而学者以其考证之眼，转而攻究古代之性命、道德之说，于是古代北方之哲学复明，而有复活之态。度戴、阮二氏之说，实代表国朝汉学派一般之思想，亦代表吾国人一般之思想者也。此足以见理论哲学之不适于吾国人之性质，而我国人之性质，其彻头彻尾实际的，有如是也，至数者，是非优劣之问题，则不具论于此。

（原载《教育世界》杂志 1904 年。）

汗德画像赞

人之最灵，厥维天官；
外以接物，内用反观。
小知间间，敝帚是享；
群言淆乱，孰正其枉？
大疑潭潭，是粪是除；
中道而反，丧其故居。
笃生哲人，凯尼之堡；
息彼众喙，示我大道。
观外于空，观内于时；
诸果粲然，厥因之随。
凡此数者，知物之式；
存于能知，不存于物。
匪言之艰，证之维艰；
云霾解驳，秋山巉巉。
赤日中天，烛彼穷阴；
丹凤在霄，百鸟皆喑。

谷可如陵，山可为薮；
万岁千秋，公名不朽！

（1903 年作。）

叔本华与尼采

十九世纪中，德意志之哲学界有二大伟人焉：曰叔本华（Schopenhauer），曰尼采（Nietzsche）。二人者，以旷世之文才，鼓吹其学说也同；其说之风靡一世，而毁誉各半也同；就其学说言之，则其以意志为人性之根本也同。然一则以意志之灭绝，为其伦理学上之理想，一则反是；一则由意志同一之假说，而唱绝对之博爱主义，一则唱绝对之个人主义。夫尼采之学说，本自叔本华出，曷为而其终乃反对若是？岂尼采之背师？固若是其甚欤？抑叔本华之学说中，自有以启之者欤？自吾人观之，尼采之学说全本于叔氏，其第一期之说，即美术时代之说，其全负于叔氏，固可勿论；第二期之说，亦不过发挥叔氏之直观主义；其末期之说，虽若与叔氏相反对，然要之不外以叔氏之美学上之天才论，应用于伦理学而已。兹比较二人之说，好学之君子以览观焉。

叔本华由锐利之直观与深邃之研究，而证吾人之本质为意志，而其伦理学上之理想，则又在意志之寂灭。然意志之寂灭之可能与否，一不可解之疑问也（其批评见《红楼梦评论》第四章）。尼采亦以意志为人之本质，而独疑叔氏伦理学之寂灭说，谓欲寂灭此意志者，亦一意志也，于是由叔氏之伦理学出，而趋于其反对之方向；又幸而于叔氏之伦理学上所不满足者，于其美学中发见其可模仿之点，即其天才论与知力的贵族主义，实可为超人说之标本者也。要之，尼采之说，乃彻头彻尾发展其美学上之见解，而应用之于伦理学，犹赫尔德曼之无意识哲学，发展其伦理学之见解者也。

叔氏谓吾人之知识，无不从充足理由之原则者，独美术之知识不然。其言曰：

> 一切科学，无不从充足理由原则之某形式者。科学之题目，但现象耳，现象之变化及关系耳。今有一物焉，超乎一切变化关系之外，而为现象之内容，无以名之，名之曰实念。问此实念之知识为何？曰美术是已。夫美术者，实以静观中所得之实念，寓诸一物焉而再现之。由其所寓之物之区别，而或谓之雕刻，或谓之绘画，或谓之诗歌、音乐，然其惟一之渊源，则存于实念之知识，而又以传播此知识为其惟一之目的也。一切科学，皆从充足理由之形式。当其得一结论之理由也，此理由又不可无他物以为之理由，他理由亦然。譬诸混混长流，永无渟潴之日；譬诸旅行者，数周地球，而曾不得见天之有涯、地之有角。美术则不然，固无往而不得其息肩之所也。彼由理由结论之长流中，拾其静观之对象，而使之孤立于吾前。而此特别之对象，其在科学中也，则藐然全体之一部分耳；而在美术中，则遽而代表其物之种族之全体，空间时间之形式对此而失其效，关系之法则至此而穷于用，故此时之对象，非个物而但其实念也。吾人于是得下美术之定义曰：美术者，离充足理由之原则而观物之道也。此正与由此原则观物者相反对。后者如地平线，前者如垂直线；后者之延长虽无限，而前者得于某点割之；后者合理之方法也，惟应用于生活及科学；前者天才之方法也，惟应用于美术；后者雅里大德勒之方法，前者柏拉图之方法也；后者如终风暴雨，震撼万物，而无始终、无目的，前者如朝日漏于阴云之罅，金光直射，而不为风雨所摇；后者如瀑布之水，瞬息交易，而不舍昼夜，前者如涧畔之虹，

立于鞿鞿澎湃之中，而不改其色彩。

（英译《意志及观念之世界》第一百三十八页至一百四十页）

夫充足理由之原则，吾人知力最普遍之形式也。而天才之观美也，乃不沾沾于此。此说虽本于希尔列尔（Schiller）之游戏冲动说，然其为叔氏美学上重要之思想，无可疑也。尼采乃推之于实践上，而以道德律之于超人，与充足理由原则之于天才一也。由叔本华之说，则充足理由之原则，非徒无益于天才，其所以为天才者，正在离之而观物耳。由尼采之说，则道德律非徒无益于超人，超道德而行动，超人之特质也。由叔本华之说，最大之知识，在超绝知识之法则。由尼采之说，最大之道德，在超绝道德之法则。天才存于知之无所限制，而超人存于意之无所限制。而限制吾人之知力者，充足理由之原则；限制吾人之意志者，道德律也。于是尼采由知之无限制说，转而唱意之无限制说。其《察拉图斯德拉》第一篇中之首章，述灵魂三变之说曰：

察拉图斯德拉说法于五色牛之村，曰：吾为汝等说灵魂之三变。灵魂如何而变为骆驼，又由骆驼而变为狮，由狮而变为赤子乎？于此有重荷焉，强力之骆驼负之而趋，重之又重以至于无可增，彼固以此为荣且乐也。此重物何？此最重之物何？此非使彼卑弱而污其高严之衮冕者乎？此非使彼炫其愚而匿其知者乎？此非使彼拾知识之橡栗而冻饿以殉真理者乎？此非使彼离亲爱之慈母而与聋瞽为侣者乎？世有真理之水，使彼入水而友蛙龟者非此乎？使彼爱敌而与狞恶之神握手者非此乎？凡此数者，灵魂苟视其力之所能及，无不负也。如骆驼之行于沙漠，视其力之所能及，无不负也。既而风高日黯，沙飞石走，昔日柔顺之骆驼，变为猛恶之狮子，尽弃其荷，而自为沙漠主，索其敌之大龙而战之。于是昔日之主，今日之敌；昔日之神，今日之魔也。此龙何名？谓之"汝宜"。狮子何名？谓之"我欲"。邦人兄弟，汝等必为狮子，毋为骆驼。岂汝等任裁之日尚短，而负担尚未重欤？汝等其破坏旧价值（道德）而创作新价值，狮子乎？言乎破坏则足矣，言乎创作则未也。然使人有创作之自由者，非彼之力欤？汝等胡不为狮子？邦人兄弟，狮子之变为赤子也何故？狮子之所不能为，而赤子能之者何？赤子若狂也，若忘也，万事之源泉也，游戏之状态也，自转之轮也，第一之运动也，神圣之自尊也。邦人兄弟灵魂之为骆驼，骆驼之变而为狮，狮之变而为赤子，余既诏汝矣！

（英译《察拉图斯德拉》二十五至二十八页）

其赤子之说，又使吾人回想叔本华之天才论曰：

天才者，不失其赤子之心者也。盖人生至七年后，知识之机关即脑之质与量已达完全之域，而生殖之机关尚未发达，故赤子能感也，能思也，能教也，其爱知识也较成人为深，而其受知识也亦视成人为易。一言以蔽之曰：彼之知力盛于意志而已。即彼之知力之作用，远过于意志之所需要而已。故自某方面观之，凡赤子皆天才也。又凡天才自某点观之，皆赤子也。昔海尔台尔（Herder）谓格代（Goethe）曰巨孩。音乐大家穆羡德（Mozart）亦终生不脱孩气，休利希台额路尔谓彼曰："彼于音乐，幼而惊其长老，然于一切他事，则壮而常有童心者也。"

（英译《意志及观念之世界》第三册六十一页至六十三页）

至尼采之说超人与众生之别、君主道德与奴隶道德之别，读者未有不惊其与叔氏伦理学上之平等博爱主义相反对者。然叔氏于其伦理学及形而上学所视为同一意志之发现者，于知识论及美学上则分之为种种之阶级，故古今之崇拜天才者，殆未有如叔氏之甚者也。彼于其大著述第一书之补遗中，说知力上之贵族主义曰：

　　知力之拙者常也，其优者变也。天才者，神之示现也。不然，则宁有以八百兆之人民，经六千年之岁月，而所待于后人之发明思索者，尚如斯其众耶？夫大智者，固天之所吝，天之所吝，人之幸也。何则？小智于极狭之范围内，测极简之关系，此大智之瞑想宇宙人生者，其事逸而且易。昆虫之在树也，其视盈尺以内，较吾人为精密，而不能见人于五步之外。故通常之知力，仅足以维持实际之生活耳。而对实际之生活，则通常之知力，固亦已胜任而愉快；若以天才处之，是犹用天文镜以观优，非徒无益，而又蔽之。故由知力上言之，人类真贵族的也，阶级的也。此知力之阶级，较贵贱贫富之阶级为尤著。其相似者，则民万而始有诸侯一，民兆而始有天子一，民京垓而始有天才一耳。故有天才者，往往不胜孤寂之感。白衣龙（Byron）于其《唐旦之预言诗》中咏之曰：

　　To feel me in the solitude of kings

　　Without the power that make them bear a crown.

　　予岑寂而无友兮，羌独处乎帝之庭。冠玉冕之崔巍兮，夫固蹁躇而不能胜。（略译其大旨）

　　此之谓也。

（同前书第二册三百四十二页）

此知力的贵族与平民之区别外，更进而立大人与小人之区别曰：

　　一切俗子，因其知力为意志所束缚，故但适于一身之目的。由此目的出，于是有俗滥之画，冷淡之诗，阿世媚俗之哲学。何则？彼等自己之价值，但存于其一身一家之福祉，而不存于真理故也。惟知力之最高者，其真正之价值，不存于实际，而存于理论；不存于主观，而存于客观，崦崦焉力索宇宙之真理而再现之。于是彼之价值，超乎个人之外，与人类自然之性质异。如彼者，果非自然的欤？宁超自然的也。而其人之所以大，亦即存乎此。故图画也，诗歌也，思索也，在彼则为目的，而在他人则为手段也。彼牺牲其一生之福祉，以殉其客观上之目的，虽欲少改焉而不能。何则？彼之真正之价值，实在此而不在彼故也。他人反是，故众人皆小，彼独大也。

（前书第三册第一百四十九页至一百五十页）

叔氏之崇拜天才也如是。由是对一切非天才而加以种种之恶谥：曰俗子（Philistine），曰庸夫（Populase），曰庶民（Mob），曰舆台（Rabble），曰合死者（Mortal）。尼采则更进而谓之曰众生（Herd），曰众庶（Far-too-many）。其所以异者，惟叔本华谓知力上之阶级惟由道德联结之，尼采则谓此阶级于知力道德皆绝对的而不可调和者也。

叔氏以持知力的贵族主义，故于其伦理学上虽奖卑屈（Humillty）之行，而于其美学上大非谦逊（Modesty）之德曰：

人之观物之浅深明暗之度不一，故诗人之阶级亦不一。当其描写所观也，人人殆自以为握灵蛇之珠，抱荆山之玉矣。何则？彼于大诗人之诗中，不见其所描写者或逾于自己。非大诗人之诗之果然也，彼之肉眼之所及，实止于此，故其观美术也，亦如其观自然，不能越此一步也。惟大诗人见他人之见解之肤浅，而此外尚多描写之余地，始知己能见人之所不能见，而言人之所不能言。故彼之著作，不足以悦时人，只以自赏而已。若以谦逊为教，则将并其自赏者而亦夺之乎？然人之有功绩者，不能掩其自知之明。譬诸高八尺者，暂而过市，则肩背昂然，齐于众人之首矣。千仞之山，自巅而视其麓也，与自麓而视其巅等。霍兰士（Horace）、鲁克来鸠斯（Lucletius）、屋维特（Ovid）及一切古代之诗人，其自述也，莫不有矜贵之色。唐旦（Dante）然也，狭斯丕尔（Shakespeare）然也，柏庚（Bacon）亦然也。故大人而不自见其大者，殆未之有。惟细人者自顾其一生之空无所有，而聊托于谦逊以自慰，不然则彼惟有蹈海而死耳。某英人尝言曰："功绩（Merit）与谦逊（Modest）除二字之第一字母外，别无公共之点。"格代亦云："惟一无所长者乃谦逊耳。"特如以谦逊教人责人者，则格代之言，尤不我欺也。

（同前书第三册二百零二页）

吾人且述尼采之《小人之德》一篇中之数节以比较之。其言曰：

察拉图斯德拉远游而归，至于国门，则眇焉若狗窦，匍匐而后能入。既而览乎民居，粲焉若傀儡之箱，鳞次而栉比，叹曰：夫造物者，宁将以彼为此拘拘也。吾知之矣，使彼等藐焉若此者，非所谓德性之教耶？彼等好谦逊，好节制。何则？彼等乐其平易故也。夫以平易而言，则诚无以逾乎谦逊之德者矣。彼等尝学步矣，然非能步也，鋚也。彼且鋚且顾，且顾且鋚，彼之足与目不我欺也。彼等之小半能欲也，而其大半被欲也。其小半本然之动作者也，其大半反是，彼等皆不随意之动作者也，与意识之动作者也，其能为自发之动作者希矣。其丈夫既藐焉若此，于是女子亦皆以男子自处。惟男子之得全其男子者，得使女子之位置复归于女子。其最不幸者，命令之君主，亦不得不从服役之奴隶之道德。"我役、汝役、彼役"，此道德之所命令者也。哀哉！乃使最高之君主，为最高之奴隶乎？哀哉！其仁愈大，其弱愈大；其义愈大，其弱愈大。此道德之根柢，可以一言蔽之，曰"毋害一人"。噫！道德乎？卑怯耳。然则彼等所视为道德者，即使彼等谦逊驯扰者也。是使狼为羊，使人为人之最驯之家畜者也。

（《察拉图斯德拉》第二百四十八页至二百四十九页）

尼采之恶谦逊也亦若此，其应用叔氏美学之说于伦理学上，昭然可睹。夫叔氏由其形而上学之结论，而谓一切无生物、生物，与吾人皆同一意志之发现，故其伦理学上之博爱主义，不推而放之于禽兽草木不止。然自知力上观之，不独禽兽与人异焉而已，即天才与众人间，男子与女子间，皆有斠然不可逾之界限。但其与尼采异者，一专以知力言，一推而论之于意志，然其为贵族主义则一也。又叔本华亦力攻基督教曰："今日之基督教，非基督之本意，乃复活之犹太教耳。"其所以与尼采异者，一则攻击其乐天主义，一则并其厌世主义而亦攻之，然其为无神论则一也。叔本华说涅槃，尼采则说转灭；一则欲一灭而不复生，一则以灭为生超人之手段，其说之所归虽不同，然其欲破坏旧文化而创造新文化则一也。况其超人说之于天才说，又历历有模仿之迹乎！然则吾人之视尼采，与其视为叔氏之反对者，宁视为叔氏之后继者也。

又叔本华与尼采二人之相似，非独学说而已，古今哲学家性行之相似，亦无若彼二人者。巴尔善之《伦理学系统》与文特尔朋《哲学史》中，其述二人学说与性行之关系，甚有兴味，兹援以比较之。巴尔善曰：

叔本华之学说与其生活，实无一调和之处。彼之学说，在脱屣世界与拒绝一切生活之意志，然其性行则不然；彼之生活，非婆罗门教、佛教之克己的，而宁伊壁鸠鲁之快乐的也。彼自离柏林后，权度一切之利害，而于法兰克福特及曼亨姆之间定其隐居之地。彼虽于学说上深美悲悯之德，然彼自己则无之。古今之攻击学问上之敌者，殆未有酷于彼者也。虽彼之酷于攻击，或得以辩护真理自解乎，然何不观其对母与妹之关系也？彼之母妹，斩焉陷于破产之境遇，而彼独保其自己之财产。彼终其身惴惴焉，惟恐分有他人之损失及他人之苦痛。要之，彼之性行之冷酷，无可讳也。然则彼之人生观，果欺人之语欤？曰：否。彼虽不实践其理想上之生活，固深知此生活之价值者也。人性之二元中，理欲二者，为反对之两极，而二者以彼之一生为其激战之地。彼自其父遗传忧郁之性质，而其视物也，恒以小为大，以常为奇，方寸之心，充以弥天之欲，忧患劳苦，损失疾病，迭起互伏，而为其恐怖之对象，其视天下人无一可信赖者。凡此数者，有一于此，固足以疲其生活而有余矣。此彼之生活之一方面也。其在他方面，则彼大知也，天才也，富于直观之力，而饶于知识之乐，视古之思想家，有过之无不及。当此时也，彼远离希望与恐怖，而追求其纯粹之思索，此彼之生活中最慰藉之顷也。逮其情欲再现，则畴昔之平和破，而其生活复以忧患恐惧充之。彼明知其失而无如之何，故彼每曰："知意志之过失，而不能改之，此可疑而不可疑之事实也。"故彼之伦理说，实可谓其罪恶之自白也。

（巴尔善《伦理学系统》第三百十一页至三百十二页）

巴氏之说，固自无误，然不悟其学说中，于知力之元质外，尚有意志之元质（见下文）。然其叙述叔氏知意之反对，甚为有味。吾人更述文特尔朋之论尼采者比较之曰：

彼之性质中争斗之二元质，尼采自谓之曰地哇尼苏斯（Dionysus），曰亚波罗（Apollo），前者主意论，后者主知论也；前者叔本华之意志，后者海额尔之理念也。彼之知力的修养与审美的创造力，皆达最高之程度。彼深观历史与人生，而以诗人之手腕再现之。然其性质之根柢，充以无疆之大欲，故

科学与美术不足以拯之。其志则专制之君主也，其身则大学之
教授也，于是彼之理想，实往复于知力之快乐与意志之势力之
间。彼俄焉委其一身于审美的直观与艺术的制作，俄焉而欲展
其意志，展其本能，展其情绪，举昔之所珍赏者一朝而舍之。
夫由其人格之高尚纯洁观之，则耳目之欲，于彼固一无价值
也。彼所求之快乐，非知识的，即势力的也。彼之一生，疲于
二者之争斗，迨其暮年，知识、美术、道德等一切，非个人及
超个人之价值不足以厌彼，彼翻然而欲于实践之生活中，发展
其个人之无限之势力。于是此战争之胜利者，非亚波罗而地哇
尼苏斯也，非过去之传说而未来之希望也，一言以蔽之，非理
性而意志也。

（文特尔朋《哲学史》第六百七十九页）

由此观之，则二人之性行，何其相似之甚欤！其强于意志相似也，
其富知力相似也，其喜自由相似也。其所以不相似而相似，相似而又不
相似者何欤？

呜呼！天才者，天之所靳，而人之不幸也。蚩蚩之民，饥而食，渴
而饮，老身长子，以遂其生活之欲，斯已耳。彼之苦痛，生活之苦痛而
已；彼之快乐，生活之快乐而已。过此以往，虽有大疑大患，不足以撄
其心。人之永保此蚩蚩之状态者，固其人之福祉，而天之所独厚者也。
若夫天才，彼之所缺陷者与人同，而独能洞见其缺陷之处。彼与蚩蚩者
俱生，而独疑其所以生。一言以蔽之，彼之生活也与人同，而其以生活
为一问题也与人异；彼之生于世界也与人同，而其以世界为一问题也与
人异。然使此等问题，彼自命之而自解之，则亦何不幸之有？然彼亦一
人耳，志驰乎六合之外，而身扃乎七尺之内，因果之法则与空间时间之
形式，束缚其知力于外；无限之动机与民族之道德，压迫其意志于内，
而彼之知力意志，非犹夫人之知力意志也？彼知人之所不能知，而欲人
之所不敢欲，然其被束缚压迫也与人同。夫天才之大小，与其知力意志

之大小为比例，故苦痛之大小，亦与天才之大小为比例。彼之痛苦既深，必求所以慰藉之道，而人世有限之快乐，其不足慰藉彼也明矣。于是彼之慰藉，不得不反而求诸自己。其视自己也，如君王，如帝天；其视他人也，如蝼蚁，如粪土。彼故自然之子也，而常欲为其母；又自然之奴隶也，而常欲为其主。举自然所以束缚彼之知意者，毁之，裂之，焚之，弃之，草薙而兽狝之。彼非能行之也，姑妄言之而已；亦非欲言诸人也，聊以自娱而已。何则？以彼知意之如此，而苦痛之如彼，其所以自慰藉之道，固不得不出于此也。

叔本华与尼采，所谓旷世之天才非欤？二人者，知力之伟大相似，意志之强烈相似。以极强烈之意志，而辅以极伟大之知力，其高掌远蹠于精神界，固秦皇、汉武之所北面，而成吉思汗、拿破仑之所望而却走者也。九万里之地球与六千年之文化，举不足以厌其无疆之欲。其在叔本华，则幸而有汗德者为其陈胜、吴广，为其李密、窦建德，以先驱属路。于是于世界现象之方面，则穷汗德之知识论之结论，而曰世界者，吾之观念也。于本体之方面，则曰世界万物，其本体皆与吾人之意志同，而吾人与世界万物，皆同一意志之发见也。自他方面言之，世界万物之意志，皆吾之意志也。于是我所有之世界，自现象之方面，而扩于本体之方面，而世界之在我，自知力之方面而扩于意志之方面。然彼犹以有今日之世界为不足，更进而求最完全之世界，故其说虽以灭绝意志为归，而于其大著第四篇之末，仍反覆灭不终灭、寂不终寂之说。彼之说博爱也，非爱世界也，爱其自己之世界而已；其说灭绝也，非真欲灭绝也，不满足于今日之世界而已。由彼之说，岂独如释迦所云天上地下，惟我独尊而已哉！必谓天上地下，惟我独存而后快。当是时，彼之自视，若担荷大地之阿德拉斯（Atlas）也，孕育宇宙之婆罗麦（Brahma）也。彼之形而上学之需要在此，终身之慰藉在此。故古今之主张意志者，殆未有过于叔氏者也，不过于其美学之天才论中，偶露其真面目之说耳。若夫尼采，以奉实证哲学，故不满于形而上学之空想。而其势力炎炎之欲，失之于彼岸者，欲恢复之于此岸；失之于精神者，欲恢复之于物质。于是叔本华之美学，占领其第一期之思想者，至其暮年，不识不知，而为其伦理学之模范。彼效叔本华之天才而说超人，效叔本华之放弃充足理由之原则而放弃道德，高视阔步，而恣其意志之游戏。宇宙之内，有知意之优于彼，或足以束缚彼之知意者，彼之所不喜也。故彼二人者，其执无神论同也，其唱意志自由论同也。譬之一树，叔本华之说，其根柢之盘错于地下；而尼采之说，则其枝叶之干青云而直上者也。尼采之说，如太华三峰，高与天际；而叔本华之说，则其山麓之花冈石也。其所趋虽殊，而性质则一。彼等所以为此说者无他，亦聊以自慰而已。

要之，叔本华之自慰藉之道，不独存于其美学，而亦存于其形而上学。彼于此学中发见其意志之无乎不在，而不惜以其七尺之我，殉其宇宙之我，故与古代之道德尚无矛盾之处。而其个人主义之失之于枝叶者，于根柢取偿之。何则？以世界之意志，皆彼之意志故也。若推意志同一之说，而谓世界之知力皆彼之知力，则反以俗人知力上之缺点加诸天才，则非彼之光荣，而宁彼之耻辱也；非彼之慰藉，而宁彼之苦痛也。其于知力上所以持贵族主义，而与其伦理学相矛盾者以此。《列子》曰：

> 周之尹氏大治产，其下趣役者侵晨昏而弗息。有老役夫筋力竭矣，而使之弥勤。昼则呻吟而即事，夜则昏惫而熟寐。昔昔梦为国君，居人民之上，总一国之事，游燕宫观，恣意所欲，觉则复役。
>
> （《周穆王篇》）

叔氏之天才之苦痛，其役夫之昼也；美学上之贵族主义与形而上学之意志同一论，其国君之夜也。尼采则不然。彼有叔本华之天才，而无其形而上学之信仰，昼亦一役夫，夜亦一役夫；醒亦一役夫，梦亦一役夫，于是不得不弛其负担，而图一切价值之颠覆。举叔氏梦中所以自慰者，而欲于昼日实现之，此叔本华之说所以尚不反于普通之道德，而尼采则肆其叛逆而不惮者也。此无他，彼之自慰藉之道，固不得不出于此也。世人多以尼采暮年之说与叔本华相反对者，故特举其相似之点及其所以相似而不相似者如此。

（原载《教育世界》杂志1904年。）

叔本华之哲学及其教育学说

自十九世纪以降，教育学蔚然而成一科之学。溯其原始，则由德意志哲学之发达是已。当十八世纪之末叶，汗德始由其严肃论之伦理学而说教育学，然尚未有完全之系统。厥后海尔巴德始由自己之哲学，而组织完全之教育学。同时德国有名之哲学家，往往就教育学有所研究，而各由其哲学系以创立自己之教育学，裴奈楷然也，海额尔派之左右翼亦然也。此外专门之教育学家，其窃取希哀林及休来哀尔、马黑尔之说以构其学说者亦不少，独无敢由叔本华之哲学以组织教育学者。何则？彼非大学教授也，其生前之于学界之位置，与门弟子之数，决非两海氏之比。其性行之乖僻，使人人视之若蛇蝎，然彼终其身索居于法兰克福特，非有一亲爱之朋友也，殊如其哲学之精神与时代之精神相反对，而与教育学之以增进现代之文明为宗旨者，俨然有持方柄入圆凿之势。然叔氏之学说，果与现代之文明不相并立欤？即令如是，而此外叔氏所贡献于教育学者，竟不足以成一家之说欤？抑真理之战胜必待于后世，而旷世之天才不容于同时，如叔本华自己之所说欤？至十九世纪之末，腓力特·尼采始公一著述曰《教育家之叔本华》。然尼采之学说，为世人所诟病，亦无以异于昔日之叔本华，故其说于普通之学界中，亦非有伟大之势力也。尼氏此书，余未得见，不揣不敏，试由叔氏之哲学说，以推绎其教育上之意见。其条目之详细，或不如海、裴诸氏；至其立脚地之坚固确实，用语之精审明晰，自有哲学以来，殆未有及叔氏者也。呜呼！《充足原理》之出版已九十有一年，《意志及观念之世界》之出版八十有七年，《伦理学之二大问题》之出版，亦六十有五年矣，而教育学上无奉叔氏之说者；海氏以降之逆理说，乃弥满充塞于教育界。譬之歌白尼既出，而犹奉多禄某之天文学；生达维之后，而犹言斯他尔之化学，不亦可哀也欤！夫哲学，教育学之母也。彼等之哲学，既鲜确实之基础，欲求其教育学之确实，又乌可得乎？兹略述叔氏之哲学说与其说之及于教育学之影响，世之言教育学可以观焉。

哲学者，世界最古之学问之一，亦世界进步最迟之学问之一也。自希腊以来至于汗德之生二千余年，哲学上之进步几何？自汗德以降至于今百有余年，哲学上之进步几何？其有绍述汗德之说，而正其误谬，以组织完全之哲学系统者，叔本华一人而已矣。而汗德之学说，仅破坏的而非建设的。彼憬然于形而上学之不可能，而欲以知识论易形而上学，故其说仅可谓之哲学之批评，未可谓之真正之哲学也。叔氏始由汗德之知识论出，而建设形而上学，复与美学、伦理学以完全之系统。然则视叔氏为汗德之后继者，宁视汗德为叔氏之前驱者为妥也。兹举叔氏哲学之特质如下：

汗德以前之哲学家，除其最少数外，就知识之本质之问题，皆奉素朴实在论，即视外物为先知识而存在，而知识由经验外物而起者也。故于知识之本质之问题上奉实在论者，于其渊源之问题上，不得不奉经验论。其有反对此说者，亦未有言之有故，持之成理者也。汗德独谓吾人知物时，必于空间及时间中，而由因果性（汗德举此等性其数凡十二，叔本华仅取此性）整理之。然空间、时间者，吾人感性之形式；而因果性者，吾人悟性之形式，此数者皆不待经验而存，而构成吾人之经验者也。故经验之世界，乃外物之入于吾人感性、悟性之形式中者，与物之自身异。物之自身，虽可得而思之，终不可得而知之，故吾人所知者，唯现象而已。此与休蒙之说，其差只在程度，而不在性质。即休蒙以因果性等出于经验，而非有普遍性及必然性；汗德以为本于先天，而具此二性，至于对物之自身，则皆不能赞一词。故如以休蒙为怀疑论者乎，则汗德之说，虽欲不谓之怀疑论，不可得也。叔本华于知识论上奉汗德之说，曰世界者，吾人之观念也。一切万物，皆由充足理由之原理决定之，而此原理，吾人知力之形式也。物之为吾人所知者，不得不入此形式，故吾人所知之物，决非物之自身，而但现象而已。易言以明之，吾人之观念而已。然则物之自身，吾人终不得而知之乎？叔氏曰否，他物则吾不可知，若我之为我，则为物之自身之一部，昭昭然矣。而我之为我，其现于直观中时，则块然空间及时间中之一物，与万物无异；然其现于反观时，则吾人谓之意志而不疑也。而吾人反观时，无知力之形式行乎其间，故反观时之我，我之自身也。然则我之自身，意志也。而意志与身体，吾人实视为一物，故身体者，可谓之意志之客观化，即意志之入于知力之形式中者也。吾人观我时，得由此二方面；而观物时，只由一方面，即唯由知力之形式中观之，故物之自身，遂不得而知。然由观我之例推之，则一切物之自身，皆意志也。叔本华由此以救汗德批评论之失，而再建形而上学。于是汗德矫休蒙之失，而谓经验的世界，有超绝的观念性与经验的实在性者，至叔本华而一转，即一切事物，由叔本华氏观之，实有经验的观念性，而有超绝的实在性者也。故叔本华之知识论，自一方面观之，则为观念论；自他方面观之，则又为实在论。而彼之实在论，与昔之素朴实在论异，又昭然若揭矣。

古今之言形而上学及心理学者，皆偏重于知力之方面，以为世界及人之本体，知力也。自柏拉图以降，至于近世之拉衣白尼志，皆于形而上学中持此主知论。其间虽有若圣奥额斯汀谓一切物之倾向与吾人之意志同，有若汗德于其《实理批评》中说意志之价值，然尚未得为学界之定论。海尔巴德复由主知论以述系统之心理学，而由观念及各观念之关系以说明一切意识中之状态。至叔本华出而唱主意论，彼既由吾人之自觉，而发见意志为吾人之本质，因之以推论世界万物之本质矣；至是复由经验上证明之，谓吾人苟旷观生物界与吾人精神发达之次序，则意志为精神中之第一原质，而知力为其第二原质，自不难知也。植物上逐日光，下趋土浆，此明明意志之作用，然其知识安在？下等动物之于饮食男女，好乐而恶苦也，与吾人同，此明明意志之作用，然其知识安在？即吾人之坠地也，初不见有知识之迹，然且呱呱而啼饥，瞿瞿而索母，意志之作用，早行乎其间。若就知力上言之，弥月而始能视，于是始见有悟性之作用；三岁而后能言，于是始见有理性之作用。知力之发达，后于意志也如此。就实际言之，则知识者，实生于意志之需要。一切生物，其阶级愈高，其需要愈增，而其所需要之物，亦愈精而愈不易得，而其知力亦不得不应之而愈发达。故知力者，意志之奴隶也，由意志生而还为意志用者也。植物所需者，空气与水耳，之二者无乎不在，得自来而自取之，故虽无知识可也。动物之食物，存乎植物及他动物；又各动物各有特别之嗜好，不得不由己力求之，于是悟性之作用生焉。至人类所需，则其分量愈多，其性质愈贵，其数愈杂，悟性之作用，不足应其需，始生理性之作用，于是知力与意志二者始相区别。至天才出，而知力遂不复为意志之奴隶，而为独立之作用。然人之知力之所由发达，由于需要之增，与他动物固无以异也。则主知说之心理学，不足以持其说，不待论也。心理学然，形而上学亦然。而叔氏之他学说，虽不慊于今人，然于形而上学心理学，渐有趋于主意论之势，此则叔氏之大有造于斯二学者也。

于是叔氏更由形而上学，进而说美学。夫吾人之本质，既为意志矣，而意志之所以为意志，有一大特质焉，曰生活之欲。何则？生活者非他，不过自吾人之知识中所观之意志也。吾人之本质，既为生活之欲矣，故保存生活之事，为人生之唯一大事业。且百年者寿之大齐，过此以往，吾人所不能暨也。于是向之图个人之生活者，更进而图种姓之生活，一切事业，皆起于此。吾人之意志，志此而已；吾人之知识，知此而已。既志此矣，既知此矣，于是满足与空乏，希望与恐怖，数者如环无端，而不知其所终。目之所观，耳之所闻，手足所触，心之所思，无往而不与吾人之利害相关，终身仆仆，而不知所税驾者，天下皆是也。然则此利害之念，竟无时或息欤？吾人于此桎梏之世界中，竟不获一时救济欤？曰：有。唯美之为物，不与吾人之利害相关系，而吾人观美时，亦不知有一己之利害。何则？美之对象，非特别之物，而此物之种类之形式，又观之之我，非特别之我，而纯粹无欲之我也。夫空间时间，既为吾人直观之形式；物之现于空间皆并立，现于时间者皆相续，故现于空间时间者，皆特别之物也。既视为特别之物矣，则此物与我利害之关系，欲其不生于心，不可得也。若不视此物为与我有利害之关系，而但观其物，则此物已非特别之物，而代表其物之全种，叔氏谓之曰实念。故美之知识，实念之知识也。而美之中又有优美与壮美之别。今有一物，令人忘利害之关系，而玩之而不厌者，谓之曰优美之感情；若其物直接不利于吾人之意志，而意志为之破裂，唯由知识冥想其理念者，谓之曰壮美之感情。然此二者之感吾人也，因人而不同；其知力弥高，其感之也弥深。独天才者，由其知力之伟大，而全离意志之关系，故其观物也视他人为深，而其创作之也与自然为一。故美者，实可谓天才之特许物也。若夫终身局于利害之桎梏中，而不知美之为何物者，则滔滔皆是。且美之对吾人也，仅一时之救济，而非永远之救济，此其伦理学上之拒绝意志之说，所以不得已也。

吾人于此，可进而窥叔氏之伦理学。从叔氏之形而上学，则人类于万物，同一意志之发现也，其所以视吾人为一个人，而与他人物相区别者，实由知力之蔽。夫吾人之知力，既以空间时间为其形式矣，故凡现于知力中者，不得不复杂。既复杂矣，不得不分彼我。然就实际言之，实同一意志之客观化也。易言以明之，即意志之入于观念中者，而非意志之本质也。意志之本质，一而已矣，故空间时间二者，用婆罗门及佛教之语言之，则曰摩耶之网；用中世哲学之语言之，则曰个物化之原理也。自此原理，而人之视他人及物也，常若与我无毫发之关系。苟可以主张我生活之欲者，则虽牺牲他人之生活之欲以达之而不之恤，斯之谓过。其甚者无此利己之目的，而惟以他人之苦痛为自己之快乐，斯为之恶。若一旦超越此个物化之原理，而认人与己皆此同一之意志，知己所弗欲者，人亦弗欲之，各主张其生活之欲而不相侵害，于是有正义之德。更进而以他人之快乐为己之快乐，他人之苦痛为己之苦痛，于是有博爱之德。于正义之德中，己之生活之欲已加以限制；至博爱，则其限制又加甚焉。故善恶之别，全视拒绝生活之欲之程度以为断：其但主张自己之生活之欲，而拒绝他人之生活之欲者，是为过与恶；主张自己，亦不拒绝他人者，谓之正义；稍拒绝自己之欲，以主张他人者，谓之博爱。然世界之根本，以存于生活之欲之故，故以苦痛与罪恶充之。而在主张生活之欲以上者，无往而非罪恶。故最高之善，存于灭绝自己生活之欲，且使一切生物皆灭绝此欲，而同入于涅槃之境。此叔氏伦理学上最高之理想也。此绝对的博爱主义与克己主义，虽若有严肃论之观，然其说之根柢，存于意志之同一之说，由是而以永远之正义，说明为恶之苦与为善之乐。故其说自他方面言之，亦可谓立于快乐论及利己主义之上者也。

叔氏于其伦理学之他方面，更调和昔之自由意志论及定业论，谓意志自身，绝对的自由也。此自由之意志，苟一旦有所决而发见于人生及其动作也，则必为外物所决定，而毫末不能自由。即吾人有所与之品性，对所与之动机，必有所与之动作随之。若吾人对所与之动机，而欲不为之动乎？抑动矣，而欲自异于所与之动作乎？是犹却走而恶影，击鼓而欲其作金声也，必不可得之数也。盖动机律之决定吾人之动作也，与因果律之决定物理界之现象无异，此普遍之法则也，必然之秩序也。故同一之品性，对同一之动机，必不能不为同一之动作，故吾人之动作，不过品性与动机二者感应之结果而已。更自他方面观之，则同一之品性，对种种之动机，其动作虽殊，仍不能稍变其同一之方向，故德性之不可以言语教也与美术同。苟伦理学而可以养成有德之人物，然则大诗人及大美术家，亦可以美学养成之欤？有人于此而有贪戾之品性乎？其为匹夫，则御人于国门之外可也；浸假而为君主，则掷千万人之膏血，以征服宇宙可也；浸假而受宗教之感化，则摩顶放踵，弃其生命国土，以求死后之快乐可也。此数者，其动作不同，而其品性则绝不稍异，此岂独他人不能变更之哉！即彼自己，亦有时痛心疾首而无可如何者也。故自由之意志，苟一度自决，而现于人生之品性以上，则其动作之必然，无可讳也。仁之不能化而为暴，暴之不能化而为仁，与鼓之不能作金声，钟之不能作石声无以异。然则吾人之品性，遂不能变化乎？叔氏曰否。吾人之意志，苟欲此生活而现于品性以上，则其动作有绝对的必然性；然意志之欲此与否，或不欲此而欲彼，则有绝对的自由性者也。吾人苟有此品性，则其种种之动作，必与其品性相应，然此气质非他，吾人之所欲而自决定之者也。然欲之与否，则存于吾人之自由。于是吾人有变化品性之义务，虽变化品性者，古今曾无几人，然品性之所以能变化，即意志自由之征也。然此变化，仅限于超绝的品性，而不及于经验的品性。由此观之，叔氏于伦理学上持经验的定业论与超绝的自由论，与其于知识论上持经验的观念论与超绝的实在论无异，此亦自汗德之伦理学出，而又加以系统的说明者也。由是叔氏之批评善恶也，亦带形式论之性质，即谓品性苟善，则其动作之结果如何，不必问也；若有不善之品性，则其动作之结果，虽或有益无害，然于伦理学上，实非有丝毫之价值者也。

至叔氏哲学全体之特质，亦有可言者。其最重要者，叔氏之出发点在直观（即知觉），而不在概念是也。盖自中世以降之哲学，往往从最普遍之概念立论，不知概念之为物，本由种种之直观抽象而得者，故其内容，不能有直观以外之物，而直观既为概念以后，亦稍变其形，而不能如直观自身之完全明晰。一切谬妄，皆生于此。而概念之愈普遍者，其离直观愈远，其生谬妄愈易。故吾人欲深知一概念，必实现之于直观，而以直观代表之而后可。若直观之知识，乃最确实之知识，而概念者仅为知识之记忆传达之用，不能由此而得新知识。真正之新知识，必不可不由直观之知识，即经验之知识中得之。然古今之哲学家，往往由概念立论，汗德且不免此，况他人乎！特如希哀林、海额尔之徒，专以概念为哲学上唯一之材料，而不复求之于直观，故其所说非不庄严宏丽，然如蜃楼海市，非吾人所可驻足者也。叔氏谓彼等之哲学曰"言语之游戏"，宁为过欤？叔氏之哲学则不然，其形而上学之系统，实本于一生之直观所得者，其言语之明晰与材料之丰富，皆存于此。且彼之美学、伦理学中，亦重直观的知识，而谓于此二学中，概念的知识无效也。故其言曰："哲学者存于概念，而非出于概念，即以其研究之成绩，载之于言语（概念之记号）中，而非由概念出发者也。"叔氏之哲学所以凌轹古今者，其渊源实存于此。彼以天才之眼，观宇宙人生之事实，而于婆罗门、佛教之经典及柏拉图、汗德之哲学中，发见其观察之不谬，而乐于称道之。然其所以构成彼之伟大之哲学系统者，非此等经典及哲学，而人人耳中目中之宇宙人生即是也。易言以明之，此等经典哲学，乃彼之宇宙观及人生观之注脚；而其宇宙观及人生观，非由此等经典哲学出者也。

更有可注意者，叔氏一生之生活是也。彼生于富豪之家，虽中更衰落，尚得维持其索居之生活。彼送其一生于哲学之考察，虽一为大学讲师，然未几即罢，又非以著述为生活者也。故其著书之数，于近世哲学家中为最少；然书之价值之贵重，有如彼者乎？彼等日日为讲义，日日作杂志之论文（殊如希哀林、海额尔等），其为哲学上真正之考察之时殆希也。独叔氏送其一生于宇宙人生上之考察与审美上之瞑想，其妨此考察者，独彼之强烈之意志之苦痛耳。而此意志上之苦痛，又还为哲学上之材料，故彼之学说与行为，虽往往自相矛盾，然其所谓"为哲学而生，而非以哲学为生"者，则诚夫子之自道也。

至是，吾人可知叔氏之在哲学上之位置。其在古代，则有希腊之柏拉图；在近世，则有德意志之汗德。此二人固叔氏平生所最服膺，而亦以之自命者也。然柏氏之学说中，其所说之真理，往往被以神话之面具；汗德之知识论，固为旷古之绝识，然如上文所述，乃破坏的而非建设的，故仅如陈胜、吴广，帝王之驱除而已。更观叔氏以降之哲学，如翻希奈尔、芬德、赫尔德曼等，无不受叔氏学说之影响；特如尼采，由叔氏之学说出，浸假而趋于叔氏之反对点，然其超人之理想，其所负于叔氏之天才论者亦不少。其影响如彼，其学说如此，则叔氏与海尔巴脱等之学说，孰真孰妄，孰优孰绌，固不俟知者而决也。

吾人既略述叔本华之哲学，更进而观其及于教育学说。彼之哲学，如上文所述，既以直观为唯一之根据矣，故其教育学之议论，亦皆以直观为本。今将其重要之学说，述之如左：

叔氏谓直观者，乃一切真理之根本，唯直接间接与此相联络者，斯得为真理。而去直观愈近者，其理愈真；若有概念杂乎其间，则欲其不罹于虚妄难矣。如吾人持此论以观数学，则欧几里得之方法，二千年间所风行者，欲不谓之乖谬，不可得也。夫一切名学上之证明，吾人往往反而求其源于直观，若数学固不外空间时间之直观，而此直观，非后天的直观，而先天的直观也。易言以明之，非经验的直观，而纯粹的直观也。即数学之根据，存于直观，而不俟证明，又不能证明者也。今若于数学中舍其固有之直观，而代以名学上之证明，与人自断其足而俟辇而行者何异？于彼《充足之理由之原理》之论文中，述知识之根据（谓名学上之根据）与实在之根据（谓数学上之根据）之差异，数学之根据惟存于实在之根据，而知识之根据则与之全不相涉。何则？知识之根据，但能说物之如此如彼，而不能说何以如此如彼，而欧几里得则全用从此根据以说数学。今以例证之。当其说三角形也，固宜首说各角与各边之互相关系，且其互相关系也，正如理由与结论之关系，而合于充足理由之原理之形式。而此形式之在空间中，与在他方面无异，常有必然之性质，即一物所以如此，实由他物之异于此物者如此故也。欧氏则不用此方法以说明三角形之性质，仅与一切命题以名学上之根据，而由矛盾之原理，以委曲证明之。故吾人不能得空间之关系之完全之知识，而仅得其结论，如观鱼龙之戏，但示吾人以器械之种种作用，而其内部之联络及构造，则终未之示也。吾人由矛盾之原理，不得不认欧氏之所证明者为真实，然其何以真实，则吾人不能知之。故虽读欧氏之全书，不能真知空间之法则，而但记法则之某结论耳。此种非科学的知识，与医生之但知某病与其治疗之法，而不知二者之关系无异。然于某学问中舍其固有之证明，而求之于他，其结果自不得不如是也。

叔氏又进而求其用此方法之原因。盖自希腊之哀利梯克派首立所观及所思之差别及其冲突，美额利克派、诡辩派、新阿克特美派及怀疑派等继之。夫吾人之知识中，其受外界之感动者五官，而变五官所受之材料为直观者悟性也。吾人由理性之作用，而知五官及悟性，固有时而欺吾人，如夜中视朽索而以为蛇，水中置一棒而折为二，所谓幻影者是也。彼等但注意于此，以经验的直观为不足恃，而以为真理唯存于理性之思索，即名学上之思索。此唯理论，与前之经验论相反对。欧几里得于是由此论之立脚地，以组织其数学，彼不得已而于直观上发见其公理，但一切定理，皆由此推演之，而不复求之于直观。然彼之方法之所以风行后世者，由纯粹的直观与经验的直观之区别未明于世。故迨汗德之说出，欧洲国民之思想与行动，皆为之一变，则数学之不能不变，亦自然之势也。盖从汗德之说，则空间与时间之直观，全与一切经验的直观异，此能离感觉而独立，又限制感觉而不为感觉所限制者也。易言以明之，即先天的直观也，故不陷于五官之幻影。吾人由此始知欧氏之数学用名学之方法，全无谓之小心也，是犹夜行之人视大道为水，趑趄于其旁之草棘中，而惧其失足也。始知几何学之图中，吾人所视为必然者，非存于纸上之图，又非存于抽象的概念，而唯存于吾人先天所知之一切知识之形式也。此乃充足理由之原理所辖者，而此实在之根据之原理，其明晰与确实，与知识之根据之原理无异。故吾人不必离数学固有之范围，而独信任名学之方法。如吾人立于数学固有之范围内，不但能得数学上当然之知识，并能得其所以然之知识，其贤于名学上之方法远矣。欧氏之方法，则全分当然之知识与所以然之知识为二，但使吾人知其前者，而不知其后者，此其蔽也。吾人于物理学中，必当然之知识与所以然之知识为一，而后得完全之知识。故但知托利珊利管中之水银其高三十英寸，而不知由空气之重量支持之，尚不足为合理的知识也。然则吾人于数学中，独能以但知其当然而不知其所以然为满足乎？如毕达哥拉斯之命题，但示吾人以直角三角形之有如是之性质，而欧氏之证明法，使吾人不能求其所以然。然一简易之图，使吾人一望而知其必然及其所以然；且其性质所以如此者，明明存于其一角为直角之故。岂独此命题为然，一切几何学上之真理，皆能由直观中证之。何则？此等真理，原由直观中发见之者，而名学上之证明，不过以后之附加物耳。叔氏几何学上之见地如此，厥后哥萨克氏由叔氏之说以教授几何学，然其书亦见弃于世；而世之授几何学者，仍用欧氏之方法。积重之难返，固若是哉！

叔氏于数学上重直观而不重理性也如此。然叔氏于教育之全体，无所往而不重直观，故其教育上之意见，重经验而不重书籍。彼谓概念者，其材料自直观出，故吾人思索之世界，全立于直观之世界上者也。从概念之广狭，而其离直观也有远近，然一切概念，无一不有直观为之根柢。此等直观与一切思索，以其内容；若吾人之思索，而无直观为之内容乎，则直空言耳，非概念也。故吾人之知力，如一银行然，必备若干之金币以应钞票之取求，而直观如金钱，概念如钞票也。故直观可名为第一观念，而概念可名为第二观念。而书籍之为物，但供给第二种之观念。苟不直观一物，而但知其概念，不过得大概之知识；若欲深知一物及其关系，必直观之而后可，决非言语之所能为力也。以言语解言语，以概念比较概念，极其能事，不过达一结论而已。但结论之所得者，非新知识，不过以吾人之知识中所固有者，应用之于特别之物耳。若观各物与其间之新关系，而贮之于概念中，则能得种种之新知识。故以概念比较概念，则人人之所能；至能以概念比较直观者则希矣。真正之知识，唯存于直观；即思索（比较概念之作用）时，亦不得不藉想像之助。故抽象之思索，而无直观为之根柢者，如空中楼阁，终非实在之物也。即文字与语言，其究竟之宗旨，在使读者反于作者所得之具体的知识，苟无此宗旨，则其著述不足贵也。故观察实物与诵读，其间之差别不可以道里计。一切真理唯存于具体的物中，与黄金之唯存于矿石中无异，其难只在搜寻之。书籍则不然，吾人即于此得真理，亦不过其小影耳，况又不能得哉！故书籍之不能代经验，犹博学之不能代天才，其根本存于抽象的知识，不能取具体的知识而代之也。书籍上之知识，抽象的知识也，死也；经验的知识，具体的知识也，则常有生气。人苟乏经验之知识，则虽富书籍上之知识，犹一银行而出十倍其金钱之钞票，亦终必倒闭而已矣。且人苟过用其诵读之能力，则直观之能力必因之而衰弱，而自然之光明反为书籍之光所掩蔽；且注入他人之思想，必压倒自己之思想，久之他人之思想遂寄生于自己之精神中，而不能自思一物，故不断之诵读，其有害于精神也必矣。况精神之为物非奴隶，必其所欲为者乃能有成，若强以所不欲学之事，或已疲而犹用之，则损人之脑髓，与在月光中读书其有损于人之眼无异也。而此病殊以少时为甚，故学者之通病，往往在自七岁至十二岁间习希腊、拉丁之文法，彼等蠢愚之根本实存于此，吾人之所深信而不疑也。夫吾人之所食，非尽变为吾人之血肉，其变为血肉者，必其所能消化者也。苟所食而过于其所能消化之分量，则岂徒无益，而反以害之。吾人之读书，岂有以异于此乎？额拉吉来图曰："博学非知识。"此之谓也。故学问之为物，如重甲胄然，勇者得之，固益有不可御之势；而施之于弱者，则亦倒于地而已矣。叔氏于知育上之重直观也如此，与卢骚、贝斯德禄奇之说如何相近，自不难知也。

而美术之知识全为直观之知识，而无概念杂乎其间，故叔氏之视美术也，尤重于科学。盖科学之源，虽存于直观，而既成一科学以后，则必有整然之系统，必就天下之物分其不相类者，而合其相类者，以排列之于一概念之下，而此概念复与相类之他概念排列于更广之他概念之下。故科学上之所表者，概念而已矣。美术上之所表者，则非概念，又非个象，而以个象代表其物之一种之全体，即上所谓实念者是也，故在在得直观之。如建筑、雕刻、图书、音乐等，皆呈于吾人之耳目者。唯诗歌（并戏剧小说言之）一道，虽藉概念之助以唤起吾人之直观，然其价值全存于其能直观与否。诗之所以多用比兴者，其源全由于此也。

由是，叔氏于教育上甚蔑视历史，谓历史之对象，非概念，非实念，而但个象也。诗歌之所写者，人生之实念，故吾人于诗歌中，可得人生完全之知识。故诗歌之所写者，人及其动作而已。而历史之所述，非此人即彼人，非此动作即彼动作，其数虽巧历不能计也，然此等事实，不过同一生活之欲之发现。故吾人欲知人生之为何物，则读诗歌贤于历史远矣。然叔氏虽轻视历史，亦视历史有一种之价值。盖国民之有历史，犹个人之有理性，个人有理性，而能有过去未来之知识，故与动物之但知现在者异；国民有历史，而有自己之过去之知识，故与蛮民之但知及身之事实者异。故历史者，可视为人类之合理的意识，而其于人类也，如理性之于个人，而人类由之以成一全体者也。历史之价值唯存于此，此叔氏就历史上之意见也。

叔氏之重直观的知识，不独于知育、美育上然也，于德育上亦然。彼谓道德之理论，对吾人之动作无丝毫之效。何则？以其不能为吾人之动作之机括故也。苟道德之理论而得为吾人动作之机括乎，必动其利己之心而后可；然动作之由利己之心发者，于道德上无丝毫之价值者也。故真正之德性，不能由道德之理论即抽象之知识出，而唯出于人己一体之直观的知识，故德性之为物，不能以言语传者也。基开禄所谓德性非可教者，此之谓也。何则？抽象的教训，对吾人之德性，即品性之善，无甚势力。苟吾人之品性而善欤，则虚伪之教训不能沮害之，真实之教训亦不能助之也。教训之势力，只及于表面之动作，风俗与模范亦然。但品性自身，不能由此道变更之。一切抽象的知识，但与吾人以动机，而动机但能变吾人意志之方向，而不能变意志之本质。易言以明之，彼但变其所用之手段，而不变所志之目的。今以例证之。苟人欲于未来受十倍之报酬而施大惠于贫民，与望将来之大利而购不售之股票者，自道德上之价值考之，二者固无以异也。故彼之为正教之故，而处异端以火刑者，与杀越人于货者何所择？盖一求天国之乐，一求现在之乐，其根柢皆归于利己主义故也。所谓德性不可教者，此之谓也。故真正之善，必不自抽象之知识出，而但出于直观的知识。唯超越个物化之原理，而视己与人皆同一之意志之发现，而不容厚此而薄彼，此知识不得由思索而失之，亦不能由思索得之。且此知识以非抽象的知识，故不能得于他人，而唯由自己之直观得之。故其完全之发现，不由言语，而唯由动作。正义、博爱、解脱之诸德，皆由此起也。

　　然则美术、德性，均不可教，则教育之事废欤？曰否。教育者，非徒以书籍教之之谓，即非徒与以抽象的知识之谓。苟时时与以直观之机会，使之于美术、人生上得完全之知识，此亦属于教育之范围者也。自然科学之教授，观察与实验往往与科学之理论相并而行，人未有但以科学之理论为教授，而以观察实验为非教授者，何独于美育及德育而疑之？然则叔氏之所谓德性不可教者，非真不可教也，但不可以抽象的知识导之使为善耳。现今伯林大学之教授巴尔善氏，于其所著《伦理学系统》中首驳叔氏德性不可教之说，然其所说全从利己主义上计算者，此正叔氏之所谓谨慎，而于道德上无丝毫之价值者也。其所以为此说，岂不以如叔氏之说，则伦理学为无效，而教育之事将全废哉？不知由教育之广义言之，则导人于直观而使之得道德之真知识，固亦教育上之事，然则此说之对教育有危险与否，固不待知者而决也。由此观之，则叔氏之教育主义，全与其哲学上之方法同，无往而非直观主义也。

（原载《教育世界》杂志 1904 年。）

书叔本华《遗传说》后

　　叔本华之《遗传说》，由其哲学演绎而出，又从历史及经验上归纳而证之。然其说非其哲学固有之结论也。何则？据叔氏之哲学，则意志者，吾人之根荄，而知力其属附物也；意志其本性，而知力其偶性也。易言以明之，意志居乎形体之先，而限制形体；知力居乎形体之后，而为形体所限制。自意志欲调和形体之与外界之关系，于是所谓脑髓者以生，而吾人始有知力之作用。故脑髓之为欲知之意志所发现，与吾人之形体之为欲生之意志所发现无异。其《意志及观念之世界》及《自然中之意志》两书中所证明，固已南山可移，此案不可动矣。然则吾人之意志，既自父遗传矣，则所谓欲知之意志，又何为而不得自父得之乎？吾人之欲知之意志，与此知力之程度，既得之母矣，则他种之意志，何为而不得自母遗传乎？彼以意志属之父，以知力属之母，若建筑上之配置然。举彼平昔所以力诋汗德者，躬蹈之而不自知。故形式之弊，一般德国学者之所不能免也。要之，吾人之形体，由父母二人遗传，此人之公认之事实，不可拒也；则为形体之根荄之意志，与为形体一部之作用之知力，皆得自两亲，而不能有所分属。叔氏哲学之正当之结论，固宜如此也。

　　至其《遗传说》之证据，则存于经验及历史。然经验之为物，固非有普遍及必然之确实性者也。天下大矣，人类众矣，其为吾人所经验者，不过亿兆中之一耳。即吾人经验之中，其熟知其父母及其人之性质知力者，又不过数十人中之一耳。历史亦然。自有史以来，人之姓氏之纪于历史上者几何人？又历史上之人物，其性质知力及其父母子弟之性质知力，为吾人所知者几何人？即其人之性质知力与其父母子弟之性质知力，为吾人所知矣，然历史上之事实，果传信否？又吾人之判断，果不错误否？皆不可不注意也。以区区不遍不赅、不精不详之事实，而遽断定众人公共之原理，吾知其难也。且历史之事之背于此者，亦复不少。吾人愧乏西洋历史之知识，姑就吾国历史上其事实之与叔氏之说相反对者，述之如左：

叔氏所谓母之好尚及情欲，决不能传之于子者，吾人所不能信也。乐正后夔，决非贪欲之人也，以娶有仍氏之故，生封豕之伯封，而夔以不祀。周昭王承成康之后，未有失德，而其后房后实有爽德，协于丹朱，卒生穆王，肆其心以游天下，而周室以衰。至父子兄弟性质之相反者，历史上更不胜枚举。黄帝之子二十五宗，唯青阳与苍林氏同于黄帝。颛顼氏有才子八人，而又有梼杌。瞽瞍前妻之子为舜，而后妻则生傲象。尧有丹朱，舜有商均。帝乙之贤否，无闻子后世，而微子与纣，以异母之故，仁暴之相去乃若天壤。鲁之隐、桓同出于惠公，以异母之故，而一让一弑。晋献荒淫无道，贼弑公族，而有太子申生之仁；夷吾忮刻，乃肖厥父。晋之羊舌氏，三世济美，伯华、叔向，一母所生，并有令德，而叔虎以异母之故，嬖于栾盈，而卒以杀其身；至叔向之子食我，而亡羊舌氏，其母则又夏姬之所出也。秦之始皇至暴抗也，而有太子扶苏之仁孝。汉之文帝，恭俭仁恕，而景帝惨纾，颇似窦后。景帝之子十四人，大抵荒淫残酷，无有人理，而栗姬二子，临江王荣以无罪死，为父老所思；河间献王德被服道术，造次必于儒者，非同父异母之事实，其奚以解释之乎？至圣母之子之有名德者，史册上尤不可胜举。曾文正公之太夫人江氏，实有刚毅之性质，文正自谓"我兄弟皆禀母气"，此事犹在人耳目者也。故在吾国，"非此母不生此子"（大概指性质而言，非谓知力也。）之谚，与西洋"母之知慧"之谚，殆有同一之普遍性，故叔氏之说不能谓之不背于事实也。

至其谓父之知力不能遗传于子者，此尤与事实大反对者也。兹就文学家言之。以司马迁、班固之史才，而有司马谈、班彪为之父。以枚乘之能文，而有枚皋为之子。且班氏一家，男则有班伯、班叔等，女则前有健仔，后有曹大家，此决非偶然之事也。以王逸之辞赋，而有子延寿，其《鲁灵光殿赋》且驾班、张而上之。以蔡邕之逸才，而有女文姬。而曹大家及文姬之子反不闻于后世，则又何也？魏武雄才大略，诗文雄杰亦称其人，文帝、陈思，因不愧乃父矣；而幼子邓哀王仓舒，以八龄之弱，而发明物理学上比重之理（《魏志·邓哀王传》注）；至高贵乡公髦，犹有先祖之余烈，其幸太学之问，使博士不能置对（《魏志》），又善绘事，所绘《卞庄刺虎图》，为宋代宣和内府书画之冠（《铁围山丛谈》），又孰谓知力之不能自祖父遗传乎？至帝王家文学之足与曹氏媲美者，厥惟萧氏。梁武帝特妙于文学，虽不如魏武，固亦六代之俊也。昭明继起，可拟五官。至简文帝、元帝，而诗文之富，度越父兄矣。邵陵王纶、武陵王纪，亦工书记，独豫章王综，自疑为齐东昏之子，宫甲未动，遽然北窜，然其《钟鸣落叶》之曲，读者未始不可见乃父之遗风焉。此后南唐李氏父子，亦颇近之。至于扬雄之子，九年而与《玄》文；孔融之儿，七岁而知家祸，融固所谓"小时了了"者也。隋之河汾王氏，宋之眉山苏氏，亦皆父子兄弟，回翔文苑。苏过《斜川集》之作，虽不若而翁，固不愧名父之子也。至一家父子之以文学名者，历史上尤不可胜举，则知力之自父遗传，固自不可拒也。

兹更就美术家言之。书家则晋有王氏之羲、献，以至于智永，唐则自太宗经高宗睿宗，以至玄宗，及欧阳氏父子，皆人人所知者也。画家则唐尉迟乙僧画佛之妙，冠绝古今，而有父跋质那，有兄甲僧，并善此技（《唐朝名画录》）。与尉迟齐名者，唯阎立本，而其父毗，在隋以丹青得名，兄立德亦承家学，故曰"大安、博陵，难兄难弟"，谓立德、立本也（《唐画录》）。李思训，世所谓北派之祖也，其子昭道变父之势，妙又过之，故时号曰大李将军、小李将军（《画鉴》）。宋徽宗天纵游艺，论者谓其画兼有顾、陆、曹、吴、荆、关、李、范之长，高宗亦善绘事，同时米家父子，亦接踵画苑，极君臣之遇合矣。赵文敏书画独步元初，而有兄孟坚，子雍奕，又其甥王蒙，且与黄公望、倪瓒、吴镇并称元四大画家。夫文敏之有子，固得以管夫人为之母解之，然上所述之诸家，则将何所藉口耶？至明以后，以书画世其家者尤不胜数。明之长洲文氏，国朝之娄东二王氏，武进恽氏，近者二三世，远者五六世，而流风未沫。此种事实，叔氏其何以解之？夫文学家与美术家，固天才之所为，非纯粹知力之作用耶？而父子兄弟祖孙相继如此，则知力不传自父之说，其不可持，固不待论也。

要之，叔氏此说非由其哲学演绎而出，亦非由历史上归纳而得之者也，此说之根据，存于其家乘上之事实。叔氏之父素有脑疾，晚年以堕楼死，彼之郁忧厌世之性质，自其父得之者也。其母叔本华·约翰，则有名之小说家，而大诗人格代之友也。彼自信其知力得自母，而性质得自父，彼深爱其父，而颇不快于其母。幼时父令其习商业，素所不喜也，迨父死后，尚居其职二年，以示不死其父之意。后因处理财产之事，与母相怨，又自愤其哲学之不得势力，而名反出其母下也，每恶人谓己曰："彼叔本华·约翰之子也。"彼生平以恶妇人之故，甚蔑视妇人，谓女子除服从外无他德，遂以形而上学上本质之意志属诸男子，偶性之知力属诸女子。故曰其遗传说实由其自己之经验与性质出，非由其哲学演绎，亦非由历史上归纳而得之者也。

且叔氏之说之不足持，不特与历史上之事实相反对而已。今夫父母之于子，其爱之有甚于其身者，则以其为未来之我，而与我有意志之关系也。若仅以知力之关系论，则夫师弟朋友之间，其知识之关系且胜于父子，奚论母子？故仅有知识之关系者，其间爱情不得而存也。而母之爱子也，不减于父，或且过之者，则岂不以母子间非徒有知力之关系，且有意志之关系哉？故母之于子，无形体之关系则已，苟有形体之关系，则欲其意志之不遗传，不可得也。（由叔氏之说，意志与形体为一物，而从知力之形式中所观之意志也。）父之于子也亦然，苟无形体之关系则已，苟有形体之关系则形体之一部分之脑，与其作用之知力，又何故不得传诸其子乎？至意志得受诸父，与知力得受诸母，此说则余固无间然矣。

附：

叔本华氏之《遗传说》

人之生也，不但传其种族之特性，并传其父母个人之特性，此经验上之事实也。此事于身体上为最著，至其精神（指心理上之事实言）则何如？即父母之精神，亦遗传于子姓否？此屡起之问题，而人人所认者也。更进而问子姓之精神中，何者属父，何者属母，能区别之否？此问题则更难以解释。然从余之形而上学，则意志者，吾人之根核，而知力其附属物也；意志其本性，而知力其偶性也。故主此生育者（即父）与吾人以其根核（即意志），而孕此生育者（即母）与吾人以其偶性（即知力）。易言以明之，即吾人之性质好尚自父得之，而知力之种类及程度自母得之，自不难于经验之前预定之也。而此预定之说，实与经验上得其证据，唯此经验不能用物理学上之实验，但可由数十年之观察与历史证之耳。

今先就吾人自己之经验论之，其所短者，在其范围过狭，而事实非人人之所皆知；然有完全之确实性，此其所长也。今使人深察自己，而以其自己之好尚情欲，及其特别之德义与不德义，悉现于自己之目前，又使彼更思其父如何，则彼之一切特性，不难于其父认之。若其母之性质，则往往与之全不相同；即有相同者，亦不过其母之性质与其父偶同耳。使彼对其自己之性质与其父母之性质精密考察之，则可知意志自父传而不自母传之说不诬也。今以例证之。不信之过，兄弟往往同蹈之，此实由其父遗传者。故《利亚父子》之喜剧，于心理上实为正确也。但研究此事时，有二界限，若不注意于此，则其研究之成迹，有时而不合，学者不可不知也。其一，父之真伪是也。唯形体之真似其父者，其性质能似其父，稍似者不然。何则？再婚之子女，或微似其故夫；而奸生之子，亦往往微似其本夫故也。此事实于禽兽为尤著。第二之界限，父之性质，虽见于子姓，然子姓往往因受特别之知力，而变其性质之形，故研究者不可不熟察之也。而此性质变化之大小，与知力之差为比例，然不能全灭而不见。盖人苟由其母之知力，而有卓越之理性，则父所遗传之情欲，得由反省及思考之力束缚之，而且蔽匿之。而其父所以不能制其情欲者，以其知力稍弱之故，于是父子间性质之差别以起。至父之情欲弱，而子之情欲强者，亦由此理。至其母之好尚及情欲，决不遗传之于子姓也。

至历史之事实，其所以优于私人之事实者，在其事实之人人知之；而其所短，则以此等事实，往往杂以传说，不足尽信，且此等事实，关系于政治者多，而关系个人之生涯者少，故无由详知其人之性质何如也。今欲证余之说，姑少引历史上之事实；若专攻历史者，于此类之事实，不难加至倍蓰也。

古代罗马之历史中，往往有以爱国及勇武世其家者，如法皮亚家（Gens Fabia）及法白利西亚家（Gens Fabria）是已。而亚历山大王（Alexander the Great）其好势力及战胜也，与其父斐利白（Philip）无异。又据罗马史家休托尼（Suetonius）之说，则帝皇尼禄（Nero）之暴戾，固非无所本。盖克禄地亚家（Gens Claudia）之兴于罗马，垂六百年，其人皆果敢狠戾，经体培留斯帝（Tiberius）、喀利仇拉帝（Caligula，二人尼禄之祖及父也），至尼禄而达其极。而尼禄之所以以极暴名者，则半由彼之位置使然，半由其母拔克羌德（Bacchante）之愚蠢，不能传以知力，以束缚其情欲故也。其在他方面，则如以米里体兹（Mithridates）之勇敢，而有西蒙（Cimon，雅典之名将）为之子，以汉尼拔（Hannibal）之将略，而有赫米尔喀（Hamilcar）为之父，而西丕哇族（Seipios），其全家皆英迈而爱国者也。反是如教皇亚历山大第六（Alexander VI）之子薄尔伽亚（Borgia），乃彼凶恶之小像，而阿白拉（Abla）公爵之子，其惨酷残恶，亦如其父。法兰西王斐利白第四（Philip Ⅳ）杀宗教武士时，以惨酷闻，其女依萨培拉（Isabella）即英王爱德华德第二（Edward Ⅱ）之后，亦幽囚其夫，迨彼既签辞位之约，遂弑之于狱，其惨淡之状，殆人所不忍言。英王亨利第三（Henry Ⅲ）素以嗜杀称，其初婚所生之女主美利（Queen Mary）酷似其父，焚杀异教徒无算，是以有"血美利"之称。其再婚所生之女哀利若培斯（Elizabeth，亦英国女主）自其母后得高尚之知力，故其父之性质不甚著，然于杀苏格兰女主美利一事，亦足以知其性质之未泯也。苏格兰之国，有其父因为盗且食人，而处焚杀之罪者，其女才一岁，为他人所保育，迨其长也，亦犯食人之罪，乃生瘞之。法国之奥培省，有一女子送二童子至医院者，杀之而取其金，逃至巴黎，遇其父于途，其父复取其金而沉之于河。此等事之见于新闻纸者，不一而足。一千八百三十六年，匈牙利有一死囚，杀官吏，又重伤其自己之亲属，其兄于数年前，曾弑其亲；而其父亦曾犯杀人之罪；其后一年，其弟又以枪击其家之管理财产者，唯未中耳。一千八百五十七年，巴黎报中载巨盗兰麻尔（Lemaire）及其党羽处死刑之事，且书其后曰："犯罪之事，若自家族中遗传者，彼等之家族，其死于断头台上者，实不少也。"此实引柏拉图（Plato）《法律篇》之说，可知当日希腊人已知此事实。试披犯罪之统计表，此例尤不可胜举。至自杀之出于遗传，尤其彰明较著者也。

若夫以罗马皇帝安敦（Marcus Aurelius Antonius）之仁爱，而有阴恶之康穆都斯（Commodus）为了，此实意外之事也，然此事亦不难解。何则？安敦之后福斯体那（Faustina）素有不贞之名故也。凡事之类此者，皆可由此解释之。故罗马暴帝图弥体安（Domitian），吾人决不能信其为体土斯帝（Titus）之弟；而范斯巴襄帝（Vespasian），实不过其假父耳。

若夫第二之真理，即知力自母遗传之说，比第一之真理更为易解。古谚中所谓"母之智慧"者，早示此理，而人之知力之大小，与其母之知力为比例，此经验上所明示也。若父之知力，决不遗传于其子，故名父之子之庸愚者，其例甚夥；即子有高尚之知力，而其父之知力平平者，亦比比是也。若英相彼德（Pitt）之有父加塔姆（Lord Chatham），此实例外之事。然在大政治家，于高尚之知力外，又不可无高尚之性质与强毅之意志，此实自父遗传者，故政治家之父子济美，实不足怪也。其在他方面，如艺术家、哲学家及大诗人，此等事业皆天才之所为，故不能见此例。拉飞尔（Raphael，意大利之画家）之父，亦画师也，而非大画师。毛差德（Mozart，德国之大音乐家）之父若子，亦音乐家也，然皆不如毛氏远甚。夫以二人享年之如是促（拉年三十八岁、毛三十七岁而殁），而贡献于美术者如此之大，则天或欲成其不朽之大名，而使生长于美术之家，此亦一说也。至各种科学，诚有世其家者。然科学上之研究，以热心、坚忍、熟练为主，苟有此性质，虽通常之知力，亦能为之。故以科学世其业者，非由遗传祖父之知力，而实由祖父之导夫先路，与寻常之职业无异。于是有父子兄弟相继而有大功绩于科学者，如斯喀利伽（Scaligers，法之言语学家）、培尔诺利（Bernoulli，瑞士之数学家）、喀西尼（Cassinis，法之天文学家）及侯失勒（Herschels）等是也。

今使妇人之位置与男子相等，而其知识得表白之于公众，则知力自母遗传之证据，必倍蓰于吾人之所知。不幸妇人之位置如此，而其聪明才力，仅为家乘上之事实，而非历史上之事实，故吾人不能完全引证之也。且妇人以性质柔弱于男子之故，其知力之发达之度常不如其子，非由知力不同，而实由发达之度不同也。故此真理之证据，仅如下：约瑟第二（Joseph Ⅱ，德皇名），马利亚·台勒西亚（Maria Teresia）之子也；卢骚（Rousseau）之母，聪慧之妇人也，彼于其《忏悔录》第二卷，述其母之知慧及其诗数章；褒丰（Buffoon，法国之大文学家）亦然。若母子之性质之冲突，则往往有之。故狭斯丕尔（英之大戏曲家，Shakespeare）于《哇垒斯德》（Orestes）及《汉垒德》（Hamlet）之二戏曲中，描写母子之冲突，而视其子为父之性质之代表者，且复仇者也。若夫其子而为母之性质之代表，对其父而复母之仇，则宇宙间所未曾有。盖性质之关系，唯存于父子之间，而母子之间仅有知力之关系，且此关系亦为性质所限制故也。故母子之间有德性之反对，而父子之间仅有知力之反对。由此观之，则萨利克（Salic，古代法兰克中之一族）之法律中所谓妇人不能维持种族者，洵不诬也。休蒙（Hume，英之大哲学者）于其自叙传中言母之明智。汗德（Kant）之母，据其子之判断，乃有极大之理解力者，当是时女子之教育未兴，彼独受特别之教育，其后又自修不怠，其与汗德散步时，常使注意于天然之现象，而由上帝之力解释之。至格代（Goethe，德国之大诗人）之母之学识，则固人人之所知，而文学上时时称道之；若其父则绝无人道及者，即格代自己亦谓其知力无以逾于常人。希尔列尔（Schiller，亦德国大诗人）之母好读诗而亦自作之，其断篇见于舒华伯（Schwab）之《希氏事略》。衰伽尔（Burger）真正之天才，而格代以后第一流之诗人也，读彼之谣曲，觉希尔列尔之作未免冷淡而费力；其友医生阿尔托夫（Althof）于其传中，述其父有当时流行之知识，亦善良之人也，其母虽未受教育，而有非常之知力，故衰氏虽有时非议其母之性质，然谓其母若受适宜之教育，则当为女子中极有名之人物，彼自信其知力得之于母，而其德性则似其父。瓦尔塔·斯格德（Walter Scott，英国之大诗人）之母，亦一女诗人也，其诗见于白络克华斯所编纂之《母之知慧》中。此书搜集古今贤母之事实，余于兹取其二条：一培根（Bacon）之母，言语学者也，其所撰译之书颇多；包海甫（Boerhave，荷兰之医兼哲学家）之母，以医学著名。若母之知力弱者，其子亦然。故狂易之疾，得白父者较得于母者为多，即有自父遗传者，亦由其父之性质易致此疾使然，而非由知力上之关系也。

故由上文之说，则由理论上言之，同母之子其知力必相等，此固有之，如寇维（Cuvier，英之解剖学家）、休烈额尔（Schlegel，德之文学家）兄弟等皆是也。顾有足异者，汗德之弟，块然一庸夫耳。然得由天才之生理上之状态解之，盖天才之人，其需非常发达与完全之脑髓（得自母者）固不待言，亦须活泼之心脏以鼓舞之（得自父者）。但此活泼之状态，唯父之盛壮时为然。故旷世之逸才，常钟于长子。而汗德之弟，其弱于汗德者十有一岁，则其知力之差绝，固不足怪也。

世有天才卓越之人，而其母之知力不甚显著者。此亦非无故，盖此母之父，其性质必冷淡。彼由其父遗传此性质，其异常之脑髓，不得循环系鼓舞之助，遂不能发达。然此脑髓若遗诸其子，而又自其父得强烈之性质与活泼之心脏，则所谓天才者，乃可得而见，如白衣龙（Byron，英国之大诗人）其一例也。凡事之类此者，皆可由此解之。

世之意志强毅而知力衰弱，或知力明晰而意志薄弱者，吾人之所见亦不罕。然从余之学说，则此知意二原质之不调和，固无足怪。何则？其意志传自父，而知力传自母故也。故世人或以脑见长，或以心见长。（叔本华之说，谓心与意志一物也。）又有若干人，其长存于脑与心之调和，而二者互相适合，互相助长，由前说观之，则必其父母之伴合得宜之结果也。

于经验及历史上，人之性质传自父而知力传自母之说，其证据如此。又由余平日之说，则性质与知力二者绝非一物，而二者又皆有绝对之不变性，则知改良人种之道，当求诸内而不求其外，即与其从事于教育及文化，宁于婚姻上加之意也而已。柏拉图夙有见于此，彼于《共和篇》之第五卷，对改良兵士之事，述奇异之政策，曰："今使吾人得尽椓国中之恶汉，而幽闭无知之女子于寺院中，唯许伟人及慧女得相为婚姻，则第二世之人物，其胜于攀利克尔（Pericle）之时代（即雅典文学及美术之黄金时代），固自不待论也。"今姑不述此乌托邦之政策，然古代之国民中，亦多行之，此亦可注意者也。在支那之古代，宫刑下死罪一等，英国古时亦欲以此刑科窃盗。此刑虽酷，然不害其后日之执业。苟窃盗而为遗传之疾乎，抑此法律果能实行乎，则外户不闭之风，自可企而待也。北日耳曼之小邦中，其女子多有以首荷重物而行者，此有害于脑髓，无可疑也；抑岂但有害女子之脑而已，其影响之及于后日男子之知力者，至重且大。故此等习惯之不可不除，乃余之学理之应用上必然之结果也。

今离此特别之应用，而反于吾人之立脚地，即自形而上学与伦理学之见地观之，则其结果如下。此虽超越一切经验，而实有经验上之证据者也。即同一之性质或同一之意志，存于一族之各人中，此自远祖以来，迄于今日此族中之代表者，无以异也。但各人于此同一之意志外，各有特别之知力，即知识之程度及其种类，视其得于母者以为准。于是各人之观人生也，各由其特别之目力；而人生之于各人，亦现其特别之方面，而各人各得人生之新见解与新教训。由此意志亦受特别之倾向，而或主张其生活之欲，或拒绝之意志与知力之结合屡变不居如此，此乃人类生殖之必然之排列法，而解脱之根柢，即存于此。盖由此排列法，而人生常示其新方面于同一之意志，又加以影响，而使于主张生活之欲或拒绝之之二途中，必择其一。今夫由上文之所说，则对同一之意志，而附以种种不同之知力，乃时与以宇宙之新见解，而开其解脱之道者，又因知力必得诸母。古今万国所以禁同产为婚者，职是故也。盖同产相婚之子，唯同一之意志与同一之知力互相结合，而不能对同一之意志与以特别之知力故也。

至种种性质之不同之根源，其理由如何，此于吾人之研究上所不可知之事实也。古代身毒人及佛教之解此问题也，以为出于前生之业果，此解释最古，又最可通。然此生之性质既为前生之果，而前生之事业又不可无其因，推而上之实不可究极，但此外亦更无满足之解释。由余之见地观之，则意志者，物之本体也。充足理由之原则，乃现象界之形式，而决不能应用之于意志。而意志之由何故存，及自何处来，吾人所不得问也。其绝对之自由，即存于此。此种自由，惟存于物之本体，而此本体不外意志，故就发现于其现象界言之，虽有必然性；而就其自身言之，实有自由性者也。故一切理由与论结之说明，至此而穷；而吾人对种种之性质，不能说一语，但谓之意志之真自由之发现耳。唯本体也，故自由；唯自由也，故吾人不得进而求其故。何则？吾人之理解力，存于充足理由之原则，又不过此原则之应用故也。

（1940 年作。）

教育杂感四则

　　体罚果可废钦？　　天下之至弱者，人生亦其一钦？东方之学者曰"匹夫不可夺志"，西方之学者曰"意志自由"。虽然，征之事实，吾人之志果不可夺乎哉？意志果得自由乎哉？今夫一卷之石，支之以几，则寂然不动，然一旦去其支之之物，则不坠于地不已。无他，因果律为之也。今夫植物枝叶扶疏以趋日光，根垂地中以逐土浆，不知其然而有不得不然者，无他，刺冲律为之也。若夫吾人之于动机，其有以异于是乎？就事实上言之，吾人之心，动机之战场耳。吾人之行，为动机之傀儡耳。吾人有特别之性质，对特别之动机必有特别之行为应之。其有时而不然者，必他种之动机制之也。而此他种之动机，所以能制此种之动机者，必其势力强于此，不然，必其相等者也。顾吾人虽各有特别之性质，而有横于人人性质之根柢者，则曰生活之欲。故凡可以保存吾人自己之生活及吾人之种姓者，其入吾人之知识中而为其行为之动机也，常什佰于他动机之势力。古今圣哲之所以垂教者，无非欲限制此种动机而已。政治与法律、宗教与教育，孰非由此而起乎？今夫御人于国门之外，杀其人而夺其资，此世所谓大憨者也。然非有他动机以制之，吾知迫于生活之欲而为此者，且相踵也。其所以不敢者，必畏死刑之随其后也。不然则畏死后之天罚也，不然则畏舆论之势力。抑由本然之良心有不许其如此者也。故吾人之精神中，亦唯动机与动机之战斗而已，所谓意志之自由果安在欤？今之言法律者，则曰废死刑，言教育者，则曰废体罚。死刑与体罚之当废固已，而不图强他种之动机之易之，则其弊余又乌知其所底哉！又乌知其所底哉！

寺院与学校 《易传》曰："立人之道，曰仁与义。"仁义之德尚矣！若夫义则固社会所赖以成立者也。义之于社会也，犹规矩之于方圆、绳墨之于曲直也。社会无是，则为鱼烂之民；国家无是，则为无政府之国。凡社会上之道德，其有积极之作用者皆可以一"仁"字概之，其有消极作用者，皆可以一"义"字概之。而其于社会上之作用，则消极之道德尤要于积极之道德。前者政治与法律之所维持，后者宗教与教育之目的也。故《大学》言平天下，首言絜矩之道而后言积极之道德。所恶于前，毋以先后；所恶于后，毋以从前，消极之道德也，义也。民之所好，好之；民之所恶，恶之，积极之道德也，仁也。己所不欲，勿施于人，义也；己欲立而立人，己欲达而达人，仁也。非义非道，一介不以与人，一介不以取诸人，义也；以斯道觉斯民，仁也。仁之事，非圣哲不能，若夫义，则苟栖息社会以上者不可须臾离者也。人有生命、有财产、有名誉、有自由，此数者，皆神圣不可侵犯之权利也。苟有侵犯之者，岂特渎一人神圣之权利而已，社会之安宁亦将岌岌不可终日。故有立法者以虑之，有司法者以行之。不然彼窃盗者果安罪哉？彼迫于饥寒之苦而图他人锱铢之利，固情之所可恕者也，然法律上所以不能恕之者，则以其危财产之权利也。人苟失其财产之权利，则无储蓄之心，无储蓄之心，则无操作之心，人人不思操作，则社会之根柢摇矣。故凡侵犯他人之生命、财产、自由者，皆社会所谥为不义而为全社会之大戮者也。故曰义之于社会，其用尤急于仁，仁之事非圣哲不能，而义之事则亦得由利己主义推演之。非特社会之保障，亦个人之金城也。今转而观我国之社会，则正义之思想之缺乏，实有可惊者！岂独平民而已，素号开通之绅士，竟侗然不知正义为何物。往者某府有设中学校者，其地邻佛寺，遂以官力兼并夺而有之。僧狼狈迁往他所，曰："嘻！此盗所不为也。"原此寺之建未必不由社会之物力，然僧侣之居处之、经营之者，且数百年，则其为个人之财产固已久矣。己乃不顾一切，以强力夺弱者之所有而有之，并使之无所控告，则自僧侣言之，谓之烈于盗贼诚非过也。设更有强有力者出，夺该校而有之，则创设该校者之感情又当何如？夫使生徒入如此之讲室，居如此之寄宿舍，而欲涵养其正义之德性，岂非却行而求前、南辕而北其辙哉！夫以佛寺与学校较，则似学校有用而佛寺无用矣。然以建一校而摇社会之根柢，则其孰得孰失、孰利孰害，宁待知者而决哉！则夫彼之持实利主义者，其于此主义，实尚未能贯彻也夫。余岂疾学校而庇游食之民哉，余恶夫正义之德之坠于地也，故不得不辨。

大学及优级师范学校之削除哲学科 《奏定学校章程》，张制军之所手定，其大致取法日本学制。独于文科大学中削除哲学一科，而以理学科代之。夫理学之于哲学，如二五之于一十，且理学之名为我中国所固有，其改之也固宜。独自其科目之内容观之，则所谓理学者，仅指宋以后之学说，而其教授之范围亦限于此。夫大学之设哲学科，不自日本始也，欧洲中世以降，大学必备医学、法学、哲学、神学四科。德意志之大学，今日犹仍此制，其余各国大学无不设此科者。今当兴学之始，而独削此科，岂以"性与天道非中人以下所得闻"欤？抑惧诐词邪说之横溢而亟绝之欤？于是吾人不得不美制军之政策贤于欧洲政治家远矣。抑吾闻叔本华之言一曰："大学之哲学真理之敌也。"真正之哲学不存于大学哲学，惟恃独立之研究始得发达耳。然则制军之削此科抑亦斯学之幸欤？

至于优级师范学校则不然，夫师范学校，所以养成教育家非养成哲学家之地也。故其视哲学也，不以为一目的，而以为一手段，何则？不通哲学，则不能通教育学及与教育学相关系之学故也。且夫探宇宙人生之真理而定教育之理想者，固哲学之事业。然此乃天才与专门家之所为，非师范学校之生徒所能有事也。师范学校之哲学科，仅为教育学之预备，若补助之用，而其不可废亦即存乎此。何则？彼挟宇宙人生之疑惑而以哲学为一目的而研究之者，必其力足以自达而无待乎设学校以教之。且宇宙人生之事实随处可观，而其思索以自己为贵，故大学之不设哲学科，无碍斯学之发达也。若夫师范学校之生徒，其志望惟欲为一教育学家，非于哲学上有极大之兴味也。而哲学之与教育之关系，凡稍读教育学之一二页者，即能言之。今以他学喻之，殆如物理学、化学之与工学之关系，生理学、解剖学之与医学之关系乎？世未有舍物理学、化学而言工学，舍生理学、解剖学而言医学者。今欲舍哲学而言教育学，此则愚所大惑不解者也。

文学与教育　生百政治家，不如生一大文学家。何则？政治家与国民以物质上之利益，而文学家与以精神上之利益。夫精神之于物质，二者孰重？且物质上之利益，一时的也；精神上之利益，永久的也。前人政治上所经营者，后人得一旦而坏之。至古今之大著述，苟其著述一日存，则其遗泽且及于千百世而未沫。故希腊之有鄂谟尔也、意大利之有唐旦也、英吉利之有狭斯丕尔也、德意志之有格代也，皆其国人人之所尸而祝之社而稷之者，而政治家无与焉。何则？彼等诚与国民以精神上之慰藉，而国民之所恃以为生命者，若政治家之遗泽，决不能如此广且远也。

今之混混然输入于我中国者，非泰西物质的文明乎？政治家与教育家，坎然自知其不彼若，毅然法之。法之诚是也，然回顾我国民之精神界则奚若？试问我国之大文学家，有足以代表全国民之精神，如希腊之鄂谟尔、英之狭斯丕尔、德之格代者乎？吾人所不能答也。其所以不能答者，殆无其人欤？抑有之而吾人不能举其人以实之欤？二者必居一焉。由前之说，则我国之文学不如泰西；由后之说，则我国之重文学不如泰西。前说我所不知，至后说，则事实皎然，无可讳也。我国人对文学之趣味如此，则于何处得其精神之慰藉乎？求之于宗教欤？则我国无固有之宗教，印度之佛教亦久失其生气。求之于美术欤？美术之匮乏，亦未有如我中国者也。则夫蚩蚩之氓，除饮食男女外，非鸦片赌博之归而奚归乎！故我国人之嗜鸦片也，有心理的必然性，与西人之细腰、中人之缠足有美学的必然性无以异。不改服制而禁缠足，与不培养国民之趣味而禁鸦片，必不可得之数也。夫吾国人对文学之趣味既如此，况西洋物质的文明又有滔滔而入中国，则其压倒文学，亦自然之势也。夫物质的文明，取诸他国，不数十年而具矣，独至精神上之趣味，非千百年之培养与一二天才之出不及此，而言教育者，不为之谋，此又愚所大惑不解者也。

（原载《教育世界》杂志 1904 年。）

教育小言十三则

一

今有一厂主，集群职工而谕之曰："汝等各勤汝职，数年后，余将使汝治会计，事少而偿多，足以剂汝今日之劳矣。汝等虽不娴，余不汝责也。"群职工大喜，日夜以希主人之所以许之者，事益不治。呜呼！如斯厂者，为职工计诚得矣，其如一厂之资本何。余以为今之以官爵奖励人才者，实无异于此也。

二

今之世界，分业之世界也。一切学问，一切职事，无往而不需特别之技能，特别之教育。一习其事，终身以之。治一学者之不能使治他学，任一职者之不能使任他职。犹金工之不能使为木工，矢人之不能使为函人也。

三

今之用人行政者，则殊异乎是。夫天下之事，至繁赜也，所需之人才至纷沓也。而上所以驭之者至简。始则以"洋服"二字括之，继则以"新学"或"新政"二字括之。其所以奔走者，则以"官"之一字括之。

四

夫治官之事，而以官奔走之犹可言也。然必须所与之官与其所治之事相合。然后在上者能收其用，而在下者能尽其职。今则不然，师范生服务期满，则与以官矣。高等教育之卒业者，亦与以官矣。

五

夫官之名，至广莫也，种类至复杂也。以能任一事之才而与至广漠之名，使之他日治不可知之事，比之厂主使职工治会计者，其智之相越盖不远矣。

六

且官之为物，兼劳动与报酬二义。所受之报酬即所以偿其同时之劳动，非可以为奖励之具也。如以是为奖励，则人之得之者，必但注意于报酬之一面而忘其劳动之一面，不然则奖励之谓何矣。且师范生服务期限止于五年，以五年之劳动而于相当之报酬外，又得终身之报酬，为劳动者计则得矣。上之所以报之者，独不虑有所不给乎？

七

吾国下等社会之嗜好，集中于"利"之一字上。上中社会之嗜好亦集中于此，而以官为利之代表，故又集中于"官"之一字。夫欲以一二人之力，拂社会全体之嗜好，以成一事，吾知其难也。知拂之之不可，而忘夫奖励之尤不可，此谓能见秋毫之末，而不能见泰山者矣。

八

教育者，神圣之事业也。日本之不以教员待教员而以官待教员，吾人素所不喜也。然以今日我国上下之趋势观之，则知彼国之以教员为一官职，而即于其中迁转者，真可谓斟酌于教育之独立与社会人心之趋向之间，而得其平者矣。

九

夫教员、医生、政治家、法律家、工学家之学，固职业的学问也。对此等学问家，而以其职业上相当之官与之，则上得以收其用，而不得以尽其长，固非徒奖励之为而已。但美其名曰"奖励"、曰"报酬"。而混其报酬之之物曰"官"，则于用人之目的已失，而其手段又误如上文之所批评。其理固人人之所易解也，以职业的学问而犹若是，况于非职业的学问乎？

一〇

非职业的学问何？科学、哲学、文学、美术四者是已。治职业者，苟心乎职业之外之某物（官），则已不能平心于其职，况乎对非职业的学问家，而与以某种之职业（官）乎？故以官奖励职业，是旷废职业也；以官奖励学问，是剿灭学问也。今以官与服务期满之师范生，非所谓以官奖励职业者乎？以官之媒介之举人、进士予卒业生，非所谓以官奖励学问者乎？上之所以奖励之者如此，无怪举天下不知有职业学问，而惟官之是知也。

十一

日本当明治七年间，日人谓其大学校曰"官吏制造所"。试问我国之制造官吏者，独一大学而已乎？以大学为未足，而又制造之于优级、初级师范学校矣；以国内为未足，而又制造于国外矣。

十二

今之人士之大半，殆舍官以外无他好焉。其表面之嗜好集中于官之一途，而其里面之意义，则今日之道德、学问、实业等皆无价值之证据也。夫至道德、学问、实业等皆无价值，而惟官有价值，则国势之危险何如矣。社会之趋势既已如此，就令政府以全力补救之犹恐不及，况复益其薪而推其波乎。

十三

故为今日计，政府不可不执消极及积极之二方法。消极之法则不以官为奖励之具是已，积极之法则必使道德、学问、实业等有独立之价值，然后足以旋转社会之趋势。然用第二方法而一不慎，则世且有以道德、学问、实业为手段而求官者，失之毫厘，差以千里，此又不可不注意也。

（原载《教育世界》杂志 1907 年。）

教育小言十则

一

学术之绝久矣！昔孔子以老者不教、少者不学为国之不祥；闵子马以原伯鲁之不悦学而卜原氏之亡。今举天下之人而不悦学，几何不胥人人为不祥之人，而胥天下而亡也！

二

或曰：今日上之人日言奖励学术，下之人日言研究学术，子曷言其不悦学也？曰：上之奖励之者，以其名也，否则以其可致用也，其为学术自己故而尊之者几何？下之研究之者，亦以其名也，否则以其可得利禄也，否则以其可致用也，其为学术自己故而研究之者，吾知其不及千分之一也。

三

夫然，故今之学者其治艺者多而治学者少，即号称治学者，其能知学与艺之区别，而不视学为艺者又几人矣！故其学苟可以得利禄，苟略可以致用，则遂嚣然自足，或以筌蹄视之。彼等于学问固无固有之兴味，则其中道而止，固不足怪也。

四

治新学者既若是矣，治旧学者又何如？十年以前，士大夫尚有闭户著书者，今虽不敢谓其绝无，然亦如凤毛麟角矣。夫今日欲求真悦学者，宁于旧学中求之。以研究新学者之真为学问欤？抑以学问为羔雁欤？吾人所不易知。不如深研见弃之旧学者，吾人能断其出于好学之真意故也。然今则何如？

五

德清俞氏之殁几半年矣。俞氏之于学问固非有所心得，然其为学之敏与著书之勤，至耄而不衰，固今日学者之好模范也。然于其死也，社会上无铺张之者，亦无致哀悼之词者，计其价值乃不如以脑病蹈海之留学生。吾国人对学问之兴味如何，亦可于此观之矣。

六

然吾人亦非谓今之学者绝不悦学也。即有悦之者，亦无坚忍之志、永久之注意。若是者，其为口耳之学则可矣；若夫绵密之科学，深邃之哲学，伟大之文学，则固非此等学者所能有事也。

七

日之暮也，人之心力已耗，行将就床，此时不适于为学，非与人闲话，则但可读杂记、小说耳。人之老也，精力已耗，行将就木，此时亦不适于为学，非枯坐终日，亦但可读杂记、小说耳。今奈何一国之学者而无朝气、无注意力也！其将就睡欤？抑将就木欤？吾不得而知之。吾但祈孔子与闵子马之言之不验而已矣！

八

要之，我国人废学之病，实原于意志之薄弱。而意志薄弱之结果，于废学外又生三种之疾病：曰运动狂，曰嗜欲狂，曰自杀狂。

九

前二者之为意志薄弱之结果，人皆知之。至自杀之事，吾人姑不论其善恶如何，但自心理学上观之，则非力不足以副其志而入于绝望之域，必其意志之力不能制其一时之感情而后出此也。而意志薄弱之社会反以美名加之，吾人虽不欲科以杀人之罪，其可得乎？

十

　　然则今日之言教育者，宜如何讲求陶冶意志之道乎？然教育家中，其有强毅之意志者有几？《诗》曰："螟蛉有子，蜾蠃负之；教诲尔子，式谷似之。"此大可为社会前途虑者也。

　　　　　　　　　　　　　　（原载《教育世界》杂志 1906 年。）

去毒篇
——雅片烟之根本治疗法及将来教育上之注意

　　人之谨疾也，必审夫疾之所由起。起居之不时，饮食之无节，侈于嗜欲而啬于运动，此数者，致病之大源也。不治其源，而俟其病而谨之，虽旋病旋愈，未为善卫生也。医之治疾也亦然。不告以摄生之道，而唯标之是治，虽百试百效，未为良医也。此不独个人身体上之疾病然也，国民之精神上之疾病，其治之之道亦无异于是也。

　　今试问中国之国民，曷为而独为雅片的国民乎？夫中国之衰弱极矣，然就国民之资格言之，固无以劣于他国民。谓知识之缺乏欤？则受新教育而罹此癖者，吾见亦夥矣。谓道德之腐败欤？则有此癖者不尽恶人，而他国民之道德亦未必大胜于我国也。要之，此事虽非与知识道德绝不相关系，然其最终之原因，则由于国民之无希望、无慰藉。一言以蔽之，其原因存于感情上而已。

　　人之有生，以欲望生也。欲望之将达也，有希望之快乐；不得达，则有失望之苦痛。然欲望之能达者一，而不能达者什佰，故人生之苦痛亦多矣。若胸中偶然无一欲望，则又有空虚之感乘之。此空虚之感，尤人生所难堪，人所以图种种遣日之方法者，无非欲祛此感而已。彼雅片者，固遣日之一方法，而我国民幸而于数百年前发见之，则其鹜而趋之固不足怪。顾独我国民之笃嗜之也，其故如何？

　　古人之疾，饮酒田猎；今人之疾，雅片赌博。西人之疾在酒，中人之疾雅片。前者阳疾，后者阴疾也；前者少壮的疾病，后者老耄的疾病也；前者强国的疾病，后者亡国的疾病也；前者欲望的疾病，后者空虚的疾病也。然则我国民今日之有此疾病也何故？吾人进而求其原因，则自国家之方面言之，必其政治之不修也，教育之不溥及也；自国民之方面言之，必其苦痛及空虚之感深于他国民，而除雅片外别无所以慰藉之之术也。此二者中，后者尤其最要之原因。苟不去此原因，则虽尽焚二十一省之莺粟种，严杜印度、南洋之输入品，吾知我国民必求所以代雅片之物，而其害与雅片无以异，则固可决也。

故禁雅片之根本之道，除修明政治，大兴教育，以养成国民之知识及道德外，尤不可不于国民之感情加之意焉。其道安在？则宗教与美术二者是。前者适于下流社会，后者适于上等社会；前者所以鼓国民之希望，后者所以供国民之慰藉。兹二者，尤我国今日所最缺乏，亦其所最需要者也。

宗教之说，今世士大夫所斥为迷信者也。自知识上言之，则神之存在、灵魂之不灭，固无人得而证之，然亦不能证其反对之说。何则？以此等问题，超乎吾人之知识外故也。今不必问其知识上之价值如何，而其对感情之效，则有可言焉。今夫蚩蚩之氓，终岁勤动，与牛马均劳逸，以其血汗易其衣食，犹不免于冻馁，人世之快乐，终其身无斯须之分，百年之后，奄归土壤。自彼观之，则彼之生活果有何意义乎？而幸而有宗教家者，教之以上帝之存在，灵魂之不灭，使知暗黑局促之生活外，尚有光明永久之生活；而在此生活中，无论智愚、贫富、王公、编氓，一切平等，而皆处同一之地位，享同一之快乐，今世之事业，不过求其足以当此生活而不愧而已。此说之对富贵者之效如何，吾不敢知，然其对劳苦无告之民，其易听受也必矣。彼于是偿现世之失望以来世之希望，慰此岸之苦痛以彼岸之快乐。宗教之所以不可废者，以此故也。人苟无此希望，无此慰藉，则于劳苦之暇，厌倦之余，不归于雅片，而又奚归乎？余非不知今日之佛教已达腐败之极点，而基督教之一部，且以扩充势力、干涉政治为事，然苟有本其教主度世之本意，而能造国民之希望与慰藉者，则其贡献于国民之功绩，虽吾侪之不信宗教者，亦固宜尸祝而社稷之者也。

吾人之奖励宗教，为下流社会言之，此由其性质及位置上有不得不如是者。何则？国家固不能令人人受高等之教育，即令能之，其如国民之智力不尽适何？若夫上流社会，则其知识既广，其希望亦较多，故宗教之对彼，其势力不能如对下流社会之大，而彼等之慰藉，不得不求诸美术。美术者，上流社会之宗教也。彼等苦痛之感无以异于下流社会，而空虚之感则又过之。此等感情上之疾病，固非干燥的科学与严肃的道德之所能疗也。感情上之疾病，非以感情治之不可。必使其闲暇之时心有所寄，而后能得以自遣。夫人之心力，不寄于此则寄于彼，不寄于高尚之嗜好，则卑劣之嗜好所不能免矣。而雕刻、绘画、音乐、文学等，彼等果有解之之能力，则所以慰藉彼者，世固无以过之。何则？吾人对宗教之兴味存于未来，而对美术之兴味存于现在。故宗教之慰藉，理想的；而美术之慰藉，现实的也。而美术之慰藉中，尤以文学为尤大。何则？雕刻、图画等，其物既不易得，而好之之误，则留意于物之弊，固所不能免也。若文学者，则求之书籍而已无不足，其普遍便利，决非他美术所能及也。故此后中学校以上宜大用力于古典一科，虽美术上之天才不能由此养成之，然使有解文学之能力，爱文学之嗜好，则其所以慰空虚之苦痛而防卑劣之嗜好者，其益固已多矣。此言教育者所不可不大注意者也。

以上所述，不过就大略言之，非谓上流社会不能有宗教上之信仰，下等社会不许有美术之嗜好也。雅片之根本治疗法，不出于此二者，若不留意于此，而惟禁之之务，则虽以完全之警察、严酷之刑罚随其后，亦必归于无效，就令有效，不过横溢而为他嗜好而已耳。防民之口，甚于防川，况民之感情乎！今政府有禁雅片之议，而民间亦渐有自知戒绝者。特不就根本上下手，则恐如庸医之治标，终无勿药之一日。故略抒所见，为社会告焉。

（原载《教育世界》杂志 1906 年。）

论教育之宗旨

　　教育之宗旨何在？在使人为完全之人物而已。何谓完全之人物？谓人之能力无不发达且调和是也。人之能力分为内外二者：一曰身体之能力，一曰精神之能力。发达其身体而萎缩其精神，或发达其精神而罢敝其身体，皆非所谓完全者也。完全之人物，精神与身体必不可不为调和之发达。而精神之中又分为三部：知力、感情及意志是也。对此三者而有真美善之理想：真者知力之理想，美者感情之理想，善者意志之理想也。完全之人物，不可不备真美善之三德。欲达此理想，于是教育之事起。教育之事亦分为三部：智育、德育（即意育）、美育（即情育）是也。如佛教之一派，及希腊罗马之斯多噶派，抑压人之感情，而使其能力专发达于意志之方面；又如近世斯宾塞尔之专重智育，虽非不切中一时之利弊，皆非完全之教育也。完全之教育，不可不备此二者，今试言其大略。

智　育

　　人苟欲为完全之人物，不可无内界及外界之知识，而知识之程度之广狭，应时地不同。古代之知识，至近代而觉其不足；闭关自守时之知识，至万国交通时而觉其不足。故居今之世者，不可无今世之知识。知识又分为理论与实际二种。溯其发达之次序，则实际之知识常先于理论之知识；然理论之知识发达后，又为实际之知识之根本也。一科学如数学、物理学、化学、博物学等，皆所谓理论之知识。至应用物理、化学于农工学，应用生理学于医学，应用数学于测绘等，谓之实际之知识。理论之知识乃人人天性上所要求者，实际之知识则所以供社会之要求，而维持一生之生活。故知识之教育，实必不可缺者也。

德　育

然有知识而无道德，则无以得一生之福祉，而保社会之安宁，未得为完全之人物也。夫人之生也，为动作也，非为知识也。古今中外之哲人，无不以道德为重于知识者，故古今中外之教育，无不以道德为中心点。盖人人至高之要求，在于福祉，而道德与福祉实有不可离之关系。爱人者人恒爱之，敬人者人恒敬之。不爱敬人者反是。如影之随形，响之随声，其效不可得而诬也。《书》云："惠迪吉，从逆凶。"希腊古贤所唱福德合一论，固无古今中外之公理也。而道德之本原，又由内界出而非外铄我者。张皇而发挥之，此又教育之任也。

美　育

德育与智育之必要，人人知之，至于美育有不得不一言者。盖人心之动，无不束缚于一己之利害；独美之为物，使人忘一己之利害，而入高尚纯洁之域，此最纯粹之快乐也。孔子言志，独与曾点；又谓"兴于诗"，"成于乐"。希腊古代之以音乐为普通学之一科，及近世希痕林、希尔列尔等之重美育学，实非偶然也。要之，美育者，一面使人之感情发达，以达完美之域；一面又为德育与智育之手段，此又教育者所不可不留意也。

　　然人心之知情意三者，非各自独立，而互相交错者。如人为一事时，知其当为者"知"也，欲为之者"意"也，而当其为之前又有苦乐之"情"伴之，此三者不可分离而论之也。故教育之时，亦不能加以区别。有一科而兼德育、智育者，有一科而兼美育、德育者，又有一科而兼此三者。三者并行而得渐达真善美之理想，又加以身体之训练，斯得为完全之人物，而教育之能事毕矣。

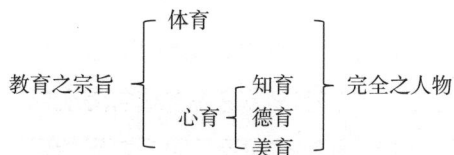

$$
\text{教育之宗旨} \left\{ \begin{array}{l} \text{体育} \\ \text{心育} \left\{ \begin{array}{l} \text{知育} \\ \text{德育} \\ \text{美育} \end{array} \right. \end{array} \right\} \text{完全之人物}
$$

（原载《教育世界》杂志 1903 年。）

《奏定经学科大学文学科大学章程》书后

今日之《奏定学校章程》，草创之者黄陂陈君毅，而南皮张尚书实成之。其小学中学诸章程中，亦有不合于教育之理法者，以世多能知之，能言之，余故勿论。今分科大学之立有日矣，且论大学。大学中若医、法、理、工、农、商诸科，但袭日本大学之旧，不知中国现在之情形有当否，以非予之专门，亦不具论，但论经学科、文学科大学。

分科大学章程中之最宜改善者，经学、文学二科是已。余谓此张尚书最得意之作也。尚书素以硕学名海内，又于政事之暇不废稽古。观此二科之章程内详定教授之细目及其研究法，肺肺焉不惜数千言，为国家名誉最高、学问最深之大学教授言之，而于中学小学国家所宜详定教授之范围及其细目者，反无闻焉。吾人不能不服尚书之重视此二科，又于其学术上所素娴者不惮忠实陈其意见也。且尚书不独以经术文章名海内，又公忠体国，以扶翼世道为己任者也。故惧邪说之横流，国粹之丧失之意，在在溢于言表，于此二章程中，尤情见乎辞矣。吾人固推重尚书之学问，而于其扶翼世道人心之处，尤不能不再三倾倒也。虽然，尚书之志则善矣，然所以图国家学术之发达者，则固有所未尽焉。今不暇细论其误，特就其根本之处言之如左，以俟当局者采择焉。

其根本之误何在？曰在缺哲学一科而已。夫欧洲各国大学无不以神、哲、医、法四学为分科之基本；日本大学虽易哲学科以文科之名，然其文科之九科中，则哲学科衰然居首，而余八科无不以哲学概论、哲学史为其基本学科者。今经学科大学中虽附设理学一门，然其范围限于宋以后之哲学，又其宗旨在贵实践而忌空谈（《学务纲要》第三十条），则夫《太极图说》《正蒙》等必在摈斥之例。则就宋人哲学中言之，又不过其一部分而已。吾人且不论哲学之不可不特置一科，又不论经学、文学二科中之必不可不讲哲学，且质南皮尚书之所以必废此科之理由如何。

（一）必以哲学为有害之学也。夫言哲学之害，必自其及于政治上者始矣。数年前，海内自由革命之说虽与欧洲十八世纪哲学上之自然主义稍有关系，然此等说宁属于政治法律之方面，而不属于哲学之方面。今不以此说之故，而废直接之政治法律，何独于间接之哲学科而废之？且吾信昔之唱此说以号召天下者，不独于哲学上之自然主义懵无所知，且亦不知政治法律为何物者也。不逞之徒，何地蔑有？昔之洪、杨，今之孙、陈，宁皆哲学家哉？且自然主义不过哲学中之一家言，与之反对者何可胜道。余谓不研究哲学则已，苟有研究之者，则必博稽众说，而唯真理之从。其有奉此说者，虽学问之自由独立上所不禁，然理论之与实行其间必有辨矣。今者政体将改，上下一心，反侧既安，莠言自泯，则疑此学为酿乱之麹蘖者，可谓全无根据之说也。

（二）必以哲学为无用之学也。虽余辈之研究哲学者，亦必昌言此学为无用之学也。何则？以功用论哲学，则哲学之价值失。哲学之所以有价值者，正以其超出乎利用之范围故也。且夫人类岂徒为利用而生活者哉？人于生活之欲外，有知识焉，有感情焉。感情之最高之满足，必求之文学、美术；知识之最高之满足，必求诸哲学。叔本华所以称人为形而上学的动物，而有形而上学的需要者，为此故也。故无论古今东西，其国民之文化苟达一定之程度者，无不有一种之哲学。而所谓哲学家者，亦无不受国民之尊敬，而国民亦以是为轻重。光英吉利之历史者，非威灵吞、纳尔孙而培根、洛克也；大德意志之名誉者，非俾思麦、毛奇而汗德、叔本华也。即在世界所号为最实际之国民如我中国者，于《易》之太极、《洪范》之五行、周子之无极、伊川、晦庵之理气等，每为历代学者研究之题目，足以见形而上学之需要之存在。而人类一日存，此学即不能一日亡也。而中国之有此数人，其为历史上之光，宁他事所可比哉！今若以功用为学问之标准，则经学、文学等之无用亦与哲学等，必当在废斥之列。而大学之所授者，非限于物质的应用的科学不可，坐令国家最高之学府与工场阛阓等，此必非国家振兴学术之意也。夫就哲学家言之，固无待于国家之保护。哲学家而仰国家之保护，哲学家之大辱也。又国家即不保护此学，亦无碍于此学之发达。然就国家言之，则提倡最高之学术，国家最大之名誉也。有腓立大王为之君，有崔特里兹为之相，而后汗德之《纯理批评》得出版而无所惮。故学者之名誉，君与相实共之。今以国家最高之学府，而置此学而不讲，断非所以示世界也。况哲学自直接言之，固不能辞其为无用之学；而自间接言之，则世所号为最有用之学如教育学等，非有哲学之预备，殆不能解其真意。即令一无所用，亦断无废之之理，况乎其有无用之用哉！

（三）必以外国之哲学与中国古来之学术不相容也。吾谓张尚书之意，岂独对外国哲学为然哉；其对我国之哲学，亦未尝不有戒心焉。故周秦诸子之学，皆在所摈弃；而宋儒之理学，独限于其道德哲学之范围内研究之。然此又大谬不然者也。《易》不言太极，则无以明其生生之旨；周子不言无极，则无以固其主静之说；伊川、晦庵若不言理与气，则其存养省察之说为无根柢。故欲离其形而上学而研究其道德哲学，全不可能之事也。至周秦诸子之说，虽若时与儒家相反对，然欲知儒家之价值，亦非尽知其反对诸家之说不可，况乎其各言之有故，持之成理者哉！今日之时代，已入研究自由之时代，而非教权专制之时代。苟儒家之说而有价值也，则因研究诸子之学而益明其无价值也，虽罢斥百家，适足滋世人之疑惑耳。吾窃叹尚书之知之与杞人等也。昔日杞人有忧天堕而压己者，尚书之忧道无乃类是。若夫西洋哲学之于中国哲学，其关系亦与诸子哲学之于儒教哲学等。今即不论西洋哲学自己之价值，而欲完全知此土之哲学，势不可不研究彼土之哲学。异日发明光大我国之学术者，必在兼通世界学术之人，而不在一孔之陋儒，固可决也。然则尚书之远虑及此，亦不免三思而惑者矣。

尚书所以废哲学科之理由，当不外此三者。此恐不独尚书一人之意见为然，吾国士大夫之大半，当无不怀此疑虑者也。而其不足疑虑也，既如上所述，则尚书之废此科，虽欲不谓之无理由，不可得也。若不改此根本之谬误，则他日此二科中所养成之人才，其优于占毕帖括之学者几何？而我国之经学、文学，不至坠于地不已。此余所为不能默尔而息者也。

由上文所述观之，不但尚书之废哲学一科为无理由，而哲学之不可不特立一科，又经学科中之不可不授哲学，其故可睹矣。至文学与哲学之关系，其密切亦不下于经学。今天吾国文学上之最可宝贵者，孰过于周秦以前之古典乎？《系辞上下传》实与《孟子》《戴记》等，为儒家最粹之文学；若自其思想言之，则又纯粹之哲学也。今不解其思想，而但玩其文辞，则其文学上之价值已失其大半。此外周秦诸子，亦何莫不然？自宋以后，哲学渐与文学离，然如《太极图说》《通书》《正蒙》《皇极经世》等，自文辞上观之，虽欲不谓之工，岂可得哉！此外如朱子之于南宋，阳明之于明，非独以哲学鸣，言其文学，亦断非同时龙川、水心及前后七子等之所能及也。凡此诸子之书，亦哲学，亦文学。今舍其哲学，而徒研究其文学，欲其完全解释，安可得也！西洋之文学亦然。柏拉图之《问答篇》，鲁克来谛斯之《物性赋》，皆具哲学、文学二者之资格。特如文学中之诗歌一门，尤与哲学有同一之性质。其所欲解释者，皆宇宙人生上根本之问题。不过其解释之方法，一直观的，一思考的；一顿悟的，一合理的耳。读者观格代、希尔列尔之戏曲，所负于斯披诺若、汗德者如何，则思过半矣。今文学科大学中，既授外国文学矣，不解外国哲学之大意，而欲全解其文学，是犹却行而求前，南辕而北其辙，必不可得之数也。且定美之标准与文学上之原理者，亦唯可于哲学之一分科之美学中求之。虽有文学上之天才者无俟此学之教训，而无才者亦不能以此等抽象之学问养成之，然以有此等学故，得使旷世之才稍省其劳力，而中智之人不惑于歧途，其功固不可没也。故哲学之重要，自经学上言之则如彼，自文学上言之则如此。是故不冀经学、文学之发达则已，苟谋其发达进步，则此二科之章程，不可不自根本上改善之也。

除此根本之大谬外，特将其枝叶之谬论之如左。

一、经学科大学与文学科大学之不可分而为二也。经学家之言曰："六经天下之至文。"文学家之言曰："约六经之旨以成文。"二者尚书岂不知之，而顾别经学科于文学科中者，则出于尊经之意，不欲使孔孟之书与外国文学等侏离之言为伍也。夫尊孔孟之道，莫若发明光大之；而发明光大之之道，又莫若兼究外国之学说。今徒于形式上置经学于各分科大学之首，而不问内容之关系如何，断非所以尊之也。且果由尚书之道以尊孔孟，曷为不废外国文学也？貌为尊孔以自附于圣人之徒，或貌为崇拜外国以取媚于时势，二者均窃为尚书不取也。为尚书辩者曰：西洋大学之神学科皆为独立之分科，则经学之为一独立之分科，何所不可？曰：西洋大学之神学科，为识者所诟病久矣。何则？宗教者，信仰之事，而非研究之事。研究宗教，是失宗教之信仰也；若为信仰之故而研究，则又失研究之本义。西洋之神学，所谓为信仰之故而研究者也，故与为研究之故而研究之哲学，不能并立于一科中。若我孔孟之说，则固非宗教而学说也，与一切他学均以研究而益明，而必欲独立一科，以与极有关系之文学相隔绝，此则余所不解也。若为尊经之故，则置文学科于大学之首可耳，何必效西洋之神学科，以自外于学问者哉！

二、群经之不可分科也。夫"不通诸经，不能解一经"，此古人至精之言也。以尚书之邃于经学，岂不知此义，而顾分经学至十一科者，则以既别经学于文学，则经学科大学中之各科，未免较他科大学相形见少故也。今若合经学科于文学科大学中，则此科为文学科大学之一科，自不必分之至析。夫我国自西汉博士既废以后，所谓经师，无不博综群经者，国朝诸老亦然。且大学者，虽为国家最高之专门学校，然所授者，亦不过专门中之普通学与以毕生研究之预备而已。故今日所最亟者，在授世界最进步之学问之大略，使知研究之方法。至于研究专门中之专门，则又毕生之事业，而不能不俟诸卒业以后也。

三、地理学科不必设也。文学科大学中之有地理科，斯最可异者已。夫今日之世界，人迹所不到之地殆少，故自地理学之材料上言之，殆无可云进步矣。其尚可研究之方面，则在地文、地质二学。然此二学之性质属于格致科，而不属于文学科。今格致科大学中既有地质科矣，则地理学之事可附于此科中研究之，若别置一科，不免有重复之弊矣。

由余之意，则可合经学科大学于文学科大学中，而定文学科大学之各科为五：一、经学科；二、理学科；三、史学科；四、中国文学科；五、外国文学科（此科可先置英、德、法三国，以后再及各国）。而定各科所当授之科目如左：

一、经学科科目：（一）哲学概论（二）中国哲学史（三）西洋哲学史（四）心理学（五）伦理学（六）名学（七）美学（八）社会学（九）教育学（十）外国文

二、理学科科目：（一）哲学概论（二）中国哲学史（三）印度哲学史（四）西洋哲学史（五）心理学（六）伦理学（七）名学（八）美学（九）社会学（十）教育学（十一）外国文

三、史学科科目：（一）中国史（二）东洋史（三）西洋史（四）哲学概论（五）历史哲学（六）年代学（七）比较言语学（八）比较神话学（九）社会学（十）人类学（十一）教育学（十二）外国文

四、中国文学科科目：（一）哲学概论（二）中国哲学史（三）西洋哲学史（四）中国文学史（五）西洋文学史（六）心理学（七）名学（八）美学（九）中国史（十）教育学（十一）外国文

　　五、外国文学科科目：（一）哲学概论（二）中国哲学史（三）西洋哲学史（四）中国文学史（五）西洋文学史（六）□国文学史（七）心理学（八）名学（九）美学（十）教育学（十一）外国文

（原载《教育世界》杂志 1906 年。）

下 编

论小学校唱歌科之材料

今日教育上有一可喜之现象，则音乐研究之勃兴是也。二三年来，学校唱歌集之出版者以数十计，大都会之小学校，亦往往设唱歌一科，至"夏期音乐研究会"等，时有所闻焉。然就唱歌集之材料观之，则吾人不能不谓提倡音乐、研究音乐者之大半于此科之价值实尚未尽晓也。夫音乐之形而上学的意义（如古代希腊毕达哥拉斯及近世叔本华之音乐说）姑不具论，但就小学校所以设此科之本意言之，则：（一）调和其感情；（二）陶冶其意志；（三）练习其聪明官及发声器是也。（一）与（三）为唱歌科自己之事业，而（二）则为修身科与唱歌科公共之事业。故唱歌科之目的，自以前者为重；即就后者言之，则唱歌科之补助修身科，亦在形式而不在内容（歌词）。虽有声无词之音乐，自有陶冶品性、使之高尚和平之力，固不必用修身科之材料为唱歌科之材料也。故选择歌词之标准，宁从前者而不从后者。若徒以干燥、拙劣之词，述道德上之教训，恐第二目的未达，而已失其第一之目的矣。欲达第一目的，则于声音之美外，自当益以歌词之美；而就歌词之美言之，则今日作者之自制曲，其不如古人之名作，审矣。或谓古人之名作不必合于小学教育之目的与程度，然古诗中之咏自然之美及古迹者，亦正不乏此等材料，以有具体的性质而可以呈于儿童之直观故，故较之道德上抽象之教训反为易解；且可与历史、地理及理科中之材料相联络，而其对修身科之联络，则宁与体操科等。盖一在养其感情，一在强其意志，其关系乃普遍关系，而不关于材质之意义也。循此标准，则唱歌科庶不致为修身科之奴隶，而得保其独立之位置欤？

（原载《教育世界》杂志 1907 年。）

古雅之在美学上之位置

　　"美术者天才之制作也"，此自汗德以来百余年间学者之定论也。然天下之物，有决非真正之美术品，而又决非利用品者。又其制作之人，决非必为天才，而吾人之视之也，若与天才所制作之美术无异者，无以名之，名之曰"古雅"。

　　欲知古雅之性质，不可不知美之普遍之性质。美之性质，一言以蔽之，曰：可爱玩而不可利用者是已。虽物之美者，有时亦足供吾人之利用，但人之视为美时，决不计及其可利用之点。其性质如是，故其价值亦存于美之自身，而不存乎其外。而美学上之区别美也，大率分为二种：曰优美，曰宏壮。自巴克及汗德之书出，学者殆视此为精密之分类矣。至古今学者对优美及宏壮之解释，各由其哲学系统之差别而各不同。要而言之，则前者由一对象之形式，不关于吾人之利害，遂使吾人忘利害之念，而以精神之全力沉浸于此对象之形式中，自然及艺术中普通之美，皆此类也；后者则由一对象之形式，越乎吾人知力所能驭之范围，或其形式大不利于吾人，而又觉其非人力所能抗，于是吾人保存自己之本能，遂超越乎利害之观念外，而达观其对象之形式，如自然中之高山大川、烈风雷雨，艺术中伟大之宫室、悲惨之雕刻像，历史画、戏曲、小说等皆是也。此二者，其可爱玩而不可利用也同，若夫所谓古雅者则何如？

一切之美皆形式之美也。就美之自身言之，则一切优美，皆存于形式之对称变化及调和。至宏壮之对象，汗德虽谓之无形式，然以此种无形式之形式，能唤起宏壮之情，故谓之形式之一种，无不可也。就美术之种类言之，则建筑、雕刻、音乐之美之存于形式固不俟论，即图画、诗歌之美之兼存于材质之意义者，亦以此等材质适于唤起美情故，故亦得视为一种之形式焉。释迦与马利亚庄严圆满之相，吾人亦得离其材质之意义，而感无限之快乐，生无限之钦仰。戏曲、小说之主人翁及其境遇，对文章之方面言之，则为材质；然对吾人之感情言之，则此等材质又为唤起美情之最适之形式。故除吾人之感情外，凡属于美之对象者，皆形式而非材质也。而一切形式之美，又不可无他形式以表之。惟经过此第二之形式，斯美者愈增其美，而吾人之所谓古雅，即此第二种之形式。即形式之无优美与宏壮之属性者，亦因此第二形式故，而得一种独立之价值。故古雅者，可谓之形式之美之形式之美也。

夫然，故古雅之致存于艺术而不存于自然。以自然但经过第一形式，而艺术则必就自然中固有之某形式，或所自创造之新形式，而以第二形式表出之。即同一形式也，其表之也各不同。同一曲也，而奏之者各异；同一雕刻、绘画也，而真本与摹本大殊。诗歌亦然。"夜阑更炳烛，相对如梦寐"（杜甫《羌村》诗）之于"今宵剩把银钉照，犹恐相逢是梦中"（晏几道《鹧鸪天》词），"愿言思伯，甘心首疾"（《诗·卫风·伯兮》）之于"衣带渐宽终不悔，为伊消得人憔悴"（欧阳修《蝶恋花》词），其第一形式同，而前者温厚，后者刻露者，其第二形式异也。一切艺术无不皆然，于是有所谓雅俗之区别起。优美及宏壮必与古雅合，然后得显其固有之价值。不过优美及宏壮之原质愈显，则古雅之原质愈蔽。然吾人所以感如此之美且壮者，实以表出之之雅故，即以其美之第一形式，更以雅之第二形式表出之故也。

虽第一形式之本不美者，得由其第二形式之美（雅），而得一种独立之价值。茅茨土阶，与夫自然中寻常琐屑之景物，以吾人之肉眼观之，举无足与于优美若宏壮之数，然一经艺术家（若绘画、若诗歌）之手，而遂觉有不可言之趣味。此等趣味，不自第一形式得之，而自第二形式得之无疑也。绘画中之布置，属于第一形式，而使笔使墨，则属于第二形式。凡以笔墨见赏于吾人者，实赏其第二形式也。此以低度之美术（如法书等）为尤甚。三代之钟鼎，秦汉之摹印，汉魏六朝唐宋之碑帖，宋元之书籍等，其美之大部，实存于第二形式。吾人爱石刻不如爱真迹，又其于石刻中爱翻刻不如爱原刻，亦以此也。凡吾人所加于雕刻书画之品评，曰"神"、曰"韵"、曰"气"、曰"味"，皆就第二形式言之者多，而就第一形式言之者少。文学亦然，古雅之价值大抵存于第二形式。西汉之匡、刘，东京之崔、蔡，其文之优美宏壮，远在贾、马、班、张之下，而吾人之嗜之也亦无逊于彼者，以雅故也。南丰之于文，不必工于苏、王；姜夔之于词，且远逊于欧、秦，而后人亦嗜之者，以雅故也。由是观之，则古雅之原质，为优美及宏壮中不可缺之原质，且得离优美宏壮而有独立之价值，则固一不可诬之事实也。

　　然古雅之性质，有与优美及宏壮异者。古雅之但存于艺术而不存于自然，既如上文所论矣。至判断古雅之力，亦与判断优美及宏壮之力不同。后者先天的，前者后天的、经验的也。优美及宏壮之判断之为先天的判断，自汗德之《判断力批评》后，殆无反对之者。此等判断既为先天的，故亦普遍的、必然的也。易言以明之，即一艺术家所视为美者，一切艺术家亦必视为美。此汗德所以于其美学中，预想一公共之感官者也。若古雅之判断则不然，由时之不同而人之判断之也各异。吾人所断为古雅者，实由吾人今日之位置断之。古代之遗物无不雅于近世之制作，古代之文学虽至拙劣，自吾人读之无不古雅者，若自古人之眼观之，殆不然矣。故古雅之判断，后天的也，经验的也，故亦特别的也，偶然的也。此由古代表出第一形式之道与近世大异，故吾人睹其遗迹，不觉有遗世之感随之，然在当日，则不能若优美及宏壮，则固无此时间上之限制也。

古雅之性质既不存于自然，而其判断亦但由于经验，于是艺术中古雅之部分，不必尽俟天才，而亦得以人力致之。苟其人格诚高，学问诚博，则虽无艺术上之天才者，其制作亦不失为古雅。而其观艺术也，虽不能喻其优美及宏壮之部分，犹能喻其古雅之部分。若夫优美及宏壮，则非天才，殆不能捕攫之而表出之。今古第三流以下之艺术家，大抵能雅而不能美且壮者，职是故也。以绘画论，则有若国朝之王翚，彼固无艺术上之天才，但以用力甚深之故，故摹古则优，而自运则劣，则岂不以其舍其所长之古雅，而欲以优美宏壮与人争胜也哉？以文学论，则除前所述匡、刘诸人外，若宋之山谷，明之青邱、历下，国朝之新城等，其去文学上之天才盖远，徒以有文学上之修养故，其所作遂带一种典雅之性质。而后之无艺术上之天才者，亦以其典雅故，遂与第一流之文学家等类而观之，然其制作之负于天分者十之二三，而负于人力者十之七八，则固不难分析而得之也。又虽真正之天才，其制作非必皆神来兴到之作也。以文学论，则虽最优美最宏壮之文学中，往往书有陪衬之篇，篇有陪衬之章，章有陪衬之句，句有陪衬之字。一切艺术，莫不如是。此等神兴枯涸之处，非以古雅弥缝之不可。而此等古雅之部分，又非藉修养之力不可。若优美与宏壮，则固非修养之所能为力也。

然则古雅之价值，遂远出优美及宏壮下乎？曰：不然。可爱玩而不可利用者，一切美术品之公性也。优美与宏壮然，古雅亦然。而以吾人之玩其物也，无关于利用故，遂使吾人超出乎利害之范围外，而惝恍于缥缈宁静之域。优美之形式使人心和平，古雅之形式使人心休息，故亦可谓之低度之优美。宏壮之形式常以不可抵抗之势力，唤起人钦仰之情；古雅之形式则以不习于世俗之耳目故，而唤起一种之惊讶。惊讶者，钦仰之情之初步，故虽谓古雅为低度之宏壮，亦无不可也。故古雅之位置，可谓在优美与宏壮之间，而兼有此二者之性质也。至论其实践之方面，则以古雅之能力能由修养得之，故可为美育普及之津梁。虽中智以下之人，不能创造优美及宏壮之物者，亦得由修养而有古雅之创造力。又虽不能喻优美及宏壮之价值者，亦得于优美宏壮中之古雅之原质，或于古雅之制作物中，得其直接之慰藉。故古雅之价值，自美学上观之，诚不能及优美及宏壮；然自其教育众庶之效言之，则虽谓其范围较大、成效较著可也。因美学上尚未有专论古雅者，故略述其性质及位置如右。篇首之疑问，庶得由是而说明之欤。

（原载《教育世界》杂志 1907 年。）

古雅之在美学上之位置

孔子之美育主义

诗云："世短意常多，斯人乐久生。"岂不悲哉！人之所以朝夕营营者，安归乎？归于一己之利害而已。人有生矣，则不能无欲；有欲矣，则不能无求；有求矣，不能无生得失，得则淫，失则戚：此人人之所同也。世之所谓道德者，有不为此嗜欲之羽翼者乎？所谓聪明者，有不为嗜欲之耳目者乎？避苦而就乐，喜得而恶丧，怯让而勇争。此又人人之所同也。于是，内之发于人心也，则为苦痛；外之见于社会也，则为罪恶。然世终无可以除此利害之念，而泯人己之别者欤？将社会之罪恶固不可以稍减，而人心之苦痛遂长此终古欤？曰：有，所谓"美"者是已。

美之为物，不关于吾人之利害者也。吾从观美时，亦不知有一己之利害。德意志之大哲人汗德，以美之快乐为不关利害之快乐（Disinteresed Pleasure）。至叔本华而分析观美之状态为二原质：（一）被观之对象，非特别之物，而此物之种类之形式；（二）观者之意识，非特别之我，而纯粹无欲之我也（《意志及观念之世界》第一册二百五十三页）。何则？由叔氏之说，人之根本在生活之欲，而欲常起于空乏。既偿此欲，则此欲以终；然欲之被偿者一，而不偿者十百；一欲既终，他欲随之：故究竟之慰藉终不可得。苟吾人之意识而充以嗜欲乎？吾人而为嗜欲之我乎？则亦长此辗转于空乏、希望与恐怖之中而已，欲求福祉与宁静，岂可得哉！然吾人一旦因他故而脱此嗜欲之网，则吾人之知识已不为嗜欲之奴隶，于是得所谓无欲之我。无欲故无空乏，无希望，无恐怖；其视外物也，不以为与我有利害之关系，而但视为纯粹之外物。此境界唯观美时有之。苏子瞻所谓"寓意于物"（《宝绘堂记》）；邵子曰："圣人所以能一万物之情者，谓其能反观也。所以谓之反观者，不以我观物也。不以我观物者，以物观物之谓也。既能以物观物，又安有我于其间哉？"（《皇极经世·观物内篇》七）此之谓也。其咏之于诗者，则如陶渊明云："采菊东篱下，悠然见南山。山气日夕佳，飞鸟相与还。此中有真意，欲辨已忘言。"谢灵运云："昏旦变气候，山水含清晖。清晖能娱人，游子澹忘归。"或如白伊龙云："I live not in myself, but I become Portion of that around me; and to me High mountains are a feeling."皆善咏此者也。

夫岂独天然之美而已，人工之美亦有之。宫观之瑰杰，雕刻之优美雄丽，图画之简淡冲远，诗歌音乐之直诉人之肺腑，皆使人达于无欲之境界。故泰西自雅里大德勒以后，皆以美育为德育之助。至近世，谴夫志培利、赫启孙等皆从之。及德意志之大诗人希尔列尔出，而大成其说，谓人日与美相接，则其感情日益高，而暴慢鄙倍之心自益远。故美术者科学与道德之生产地也。又谓审美之境界乃不关利害之境界，故气质之欲灭，而道德之欲得由之以生。故审美之境界乃物质之境界与道德之境界之津梁也。于物质之境界中，人受制于天然之势力；于审美之境界则远离之；于道德之境界则统御之（希氏《论人类美育之书简》）。由上所说，则审美之位置犹居于道德之次。然希氏后日更进而说美之无上之价值，曰："如人必以道德之欲克制气质之欲，则人性之两部犹未能调和也，于物质之境界及道德之境界中人性之一部，必克制之以扩充其他部。然人之所以为人，在息此内界之争斗，而使卑劣之感跻于高尚之感觉。如汗德之严肃论中气质与义务对立，犹非道德上最高之理想也。最高之理想存于美丽之心（Beautiful Soul），其为性质也，高尚纯洁，不知有内界之争斗，而唯乐于守道德之法则，此性质唯可由美育得之。"（芬特尔朋《哲学史》第六百页）此希氏最后之说也。顾无论美之与善，其位置孰为高下，而美育与德育之不可离，昭昭然矣。

今转而观我孔子之学说。其审美学上之理论虽不可得而知，然其教人也，则始于美育，终于美育。《论语》曰："小子何莫学夫诗。诗可以兴，可以观，可以群，可以怨。迩之事父，远之事君。多识于鸟兽草木之名。"又曰："兴于诗，立于礼，成于乐。"其在古昔，则胄子之教，典于后夔；大学之事，董于乐正。然则以音乐为教育之一科，不自孔子始矣。荀子说其效曰："乐者，圣人之所乐也，而可以善民心。其感人深，其移风易俗。……故乐行而志清，礼修而行成，耳目聪明，血气和平，移风易俗，天下皆宁。"（《乐论》）此之谓也。故"子在齐闻《韶》"，则"三月不知肉味"。而《韶》乐之作，虽絜壶之童子，其视精，其行端。音乐之感人，其效有如此者。

且孔子之教人，于诗乐外，尤使人玩天然之美。故习礼于树下，言志于农山，游于舞雩，叹于川上，使门弟子言志，独与曾点。点之言曰："莫春者，春服既成，冠者五六人，童子六七人，浴乎沂，风乎舞雩，咏而归。"由此观之，则平日所以涵养其审美之情者可知矣。之人也，之境也，固将磅礴万物以为一，我即宇宙，宇宙即我也。光风霁月不足以喻其明，泰山华岳不足以语其高，南溟渤澥不足以比其大。邵子所谓"反观"者非欤？叔本华所谓"无欲之我"、希尔列尔所谓"美丽之心"者非欤？此时之境界：无希望，无恐怖，无内界之争斗，无利无害，无人无我，不随绳墨而自合于道德之法则。一人如此，则优入圣域；社会如此，则成华胥之国。孔子所谓"安而行之"，与希尔列尔所谓"乐于守道德之法则"者，舍美育无由矣。

（原载《教育世界》杂志 1904 年。）

人间嗜好之研究

　　活动之不能以须臾息者，其唯人心乎？夫人心本以活动为生活者也。心得其活动之地，则感一种之快乐，反是则感一种之苦痛。此种苦痛，非积极的苦痛，而消极的苦痛也。易言以明之，即空虚的苦痛也。空虚的苦痛，比积极的苦痛，尤为人所难堪。何则？积极的苦痛，犹为心之活动之一种，故亦含快乐之原质；而空虚的苦痛，则并此原质而无之故也。人与其无生也，不如恶生；与其不活动也，不如恶活动。此生理学及心理学上之二大原理，不可诬也。人欲医此苦痛，于是用种种之方法，在西人名之曰 To kill time；而在我中国，则名之曰消遣。其用语之确当，均无以易，一切嗜好由此起也。

　　然人心之活动亦夥矣。食色之欲，所以保存个人及其种姓之生活者，实存于人心之根柢，而时时要求其满足。然满足此欲，固非易易也，于是或劳心，或劳力，戚戚朙朙，以求其生活之道。如此者，吾人谓之曰工作。工作之为一种积极的苦痛，吾人之所经验也。且人固不能终日从事于工作，岁有闲月，月有闲日，日有闲时，殊如生活之道不苦者。其工作愈简，其闲暇愈多，此时虽乏积极的苦痛，然以空虚之消极的苦痛代之。故苟足以供其心之活动者，虽无益于生活之事业，亦鹜而趋之。如此者，吾人谓之曰嗜好。虽嗜好之高尚卑劣万有不齐，然其所以慰空虚之苦痛而与人心以活动者，其揆一也。

嗜好之为物，本所以医空虚的苦痛者，故皆与生活无直接之关系，然若谓其与生活之欲无关系，则甚不然者也。人类之于生活，既竞争而得胜矣，于是此根本之欲复变而为势力之欲，而务使其物质上与精神上之生活超于他人之生活之上。此势力之欲，即谓之生活之欲之苗裔无不可也。人之一生，唯由此二欲以策其知力及体力，而使之活动。其直接为生活故而活动时，谓之曰工作；或其势力有余，而唯为活动故而活动时，谓之曰嗜好。故嗜好之为物，虽非表直接之势力，亦必为势力之小影，或足以遂其势力之欲者，始足以动人心，而医其空虚的苦痛。不然，欲其嗜之也难矣。今吾人当进而研究种种之嗜好，且示其与生活及势力之欲之关系焉。

嗜好中之烟酒二者，其令人心休息之方面多，而活动之方面少。易言以明之，此二者之效，宁在医积极的苦痛，而不在医消极的苦痛。又此二者，于心理上之结果外，兼有生理上之结果，而吾人对此二者之经验亦甚少，故不具论。今先论博弈。夫人生者，竞争之生活也。苟吾人竞争之势力无所施于实际，或实际上既竞争而胜矣，则其剩余之势力，仍不能不求发泄之地。博弈之事，正于抽象上表出竞争之世界，而使吾人于此满足其势力之欲者也。且博弈以但表普遍的抽象的竞争，而不表所竞争者之为某物（故为金钱而赌博者不在此例），故吾人竞争之本能，遂于此以无嫌疑、无忌惮之态度发表之，于是得窥人类极端之利己主义。至实际之人生中，人类之竞争虽无异于博弈，然能如是之磊磊落落者鲜矣。且博与弈之性质，亦自有辨。此二者虽皆世界竞争之小影，而博又为运命之小影。人以执著于生活故，故其知力常明于无望之福，而暗于无望之祸。而于赌博之中，此无望之福时时有可能性，在以博之胜负，人力与运命二者决之；而弈之胜负，则全由人力决之故也。又但就人力言，则博者悟性上之竞争，而弈者理性上之竞争也。长于悟性者，其嗜博也甚于弈；长于理性者，其嗜弈也愈于博。嗜博者之性格，机警也，脆弱也，依赖也；嗜弈者之性格，谨慎也，坚忍也，独立也。譬之治生，前者如朱公居陶，居与时逐；后者如任氏之折节为俭，尽力田畜，亦致千金。人亦各随其性之所近，而欲于竞争之中，发见其势力之优胜之快乐耳。吾人对博弈之嗜好，殆非此无以解释之也。

若夫宫室、车马、衣服之嗜好，其适用之部分属于生活之欲，而其妆饰之部分则属于势力之欲。驰骋、田猎、跳舞之嗜好，亦此势力之欲之所发表也。常人之对书画、古物也亦然。彼之爱书籍，非必爱其所含之真理也；爱书画古玩，非必爱其形式之优美古雅。以多相炫，以精相炫，以物之稀而难得也相炫。读书者亦然，以博相炫。一言以蔽之，炫其势力之胜于他人而已矣。常人对戏剧之嗜好，亦由势力之欲出。先以喜剧（即滑稽剧）言之。夫能笑人者，必其势力强于被笑者也，故笑者实吾人一种势力之发表。然人于实际之生活中，虽遇可笑之事，然非其人为我所素狎者，或其位置远在吾人之下者，则不敢笑。独于滑稽剧中，以其非事实故，不独使人能笑，而且使人敢笑，此即对喜剧之快乐之所存也。悲剧亦然。霍雷士曰："人生者，自观之者言之，则为一喜剧；自感之者言之，则又为一悲剧也。"自吾人思之，则人生之运命固无以异于悲剧，然人当演此悲剧时，亦俯首杜口，或故示整暇，汶汶而过耳。欲如悲剧中之主人公，且演且歌以诉其胸中之苦痛者，又谁听之，而谁怜之乎？夫悲剧中之人物之无势力之可言，固不待论。然敢鸣其苦痛者与不敢鸣其痛苦者之间，其势力之大小必有辨矣。夫人生中固无独语之事，而戏曲则以许独语故，故人生中久压抑之势力独于其中筐倾而篋倒之，故虽不解美术上之趣味者，亦于此中得一种势力之快乐。普通之人之对戏曲之嗜好，亦非此不足以解释之矣。

若夫最高尚之嗜好，如文学、美术，亦不外势力之欲之发表。希尔列尔既谓儿童之游戏存于用剩余之势力矣，文学、美术亦不过成人之精神的游戏，故其渊源之存于剩余之势力，无可疑也。且吾人内界之思想感情，平时不能语诸人或不能以庄语表之者，于文学中以无人与我一定之关系故，得倾倒而出之。易言以明之，吾人之势力所不能于实际表出者，得以游戏表出之是也。若夫真正之大诗人，则又以人类之感情为其一己之感情。彼其势力充实，不可以已，遂以发表自己之感情为满足，更进而欲发表人类全体之感情。彼之著作，实为人类全体之喉舌，而读者于此得闻其悲欢啼笑之声，遂觉自己之势力亦为之发扬而不能自已。故自文学言之，创作与赏鉴之二方面，亦皆以此势力之欲为之根柢也。文学既然，他美术何独不然？岂独美术而已，哲学与科学亦然。柏庚有言曰知识即势力也，则一切知识之欲，虽谓之即势力之欲，亦无不可。彼等以其势力卓越于常人故，故不满足于现在之势力，而欲得永远之势力。虽其所用以得势力之手段不同，然其目的固无以异。夫然，始足以活动人心，而医其空虚的苦痛。以人心之根柢实为一生活之欲，若势力之欲，故苟不足以遂其生活或势力者，决不能使之活动。以是观之，则一切嗜好虽有高卑优劣之差，固无非势力之欲之所为也。

然余之为此论，固非使文学、美术之价值下齐于博弈也。不过自心理学言之，则此数者之根柢皆存于势力之欲，而其作用皆在使人心活动，以疗其空虚之苦痛。以此所论者乃事实之问题，而非价值之问题故也。若欲抑制卑劣之嗜好，不可不易之以高尚之嗜好，不然，则必有溃决之一日。此又从人心活动之原理出，有教育之责及欲教育自己者，不可不知所注意焉。

（原载《教育世界》杂志 1907 年。）

文学小言

一

昔司马迁推本汉武时学术之盛，以为利禄之途使然。余谓一切学问皆能以利禄劝，独哲学与文学不然。何则？科学之事业，皆直接间接以厚生利用为旨，古未有与政治及社会上之兴味相刺谬者也。至一新世界观与新人生观出，则往往与政治及社会上之兴味不能相容。若哲学家而以政治及社会之兴味为兴味，而不顾真理之如何，则又决非真正之哲学。以欧洲中世哲学之以辩护宗教为务者，所以蒙极大之污辱，而叔本华所以痛斥德意志大学之哲学者也。文学亦然。铺缀的文学，决非真正之文学也。

二

文学者，游戏的事业也。人之势力用于生存竞争而有余，于是发而为游戏。婉娈之儿，有父母以衣食之，以卵翼之，无所谓争存之事也。其势力无所发泄，于是作种种之游戏。逮争存之事亟，而游戏之道息矣。唯精神上之势力独优，而又不必以生事为急者，然后终身得保其游戏之性质。而成人以后，又不能以小儿之游戏为满足，于是对其自己之感情及所观察之事物而摹写之，咏叹之，以发泄所储蓄之势力。故民族文化之发达，非达一定之程度，则不能有文学；而个人之汲汲于争存者，决无文学家之资格也。

三

人亦有言：名者利之宾也。故文绣的文学之不足为真文学也，与馎餔的文学同。古代文学之所以有不朽之价值者，岂不以无名之见者存乎？至文学之名起，于是有因之以为名者，而真正文学乃复托于不重于世之文体以自见。逮此体流行之后，则又为虚玄矣。故模仿之文学，是文绣的文学与馎餔的文学之记号也。

四

文学中有二原质焉：曰景，曰情。前者以描写自然及人生之事实为主，后者则吾人对此种事实之精神的态度也。故前者客观的，后者主观的也；前者知识的，后者感情的也。自一方面言之，则必吾人之胸中洞然无物，而后其观物也深，而其体物也切；即客观的知识，实与主观的感情为反比例。自他方面言之，则激烈之感情，亦得为直观之对象、文学之材料；而观物与其描写之也，亦有无限之快乐伴之。要之，文学者，不外知识与感情交代之结果而已。苟无锐敏之知识与深邃之感情者，不足与于文学之事。此其所以但为天才游戏之事业，而不能以他道劝者也。

五

古今之成大事业大学问者，不可不历三种之阶级："昨夜西风凋碧树，独上高楼，望尽天涯路"（晏同叔《蝶恋花》），此第一阶级也；"衣带渐宽终不悔，为伊消得人憔悴"（欧阳永叔《蝶恋花》），此第二阶级也；"众里寻他千百度，回头蓦见，那人正在，灯火阑珊处"（辛幼安《青玉案》），此第三阶级也。未有不阅第一第二阶级，而能遽跻第三阶级者。文学亦然。此有文学上之天才者，所以又需莫大之修养也。

六

三代以下之诗人，无过于屈子、渊明、子美、子瞻者。此四子者苟无文学之天才，其人格亦自足千古。故无高尚伟大之人格，而有高尚伟大之文学者，殆未之有也。

七

天才者，或数十年而一出，或数百年而一出，而又须济之以学问，帅之以德性，始能产真正之大文学。此屈子、渊明、子美、子瞻等所以旷世而不一遇也。

八

"燕燕于飞，差池其羽。""燕燕于飞，颉之颃之。""睍睆黄鸟，载好其音。""昔我往矣，杨柳依依。"诗人体物之妙，侔于造化，然皆出于离人、孽子、征夫之口，故知感情真者，其观物亦真。

九

"驾彼四牡，四牡项领。我瞻四方，蹙蹙靡所骋。"以《离骚》《远游》数千言言之而不足者，独以十七字尽之，岂不诡哉！然以讥屈子之文胜，则亦非知言者也。

十

屈子感自己之感，言自己之言者也。宋玉、景差感屈子之所感，而言其所言；然亲见屈子之境遇与屈子之人格，故其所言，亦殆与言自己之言无异。贾谊、刘向其遇略与屈子同，而才则逊矣。王叔师以下，但袭其貌而无真情以济之。此后人之所以不复为楚人之词者也。

十一

屈子之后，文学上之雄者，渊明其尤也。韦、柳之视渊明，其如贾、刘之视屈子乎？彼感他人之所感，而言他人之所言，宜其不如李、杜也。

十二

宋以后之能感自己之感，言自己之言者，其唯东坡乎？山谷可谓能言其言矣，未可谓能感所感也。遗山以下亦然。若国朝之新城，岂徒言一人之言已哉？所谓"莺偷百鸟声"者也。

十三

诗至唐中叶以后，殆为羔雁之具矣。故五季、北宋之诗（除一二大家外）无可观者，而词则独为其全盛时代。其诗词兼擅如永叔、少游者，皆诗不如词远甚。以其写之于诗者，不若写之于词者之真也。至南宋以后，词亦为羔雁之具，而词亦替矣（除稼轩一人外）。观此足以知文学盛衰之故矣。

十四

上之所论，皆就抒情的文学言之（《离骚》、诗词皆是）。至叙事的文学（谓叙事传、史诗、戏曲等，非谓散文也），则我国尚在幼稚之时代。元人杂剧辞则美矣，然不知描写人格为何事。至国朝之《桃花扇》则有人格矣，然他戏曲则殊不称是。要之，不过稍有系统之词，而并失词之性质者也。以东方古文学之国，而最高之文学无一足以与西欧匹者，此则后此文学家之责矣。

十五

抒情之诗，不待专门之诗人而后能之也。若夫叙事，则其所需之时日长，而其所取之材料富，非天才而又有暇日者不能。此诗家之数之所不可更仆数，而叙事文学家殆不能及百分之一也。

十六

《三国演义》无纯文学之资格，然其叙关壮缪之释曹操，则非大文学家不办。《水浒传》之写鲁智深，《桃花扇》之写柳敬亭、苏昆生，彼其所为固毫无意义，然以其不顾一己之利害，故犹使吾人生无限之兴味，发无限之尊敬，况于观壮缪之矫矫者乎？若此者，岂真如汗德所云，实践理性为宇宙人生之根本欤？抑与现在利己之世界相比较，而益使吾人兴无涯之感也？则选择戏曲、小说之题目者，亦可以知所去取矣。

十七

吾人谓戏曲、小说家为专门之诗人，非谓其以文学为职业也。以文学为职业，餬口的文学也。职业的文学家，以文学得生活；专门之文学家，为文学而生活。今餬口的文学之途，盖已开矣。吾宁闻征夫思妇之声，而不屑使此等文学嚣然污吾耳也。

（原载《教育世界》杂志 1906 年。）

《红楼梦》评论

人生及美术之概观

　　老子曰："人之大患，在我有身。"庄子曰："大块载我以形，劳我以生。"忧患与劳苦之与生相对待也久矣。夫生者，人人之所欲；忧患与劳苦者，人人之所恶也。然则讵不人人欲其所恶，而恶其所欲欤？将其所恶者，固不能不欲；而其所欲者，终非可欲之物欤？人有生矣，则思所以奉其生。饥而欲食，渴而欲饮，寒而欲衣，露处而欲宫室，此皆所以维持一人之生活者也。然一人之生，少则数十年，多则百年而止耳。而吾人欲生之心，必以是为不足，于是于数十年百年之生活外，更进而图永远之生活，时则有牝牡之欲家室之累，进而育子女矣，则有保抱扶持饮食教诲之责，婚嫁之务。百年之间，早作而夕思，穷老而不知所终，间有出于此保存自己及种姓之生活之外者乎？无有也。百年之后，观吾人之成绩，其有逾于此保存自己及种姓之生活之外者乎？无有也。又人人知侵害自己及种姓之生活者之非一端也，于是相集而成一群，相约束而立一国，择其贤且智者以为之君，为之立法律以治之，建学校以教之，为之警察以防内奸，为之陆海军以御外患，使人人各遂其生活之欲而不相侵害：凡此皆欲生之心之所为也。夫人之于生活也，欲之如此其切也，用力如此其勤也，设计如此其周且至也，固亦有其真可欲者存欤？吾人之忧患劳苦，固亦有所以偿之者欤？则吾人不得不就生活之本质，熟思而审考之也。

生活之本质何？欲而已矣。欲之为性无厌，而其原生于不足。不足之状态，苦痛是也。即偿一欲，则此欲以终。然欲之被偿者一，而不偿者什佰。一欲既终，他欲随之。故究竟之慰藉，终不可得也。即使吾人之欲悉偿，而更无所欲之对象，倦厌之情，即起而乘之。于是吾人自己之生活，若负之而不胜其重。故人生者，如钟表之摆，实往复于苦痛与倦厌之间者也，夫倦厌固可视为苦痛之一种。有能除去此二者，吾人谓之曰快乐。然当其求快乐也，吾人于固有之苦痛外，又不得不加以努力，而努力亦苦痛之一也。且快乐之后，具感苦痛也弥深。故苦痛而无回复之快乐者有之矣，未有快乐而不先之或继之以苦痛者也。又此苦痛与世界之文化俱增，而不由之而减。何则？文化愈进，其知识弥广，其所欲弥多，又其感苦痛亦弥甚故也。然则人生之所欲，既无以逾于生活，而生活之性质，又不外乎苦痛，故欲与生活与苦痛，三者一而已矣。

吾人生活之性质，既如斯矣，故吾人之知识，遂无往而不与生活之欲相关系，即与吾人之利害相关系。就其实而言之，则知识者，固生于此欲，而示此欲以我与外界之关系，使之趋利而避害者也。常人之知识，止知我与物之关系，易言以明之，止知物之与我相关系者，而于此物中，又不过知其与我相关系之部分而已。及人知渐进，于是始知欲知此物与我之关系，不可不研究此物与彼物之关系。知愈大者，其研究逾远焉，自是而生各种之科学。如欲知空间之一部之与我相关系者，不可不知空间全体之关系，于是几何学兴焉（按西洋几何学 Geometry 之本义系量地之意，可知古代视为应用之科学，而不视为纯粹之科学也）；欲知力之一部之与我相关系者，不可不知力之全体之关系，于是力学兴焉。吾人既知一物之全体之关系，又知此物与彼物之全体之关系，而立一法则焉，以应用之，于是物之现于吾前者，其与我之关系，及其与他物之关系，粲然陈于目前而无所遁。夫然后吾人得以利用此物，有其利而无其害，以使吾人生活之欲，增进于无穷。此科学之功效也。故科学上之成功，虽若层楼杰观，高严巨丽，然其基址则筑乎生活之欲之上，与政治上之系统立于生活之欲之上无以异。然则吾人理论与实际之二方面，皆此生活之欲之结果也。

由是观之，吾人之知识与实践之二方面，无往而不与生活之欲相关系，即与苦痛相关系。有兹一物焉，使吾人超然于利害之外，而忘物与我之关系。此时也，吾人之心，无希望，无恐怖，非复欲之我，而但知之我也。此犹积阴弥月，而旭日杲杲也；犹覆舟大海之中，浮沉上下，而漂著于故乡海岸也；犹阵云惨淡，而插翅之天使，赍平和之福音而来者也；犹鱼之脱于罾网，鸟之自樊笼出，而游于山林江海也。然物之能使吾人超然于利害之外者，必其物之于吾人无利害之关系而后可，易言以明之，必其物非实物而后可。然则非美术何足以当之乎？夫自然界之物，无不与吾人有利害之关系，纵非直接，亦必间接相关系者也。苟吾人而能忘物与我之关系而观物，则夫自然界之山明水媚，鸟飞花落，固无往而非华胥之国，极乐之土也。岂独自然界而已，人类之言语动作，悲欢啼笑，孰非美之对象乎？然此物既与吾人有利害之关系，而吾人欲强离其关系而观之，自非天才，岂易及此？于是天才者出，以其所观于自然人生中者复现之于美术中，而使中智以下之人，亦因其物之与己无关系，而超然于利害之外。是故观物无方，因人而变：濠上之鱼，庄、惠之所乐也，而渔父袭之以网罟；舞雩之木，孔、曾之所憩也，而樵者继之以斤斧。若物非有形，心无所住，则虽殉财之大，贵私之子，宁有对曹霸、韩干之马，而计驰骋之乐；见毕宏、韦偃之松，而思栋梁之用；求好逑于雅典之偶，思税驾于金字之塔者哉？故美术之为物，欲者不观，观者不欲；而艺术之美所以优于自然之美者，全存于使人易忘物我之关系也。

而美之为物有二种：一曰优美，一曰壮美。苟一物焉，与吾人无利害之关系，而吾人之观之也，不观其关系，而但观其物；或吾人之心中，无丝毫生活之欲存，而其观物也，不视为与我有关系之物，而但视为外物，则今之所观者，非昔之所观者也。此时吾心宁静之状态，名之曰优美之情，而谓此物曰优美。若此物大不利于吾人，而吾人生活之意志为之破裂，因之意志遁去，而知力得为独立之作用，以深观其物，吾人谓此物曰壮美，而谓其感情曰壮美之情。普通之美，皆属前种。至于地狱变相之图，决斗垂死之像，庐江小吏之诗，《雁门尚书》之曲，其人固氓庶之所共怜，其遇虽戾夫为之流涕，讵有子颓乐祸之心，宁无尼父反袂之戚，而吾人观之，不厌千复。格代之诗曰：

What in life doth only grieve us .

That in art we gladly see .

（凡人生中足以使人悲者，于美术中则吾人乐而观之。）

此之谓也。此即所谓壮美之情。而其快乐存于使人忘物我之关系，则固与优美无以异也。

至美术中之与二者相反者，名之曰眩惑。夫优美与壮美，皆使吾人离生活之欲，而入于纯粹之知识者。若美术中而有眩惑之原质乎，则又使吾人自纯粹之知识出，而复归于生活之欲。如粔籹蜜饵，《招魂》《七发》之所陈；玉体横陈，周昉、仇英之所绘。《西厢记》之《酬柬》，《牡丹亭》之《惊梦》，伶元之传飞燕，杨慎之赝《秘辛》，徒讽一而劝百，欲止沸而益薪。所以子云有"靡靡"之诮，法秀有"绮语"之诃。虽则梦幻泡影，可作如是观；而拔舌地狱，专为斯人设者矣。故眩惑之于美，如甘之于辛，火之于水，不相并立者也。吾人欲以眩惑之快乐，医人世之苦痛，是犹欲航断港而至海，入幽谷而求明，岂徒无益，而又增之。则岂不以其不能使人忘生活之欲，及此欲与物之关系，而反鼓舞之也哉！眩惑之与优美及壮美相反对，其故实存于此。

今既述人生与美术之概略如左，吾人且持此标准，以观我国之美术。而美术中以诗歌、戏曲、小说为其顶点，以其目的在描写人生故。吾人于是得一绝大著作，曰《红楼梦》。

《红楼梦》之精神

衰伽尔之诗曰:

Ye wise men, highly deeply learned,

Who think it out and know,

How, when and where do all things pair?

Why do they kiss and love

Ye men of lofty wisdom, say

what happened to me then,

Search out and tell me where, how, when,

And why it happened thus.

（嗟汝哲人，靡所不知，靡所不学，既深且跻。粲粲生物，罔不匹俦，各齿厥唇，而相厥攸。匪汝哲人，孰知其故？自何时始，来自何处？嗟汝哲人，渊渊其知。相彼百昌，奚而熙熙？愿言哲人，诏余其故。自何时始，来自何处？）

（译文）

衰伽尔之问题，人人所有之问题，而人人未解决之大问题也。人有恒言曰："饮食男女，人之大欲存焉。"然人七日不食则死，一日不再食则饥。若男女之欲，则于一人之生活上，宁有害无利者也，而百人之欲之也如此何哉？吾人自少壮以后，其过半之光阴，过半之事业，所计划、所勤动者为何事？汉之成、哀，曷为而丧其生？殷辛、周幽，曷为而亡其国？励精如唐玄宗，英武如后唐庄宗，曷为而不善其终？且人生苟为数十年之生活计，则其维持此生活，亦易易耳，曷为而其忧劳之度，倍蓰而未有已？记曰："人不婚宦，情欲失半。"人苟能解此问题，则于人生之知识，思过半矣。而蚩蚩者乃日用而不知，岂不可哀也与！其自哲学上解此问题者，则二千年间，仅有叔本华之《男女之爱之形而上学》耳。诗歌小学之描写此事者，通古今东西，殆不能悉数，然能解决之者鲜矣。《红楼梦》一书，非徒提出此问题，又解决之者也。彼于开卷即下男女之爱之神话的解释，其叙此书之主人公贾宝玉之来历曰：

　　却说女娲氏炼石补天之时，于大荒山无稽崖，炼成高十二丈，见方二十四丈大的顽石三万六千五百零一块。那娲皇只用了三万六千五百块，单单剩下一块未用，弃在青埂峰下。谁知此石自经锻炼之后，灵性已通，自去自来，可大可小。因见众石俱得补天，独自己无才，不得入选，遂自怨自艾，日夜悲哀。

　　　　　　　　　　　　　　　　　　　　（第一回）

　　此可知生活之欲之先人生而存在，而人生不过此欲之发现也。此可知吾人之堕落，由吾人之所欲，而意志自由之罪恶也。夫顽钝者既不幸而为此石矣，又幸而不见用，则何不游于广莫之野，无何有之乡，以自适其适，而必欲入此忧患劳苦之世界，不可谓非此石之大误也。由此一念之误，而遂造出十九年之历史，与百二十回之事实，与茫茫大士，渺渺真人何与？又于第百十七回中，述宝玉与和尚之谈论曰：

　　"弟子请问师父：可是从太虚幻境而来？"那和尚道："什么幻境！不过是来处来，去处去罢了。我是送还你的玉来的。我且问你，那玉是从那里来的？"宝玉一时对答不来。那和尚笑道："你的来路还不知，便来问我！"宝玉本来颖悟，又经点化，早把红尘看破，只是自己的底里未知，一闻那僧问起玉来，好象当头一棒，便说："你也不用银子了，我把那玉还你罢。"那僧笑道："早该还我了！"

　　所谓"自己的底里未知"者，未知其生活乃自己之一念之误，而此念之所自造也。及一闻和尚之言，始知此不幸之生活，由自己之所欲，而其拒绝之也，亦不得由自己，是以有还玉之言。所谓玉者，不过生活之欲之代表而已矣。故携入红尘者，非彼二人之所为，顽石自己而已；引登彼岸者，亦非二人之力，顽石自己而已。此岂独宝玉一人然哉？人类之堕落与解脱，亦视其意志而已。而此生活之意志，其于永远之生活，比个人之生活为尤切；易言以明之，则男女之欲，尤强于饮食之欲。何则？前者无尽的，后者有限的也；前者形而上的，后者形而下的也。又如上章所说生活之于苦痛，二者一而非二，而苦痛之度，与主张生活之欲之度为比例。是故前者之苦痛，尤倍蓰于后者之苦痛。而《红楼梦》一书，实示此生活此苦痛之由于自造，又示其解脱之道不可不由自己求之者也。

而解脱之道，存于出世，而不存于自杀。出世者，拒绝一切生活之欲者也。彼知生活之无所逃于苦痛，而求入于无生之域。当其终也，恒干虽存，固已形如槁木，而心如死灰矣。若生活之欲如故，但不满于现在之生活，而求主张之于异日，则死于此者，固不得不复生于彼，而苦海之流，又将与生活之欲而无穷。故金钏之堕井也，司棋之触墙也，尤三姐、潘又安之自刎也，非解脱也，求偿其欲而不得者也。彼等之所不欲者，其特别之生活，而对生活之为物，则固欲之而不疑也。故此书中真正之解脱，仅贾宝玉、惜春、紫鹃三人耳。而柳湘莲之入道，有似潘又安；芳官之出家，略同于金钏。故苟有生活之欲存乎，则虽出世而无与于解脱；苟无此欲，则自杀小木始非解脱之一者也。如鸳鸯之死，彼固有不得已之境遇在，不然，则惜春、紫鹃之事，固亦其所优为者也。

而解脱之中，又自有二种之别：一存于观他人之苦痛，一存于觉自己之苦痛。然前者之解脱，唯非常之人为能，其高百倍于后者，而其难亦百倍。但由其成功观之，则二者一也。通常之人，其解脱由于苦痛之阅历，而不由于苦痛之知识。唯非常之人，由非常之知力，而洞观宇宙人生之本质，始知生活与苦痛之不能相离，由是求绝其生活之欲，而得解脱之道。然于解脱之途中，彼之生活之欲，犹时时起而与之相抗，而生种种之幻影。所谓恶魔者，不过此等幻影之人物化而已矣。故通常之解脱，存于自己之苦痛。彼之生活之欲，因不得其满足而愈烈，又因愈烈而愈不得其满足，如此循环，而陷于失望之境遇，遂悟宇宙人生之真相，遽而求其息肩之所。彼全变其气质，而超出乎苦乐之外，举昔之所执著者，一旦而舍之。彼以生活为炉，苦痛为炭，而铸其解脱之鼎。彼以疲于生活之欲故，故其生活之欲，不能复起而为之幻影。此通常之人解脱之状态也。前者之解脱，如惜春、紫鹃；后者之解脱，如宝玉。前者之解脱，超自然的也，神明的也；后者之解脱，自然的也，人类的也。前者之解脱，宗教的也；后者美术的也。前者平和的也；后者悲感的也，壮美的也，故文学的也，诗歌的也，小说的也。此《红楼梦》之主人公，所以非惜春、紫鹃，而为贾宝玉者也。

呜呼！宇宙一生活之欲而已。而此生活之欲之罪过，即以生活之苦痛罚之，此即宇宙之永远的正义也。自犯罪，自加罚，自忏悔，自解脱。美术之务，在描写人生之苦痛与其解脱之道，而使吾侪冯生之徒，于此桎梏之世界中，离此生活之欲之争斗，而得其暂时之平和。此一切美术之目的也。夫欧洲近世之文学中，所以推格代之《法斯德》为第一者，以其描写博士法斯德之苦痛，及其解脱之途径，最为精切故也。若《红楼梦》之写宝玉，又岂有以异于彼乎？彼于缠陷最深之中，而已伏解脱之种子，故听《寄生草》之曲，而悟立足之境；读《胠箧》之篇，而作焚花散麝之想，所以未能者，则以黛玉尚在耳。至黛玉死而其志渐决，然尚屡失于宝钗，几败于五儿，屡蹶屡振，而终获最后之胜利。读者观自九十八回以至百二十回之事实，其解脱之行程，精进之历史，明瞭精切何如哉！且法斯德之苦痛，天才之苦痛；宝玉之苦痛，人人所有之苦痛也。其存于人之根柢者为独深，而其希救济也为尤切。作者一一掇拾而发挥之。我辈之读此书者，宜如何表满足感谢之意哉！而吾人于作者之姓名，尚未有确实之知识，岂徒吾侪寡学之羞，亦足以见二百余年来吾人之祖先，封此宇宙之大著述，如何冷淡遇之也。谁使此大著述之作者，不敢自署其名？此可知此书之精神，大背于吾国人之性质，及吾人之沈溺于生活之欲，而乏美术之知识，有如此也。然则予之为此论，亦自知有罪也矣。

《红楼梦》之美学上之价值

如上章之说，吾国人之精神，世间的也，乐天的也，故代表其精神之戏曲小说，无往而不著此乐天之色彩，始于悲者终于欢，始于离者终于合，始于困者终于亨；非是而欲厌阅者之心难矣！若《牡丹亭》之返魂，《长生殿》之重圆，其最著之一例也。《西厢记》之以《惊梦》终也，未成之作也；此书若成，吾乌知其不为《续西厢》之浅陋也？有《水浒传》矣，曷为而又有《荡寇志》？有《桃花扇》矣，曷为而又有《南桃花扇》？有《红楼梦》矣，彼《红楼复梦》《补红楼梦》《续红楼》者，曷为而作也？又曷为而有反对《红楼梦》之《儿女英雄传》？故吾国之文学中，其具厌世解脱之精神者，仅有《桃花扇》与《红楼梦》耳。而《桃花扇》之解脱，非真解脱也。沧桑之变，目击之而身历之，不能自悟，而悟于张道士之一言；且以历数千里、冒不测之险、投缧绁之中所索之女子，才得一面，而以道士之言，一朝而舍之，自非三尺童子，其谁信之哉！故《桃花扇》之解脱，他律的也；而《红楼梦》之解脱，自律的也。且《桃花扇》之作者，但借侯、李之事，以写故国之戚，而非以描写人生为事。故《桃花扇》，政治的也，国民的也，历史的也；《红楼梦》，哲学的也，宇宙的也，文学的也。此《红楼梦》之所以大背于吾国人之精神，而其价值亦即存乎此。彼《南桃花扇》《红楼复梦》等，正代表吾国人乐天之精神者也。

《红楼梦》一书，与一切喜剧相反，彻头彻尾之悲剧也。其大宗旨如上章之所述，读者既知之矣。除主人公不计外，凡此书中之人，有与生活之欲相关系者，无不与苦痛相终始，以视宝琴、岫烟、李纹、李绮等，若藐姑射神人，复乎不可及矣。夫此数人者，曷尝无生活之欲，曷尝无苦痛？而书中既不及写其生活之欲，则其苦痛自不得而写之，足以见二者如骖之靳，而永远的正义，无往不逞其权力也。又吾国之文学，以挟乐天的精神故，故往往说诗歌的正义，善人必令其终，而恶人必离其罚，此亦吾国戏曲小说之特质也。《红楼梦》则不然，赵姨、凤姐之死，非鬼神之罚，彼良心自己之苦痛也。若李纨之受封，彼于《红楼梦》十四曲中，固已明说之曰：

> ［晚韶华］镜里恩情，更那堪梦里功名！那韶华去之何迅，再休题绣帐鸳衾。只这戴珠冠，披凤袄，也抵不了无常性命。虽说是人生莫受老来贫，也须要阴骘积儿孙。气昂昂头戴簪缨，光灿灿胸悬金印，威赫赫爵禄高登，昏惨惨黄泉路近。问古来将相可还存？也只是虚名儿与后人钦敬。
>
> （第五回）

此足以知其非诗歌的正义，而既有世界人生以上，无非永远的正义之所统辖也。故曰《红楼梦》一书，彻头彻尾的悲剧也。

由叔本华之说，悲剧之中，又有三种之别：第一种之悲剧，由极恶之人，极其所有之能力，以交构之者；第二种，由于盲目的运命者；第三种之悲剧，由于剧中之人物之位置及关系而不得不然者，非必有蛇蝎之性质与意外之变故也，但由普遍之人物，普通之境遇，逼之不得不如是，彼等明知其害，交施之而交受之，各加以力而各不任其咎。此种悲剧，其感人贤于前二者远甚。何则？彼示人生最大之不幸，非例外之事，而人生之所固有故也。若前二种之悲剧，吾人对蛇蝎之人物与盲目之命运，未尝不悚然战慄，然以其罕见之故，犹幸吾生之可以免，而不必求息肩之地也。但在第三种，则见此非常之势力，足以破坏人生之福祉者，无时而不可坠于吾前；且此等惨酷之行，不但时时可受诸己，而或可以加诸人，躬丁其酷，而无不平之可鸣，此可谓天下之至惨也。若《红楼梦》，则正第三种之悲剧也。兹就宝玉、黛玉之事言之。贾母爱宝钗之婉嫕，而惩黛玉之孤僻，又信金玉之邪说，而思压宝玉之病；王夫人固亲于薛氏；凤姐以持家之故，忌黛玉之才，而虞其不便于己也；袭人惩尤二姐、香菱之事，闻黛玉"不是东风压西风，就是西风压东风"之语（第八十二回），惧祸之及，而自同于凤姐，亦自然之势也。宝玉之于黛玉，信誓旦旦，而不能言之于最爱之之祖母，则普通之道德使然；况黛玉一女子哉！由此种种原因，而金玉以之合，木石以之离，又岂有蛇蝎之人物，非常之变故，行于其间哉？不过通常之道德，通常之人情，通常之境遇为之而已。由此观之，《红楼梦》者，可谓悲剧中之悲剧也。

由此之故，此书中壮美之部分，较多于优美之部分，而眩惑之原质殆绝焉。作者于开卷即申明之曰：

> 更有一种风月笔墨，其淫秽污臭，最易坏人子弟。至于才人佳人等书，则又开口文君，满篇子建，千部一腔，千人一面，且终不能不涉淫滥。在作者不过欲写出自己两首情诗艳赋来，故假捏出男女二人名姓，又必旁添一小人拨乱其间，如戏中小丑一般。

（此又上节所言之一证）

兹举其最壮美者之一例，即宝玉与黛玉最后之相见一节曰：

> 那黛玉听着傻大姐说宝玉娶宝钗的话，此时心里竟是油儿酱儿糖儿醋儿倒在一处的一般，甜苦酸咸，竟说不上什么味儿来了。……自己转身要回潇湘馆去，那身子竟有千百斤重的，两只脚却像踏着棉花一般，早已软了，只得一步一步慢慢的走将下来。走了半天，还没到沁芳桥畔，脚下愈加软了。走的慢，且又迷迷痴痴，信着脚从那边绕过来，更添了两箭地路。这时刚到沁芳桥畔，却又不知不觉的顺着堤往向里走起来。紫

鹃取了绢子来，却不见黛玉。正在那里看时，只见黛玉颜色雪白，身子恍恍荡荡的，眼睛也直直的，在那里东转西转，……只得赶过来轻轻的问道："姑娘怎么又回去？是要往哪里去？"黛玉也只模糊听见，随口答道："我问问宝玉去。"……紫鹃只得挽他进去。那黛玉却又奇怪了，这时不似先前那样软了，也不用紫鹃打帘子，自己掀起帘子进来。……见宝玉在那里坐着，也不起来让坐，只瞧着嘻嘻的呆笑。黛玉自己坐下，却也瞧着宝玉笑。两个也不问好，也不说话，也无推让，只管对着脸呆笑起来。忽然听着黛玉说道："宝玉！你为什么病了？"宝玉笑道："我为林姑娘病了。"袭人、紫鹃两个，吓得面目改色，连忙用言语来岔。两个却又不答言，仍旧呆笑起来。……紫鹃挽起黛玉，那黛玉也就站起来，瞧着宝玉，只管笑，只管点头儿。紫鹃又催道；"姑娘回家去歇歇罢"。黛玉道："可不是，我这就是回去的时候儿了！"说着，便回身笑着出来了。仍旧不用丫头们挽扶，自己却走得比往常飞快。

（第九十六回）

如此之文，此书中随处有之，其动吾人之感情何如！凡稍有审美的嗜好者，无人不经验之也。

《红楼梦》之为悲剧也如此。昔雅里大德勒于《诗论》中，谓悲剧者，所以感发人之情绪而高上之，殊如恐惧与悲悯之二者，为悲剧中固有之物，由此感发，而人之精神于焉洗涤。故其目的，伦理学上之目的也。叔本华置诗歌于美术之顶点，又置悲剧于诗歌之顶点，而于悲剧之中，又特重第三种，以其示人生之真相，又示解脱之不可已故。故美学上最终之目的，与伦理学上最终之目的合。由是《红楼梦》之美学上之价值，亦与其伦理学上之价值相联络也。

《红楼梦》之伦理学上之价值

自上章观之,《红楼梦》者,悲剧中之悲剧也。其美学上之价值,即存乎此。然使无伦理学上之价值以继之,则其于美术上之价值,尚未可知也。今使为宝玉者,于黛玉既死之后,或感愤而自杀,或放废以终其身,则虽谓此书一无价值可也。何则?欲达解脱之域者,固不可不尝人世之忧患,然所贵乎忧患者,以其为解脱之手段故,非重忧患自身之价值也。今使人日日居忧患言忧患,而无希求解脱之勇气,则天国与地狱,彼两失之;其所领之境界,除阴云蔽天,沮洳弥望外,固无所获焉。黄仲则《绮怀》诗曰:

> 如此星辰非昨夜,为谁风露立中宵。

又其卒章曰:

> 结束铅华归少作,屏除丝竹入中年;
> 茫茫来日愁如海,寄语羲和快着鞭。

其一例也。《红楼梦》则不然,其精神之存于解脱,如前二章所说,兹固不俟喋喋也。

然则解脱者,果足为伦理学上最高之理想否乎?自通常之道德观之,夫人知其不可也。夫宝玉者,固世俗所谓绝父子、弃人伦、不忠不孝之罪人也。然自太虚中有今日之世界,自世界中有今日之人类,乃不得不有普通之道德,以为人类之法则。顺之者安,逆之者危;顺之者存,逆之者亡。于今日之人类中,吾固不能不认普通之道德之价值也。然所以有世界人生者,果有合理的根据欤?抑出于盲目的动作,而别无意义存乎其间欤?使世界人生之存在,而有合理的根据,则人生中所有普通之道德,谓之绝对的道德可也。然吾人从各方面观之,则世界人生之所以存在，实由吾人类之祖先一时之误谬。诗人之所悲歌，哲学者之所暝想，与夫古代诸国民之传说，若出一揆。若第二章所引《红楼梦》第一回之神话的解释，亦于无意识中暗示此理，较之《创世记》所述人类犯罪之历史，尤为有味者也。夫人之有生，既为鼻祖之误谬矣，则夫吾人之同胞，凡为此鼻祖之子孙者，苟有一人焉，未入解脱之域，则鼻祖之罪，终无时而赎，而一时之误谬，反覆至数千万年而未有已也；则夫绝弃人伦如宝玉其人者，自普通之道德言之，固无所辞其不忠不孝之罪，若开天眼而观之，则彼固可谓干父之蛊者也。知祖父之误谬，而不忍反覆之以重其罪，顾得谓之不孝哉？然则宝玉"一子出家，七祖升天"之说，诚有见乎所谓孝者，在此不在彼，非徒自辩护而已。

然则举世界之人类，而尽入于解脱之域，则所谓宇宙者，不诚无物也欤？然有无之说，盖难言之矣。夫以人生之无常，而知识之不可恃，安知吾人之所谓有，非所谓真有者乎？则自其反而言之，又安知吾人之所谓无，非所谓真无者乎？即真无矣，而使吾人自空乏与满足、希望与恐怖之中出，而获永远息肩之所，不犹愈于世之所谓有者乎？然则吾人之畏无也，与小儿之畏暗黑何以异？自已解脱者观之，安知解脱之后，山川之美，日月之华，不有过于今日之世界者乎？读《飞鸟各投林》之曲，所谓"一片白茫茫大地真干净"者，有欤无欤？吾人且勿问，但立乎今日之人生而观之，彼诚有味乎其言之也。

难者又曰：人苟无生，则宇宙间最可宝贵之美术，不亦废欤？曰：美术之价值，对现在之世界人生而起者，非有绝对的价值也；其材料取诸人生，其理想亦视人生之缺陷逼仄，而趋于其反对之方面。如此之美术，唯于如此之世界，如此之人生中，始有价值耳。今设有人焉，自无始以来，无生死，无苦乐，无人世之挂碍，而唯有永远之知识，则吾人所宝为无上之美术，自彼视之，不过蚊鸣蝉噪而已。何则？美术上之理想，固彼之所自有；而其材料，又彼之所未尝经验故也。又设有人焉，备尝人世之苦痛，而已入于解脱之域，则美术之于彼也，亦无价值。何则？美术之价值，存于使人离生活之欲，而入于纯粹之知识。彼既无生活之欲矣，而复进之以美术，是犹馈壮夫以药石，多见其不知量而已矣。然而超今日之世界人生以外者，于美术之存亡，固自可不必问也。

夫然，故世界之大宗教，如印度之婆罗门教及佛教，希伯来之基督教，皆以解脱为唯一之宗旨。哲学家如古代希腊之柏拉图，近世德意志之叔本华，其最高之理想，亦存于解脱。殊如叔本华之说，由其深邃之知识论、伟大之形而上学出，一扫宗教之神话的面具，而易以名学之论法，其真挚之感情与巧妙之文字，又足以济之，故其说精密确实，非如古代之宗教及哲学说，徒属想像而已。然事不厌其求详，姑以生平所疑者商榷焉。夫由叔氏之哲学说，则一切人类及万物之根本，一也。故充叔氏拒绝意志之说，非一切人类及万物，各拒绝其生活之意志，则一人之意志，亦不可得而拒绝。何则？生活之意志之存于我者，不过其一最小部分，而其大部分之存于一切人类及万物者，皆与我之意志同。而此物我之差别，仅由于吾人知力之形式，故离此知力之形式，而反其根本而观之，则一切人类及万物之意志，皆我之意志也。然则拒绝吾一人之意志，而姝姝自悦曰解脱，是何异决蹄跨之水，而注之沟壑，而曰天下皆得平土而居之哉！佛之言曰："若不尽度众生，誓不成佛。"其言犹若有能之而不欲之意。然自吾人观之，此岂徒能之而不欲哉！将毋欲之而不能也。故如叔本华之言一人之解脱，而未言世界之解脱，实与其意志同一之说不能两立者也。叔氏无意识中亦触此疑问，故于其《意志及观念之世界》之第四编之末，力护其说曰：

> 人之意志，于男女之欲，其发现也为最著。故完全之贞操，乃拒绝意志，即解脱之第一步也。夫自然中之法则，固自最确实者。使人人而行此格言，则人类之灭绝，自可立而待。至人类以降之动物，其解脱与坠落，亦当视人类以为准。《吠陁》之经典曰："一切众生之待圣人，如饥儿之望慈父母也。"基督教中亦有此思想。珊列休斯于其《人持一切物归于上帝》之小诗中曰："嗟汝万物灵，有生皆爱汝。总总环汝旁，如儿

索母乳。携之适天国，惟汝力是怙。"德意志之神秘学者马斯太哀克赫德亦云："《约翰福音》云：余之离世界也，将引万物而与我俱。基督岂欺我哉！夫善人固将持万物而归之于上帝，即其所从出之本者也。今夫一切生物，皆为人而造，又各自相为用；牛羊之于水草，鱼之于水，鸟之于空气，野兽之于林莽皆是也。一切生物皆上帝所造，以供善人之用，而善人携之以归上帝。"彼意盖谓人之所以有用动物之权利者，实以能救济之之故也。

于佛教之经典中，亦说明此真理。方佛之尚为菩提萨埵也，自王宫逸出面入深林时，彼策其马而歌曰："汝久疲于生死兮，今将息此任载。负余躬以遐举兮，继今日而无再。苟彼岸其余达兮，余将徘徊以汝待。"（《佛国记》）此之谓也。

（英译《意志及观念之世界》第一册第四百九十二页。）

然叔氏之说，徒引据经典，非有理论的根据也。试问释迦示寂以后，基督尸十字架以来，人类及万物之欲生奚若？其痛若又奚若？吾知其不异于昔也。然则所谓持万物而归之上帝者，其尚有所待欤？抑徒沾沾自喜之说，而不能见诸实事者欤？果如后说，则释迦、基督自身之解脱与否，亦尚在不可知之数也。往者作一律曰：

生平颇忆挈庐敖，东过蓬莱浴海涛。何处云中闻犬吠，至今湖畔尚乌号。人间地狱真无间，死后泥洹枉自豪。终古众生无度日，世尊祇合老尘嚣。

何则？小宇宙之解脱，视大宇宙之解脱以为准故也。赫尔德曼人类涅槃之说，所以起而补叔氏之缺点者以此。要之，解脱之足以为伦理学上最高之理想与否，实存于解脱之可能与否。若夫普通之论难，则固如楚楚蜉蝣，不足以撼十围之大树也。

今使解脱之事，终不可能，然一切伦理学上之理想，果皆可能也欤？今夫与此无生主义相反者，生生主义也。夫世界有限，而生人无穷。以无穷之人，生有限之世界，必有不得遂其生者矣。世界之内，有一人不得遂其生者，固生生主义之理想之所不许也。故由生生主义之理想，则欲使世界生活之量，达于极大限，则人人生活之度，不得不达于极小限。盖度与量二者，实为一精密之反比例，所谓最大多数之最大福祉者，亦仅归于伦理学者之梦想而已。夫以极大之生活量，而居于极小之生活度，则生活之意志之拒绝也奚若？此生生主义与无生主义相同之点也。苟无此理想，则世界之内，弱之肉，强之食，一任诸天然之法则耳，奚以伦理为哉？然世人日言生生主义，而此理想之达于何时，则尚在不可知之数。要之，理想者，可近而不可即，亦终古不过一理想而已矣。人知无生主义之理想之不可能，而自忘其主义之理想之何若，此则大不可解脱者也。

夫如是，则《红楼梦》之以解脱为理想者，果可菲薄也欤？夫以人生忧患之如彼，而劳苦之如此，苟有血气者，未有不渴慕救济者也；不求之于实行，犹将求之于美术。独《红楼梦》者，同时与吾人以二者之救济。人而自绝于救济则已耳；不然，则对此宇宙之大著述，宜如何企踵而欢迎之也！

余 论

自我朝考证之学盛行，而读小说者，亦以考证之眼读之。于是评《红楼梦》者，纷然索此书之主人公之为谁，此又甚不可解者也。夫美术之所写者，非个人之性质，而人类全体之性质也。惟美术之特质，贵具体而不贵抽象。于是举人类全体之性质，置诸个人之名字之下。譬诸副墨之子，洛诵之孙，亦随吾人之所好名之而已。善于观物者能就个人之事实，而发见人类全体之性质。今对人类之全体，而必规规焉求个人以实之，人之知力相越，岂不远哉！故《红楼梦》之主人公，谓之贾宝玉可，谓之"子虚""乌有"先生可，即谓之纳兰容若，谓之曹雪芹，亦无不可也。

综观评此书者之说，约有二种：一谓述他人之事，一谓作者自写其生平也。第一说中，大抵以贾宝玉为即纳兰性德，其说要非无所本。案性德《饮水诗集·别意》六首之三曰：

独拥余香冷不胜，残更数尽思腾腾。今宵便有随风梦，知在红楼第几层？

又《饮水词》中《于中好》一阕云：

别绪如丝睡不成，那堪孤枕梦边城。因听紫塞三更雨，却忆红楼半夜灯。

又《减字木兰花》一阕咏新月云：

莫教星替，守取团圆终必遂。此夜红楼，天上人间一样愁。

"红楼"之字凡三见，而云"梦红楼"者一。又其亡妇忌日，作《金缕曲》一阕，其首三句云：

此恨何时已，滴空阶寒更雨歇，葬花天气。

"葬花"二字，始出于此。然则《饮水集》与《红楼梦》之间，稍有文字之关系，世人以宝玉为即纳兰侍卫者，殆由于此。然诗人与小说家之用语，其偶合者固不少。苟执此例以求《红楼梦》之主人公，吾恐其可以傅合者，断不止容若一人而已。若夫作者之姓名（遍考各书，未见曹雪芹何名。）与作书之年月，其为读此书者所当知，似更比主人公之姓名为尤要，顾无一人为之考证者，此则大不可解者也。

至谓《红楼梦》一书，为作者自道其生平者，其说本于此书第一回"竟不如我亲见亲闻的几个女子"一语。信如此说，则唐旦之《天国喜剧》可谓无独有偶者矣。然所谓亲见亲闻者，亦可自旁观者之口言之，未必躬为剧中之人物。如谓书中种种境界，种种人物，非局中人不能道，则是《水浒传》之作者必为大盗，《三国演义》之作者必为兵家，此又大不然之说也。且此问题，实为美术之渊源之问题相关系。如谓美术上之事，非局中人不能道，则其渊源必全存于经验而后可。夫美术之源，出于先天，抑由于经验，此西洋美学上至大之问题也。叔本华之论此问题也，最为透辟。兹援其说，以结此论。其言（此论本为绘画及雕刻发，然可通之于诗歌小说。）曰：

　　人类之美之产于自然中者，必由下文解释之，即意志于其客观化之最高级（人类）中，由自己之力与种种之情况，而打胜下级（自然力）之抵抗，以占领其物质。且意志之发现于高等之阶级也，其形式必复杂。即以一树言之，乃无数之细胞，合而成一系统者也。其阶级愈高，其结合愈复。人类之身体，乃最复杂之系统也，各部分各有一特别之生活，其对全体也，则为隶属；其互相对也，则为同僚；互相调和，以为其全体之说明，不能增也，不能减也。能如此者，则谓之美。此自然中不得多见者也。顾美之于自然中如此，于美术中则何如？或有以美术家为模仿自然者。然彼苟无美之预想存于经验之前，则安从取自然中完全之物而模仿之，又以之与不完全者相区别哉？且自然亦安得时时生一人焉，于其各部分皆完全无缺哉？或又谓美术家必先于人之肢体中，观美丽之各部分，而由之以构成美丽之全体。此又大愚不灵之说也。即令如此，彼又何自知美丽之在此部分而非彼部分哉？故美之知识，断非自经验的得之，即非后天的而常为先天的；即不然，亦必其一部分常为先天的也。吾人于观人类之美后，始认其美；但在真正之美术家，其认识之也，极其明速之度，而其表出之也，胜乎自然之为。此由吾人之自身即意志，而于此所判断及发见者，乃意志于最高级之完全之客观化也。唯如是，吾人斯得有美之预想。而在真正之天才，于美之预想外，更伴以非常之巧力。彼于特别之物中，认全体之理念，遂解自然之嗫嚅之言语而代言之，即以自然所百计而不能产出之美，现之于绘画及雕刻中，而若语自然曰：此即汝之所欲言而不得者也。苟有判断之能力者，必将应之曰是。唯如是，故希腊之天才，能发见人类之美之形式，而永为万世雕刻家之模范。唯如是，故吾人对自然于特别之境遇中所偶然成功者，而得认其美。此美之预想，乃自先天中所知者，即理想的也；比其现于美术也，则为实际的。何则？此与后天中所与之自然物相合故也。如此，美术家先天中有美之预想，而批评家于后天中认识之，此由美术家及批评家，乃自然之自身之一部，而意志于此客观化者也。哀姆攀独克尔曰："同者唯同者知之。"故唯自然能知自然，唯自然能言自然，则美术家有自然之美之预想，固自不足怪也。

芝诺芬述苏格拉底之言曰："希腊人之发见人类之美之理想也由于经验，即集合种种美丽之部分，而于此发见一膝，于彼发见一臂。"此大谬之说也。不幸而此说又蔓延于诗歌中。即以狭斯丕尔言之，谓其戏曲中所描写之种种之人物，乃其一生之经验中所观察者，而极其全力以模写之者也。然诗人由人性之预想而作戏曲、小说，与美术家之由美之预想而作绘画及雕刻无以异。唯两者于其创作之途中，必须有经验以为之补助。夫然，故其先天中所已知者，得唤起而入手明晰之意识而后表出之，事乃可得而能也。

（叔氏《意志及观念之世界》第一册第二百八十五页至二百八十九页）

由此观之，则谓《红楼梦》中所有种种之人物、种种之境遇，必本于作者之经验，则雕刻与绘画家之写人之美也，必此取一膝、彼取一臂而后可，其是与非，不待知者而决矣。读者苟玩前数章之说，而知《红楼梦》之精神与其美学、伦理学上之价值，则此种议论自可不生。苟知美术之大有造于人生，而《红楼梦》自足为我国美术上之唯一大著述，则其作者之姓名与其著书之年月，固当为唯一考证之题目。而我国人之所聚讼者，乃不在此而在彼，此足以见吾国人之对此书之兴味之所在，自在彼而不在此也。故为破其惑如此。

（原载《教育世界》杂志 1904 年。）

屈子文学之精神

我国春秋以前，道德政治上之思想可分之为二派：一帝王派，一非帝王派。前者称道尧、舜、禹、汤、文、武，后者则称其学出于上古之隐君子（如庄周所称广成子之类），或托之于上古之帝王。前者近古学派，后者远古学派也；前者贵族派，后者平民派也；前者入世派，后者遁世派（非真遁世派，知其主义之终不能行于世，而遁焉者也）也；前者热性派，后者冷性派也；前者国家派，后者个人派也；前者大成于孔子、墨子，而后者大成于老子（老子，楚人，在孔子后，与孔子问礼之老聃系二人。说见汪容甫《述学·老子考异》），故前者北方派，后者南方派也。此二派者，其主义常相反对，而不能相调和，观孔子与接舆、长沮、桀溺、荷蓧丈人之关系，可知之矣。战国后之诸学派，无不直接出于此二派，或出于混合此二派，故虽谓吾国固有之思想不外此二者可也。

夫然，故吾国之文学，亦不外发表二种之思想。然南方学派则仅有散文的文学，如《老子》《庄》《列》是已。至诗歌的文学，则为北方学派之所专有。《诗三百篇》大抵表北方学派之思想者也，虽其中如《考槃》《衡门》等篇，略近南方之思想，然北方学者所谓"用之则行，舍之则藏"，"有道则见，无道则隐"者，亦岂有异于是哉？故此等谓之南北公共之思想则可，必非南方思想之特质也。然则诗歌的文学，所以独出于北方之学派中者，又何故乎？

诗歌者，描写人生者也（用德国大诗人希尔列尔之定义）。此定义未免太狭，今更广之曰描写自然及人生，可乎？然人类之兴味，实先人生而后自然，故纯粹之模山范水、流连光景之作，自建安以前，殆未之见。而诗歌之题目，皆以描写自己之感情为主。其写景物也，亦必以自己深邃之感情为之素地，而始得于特别之境遇中，用特别之眼观之。故古代之诗所描写者，特人生之主观的方面；而对人生之客观的方面，及纯处于客观界之自然，断不能以全力注之也。故对古代之诗，前之定义宁苦其广，而不苦其隘也。

诗之为道，既以描写人生为事，而人生者，非孤立之生活，而在家族、国家及社会中之生活也。北方派之理想，置于当日之社会中；南方派之理想，则树于当日之社会外。易言以明之，北方派之理想，在改作旧社会；南方派之理想，在创造新社会。然改作与创造，皆当日社会之所不许也。南方之人，以长于思辩，而短于实行，故知实践之不可能，而即于其理想中求其安慰之地，故有遁世无闷，嚣然自得以没齿者矣。若北方之人，则往往以坚忍之志，强毅之气，持其改作之理想，以与当日之社会争；而社会之仇视之也，亦与其仇视南方学者无异，或有甚焉。故彼之视社会也，一时以为寇，一时以为亲，如此循环，而遂生欧穆亚（Humour）之人生观。《小雅》中之杰作，皆此种竞争之产物也。且北方之人，不为离世绝俗之举，而日周旋于君臣、父子、夫妇之间，此等在在界以诗歌之题目，与以作诗之动机。此诗歌的文学，所以独产于北方学派中，而无与于南方学派者也。

然南方文学中，又非无诗歌的原质也。南人想象力之伟大丰富，胜于北人远甚。彼等巧于比类，而善于滑稽，故言大则有若北溟之鱼，语小则有若蜗角之国；语久则大椿冥灵，语短则蟪蛄朝菌；至于襄城之野，七圣皆迷；汾水之阳，四子独往，此种想象决不能于北方文学中发见之。故《庄》《列》书中之某部分，即谓之散文诗，无不可也。夫儿童想象力之活泼，此人人公认之事实也，国民文化发达之初期亦然，古代印度及希腊之壮丽之神话，皆此等想象之产物。以我中国论，则南方之文化发达较后于北方，则南人之富于想象，亦自然之势也。此南方文学中之诗歌的特质之优于北方文学者也。

由此观之，北方人之感情，诗歌的也，以不得想象之助，故其所作遂止于小篇；南方人之想象，亦诗歌的也，以无深邃之感情之后援，故其想象亦散漫而无所丽，是以无纯粹之诗歌。而大诗歌之出，必须俟北方人之感情与南方人之想象合而为一，即必通南北之驿骑而后可，斯即屈子其人也。

屈子南人而学北方之学者也。南方学派之思想，本与当时封建贵族之制度不能相容。故虽南方之贵族，亦常奉北方之思想焉。观屈子之文，可以征之。其所称之圣王，则有若高辛、尧、舜、禹、汤、少康、武丁、文、武，贤人则有若皋陶、挚说、彭、咸（谓彭祖、巫咸，商之贤臣也，与"巫咸将夕降兮"之巫咸，自是二人，《列子》所谓"郑有神巫，名季咸"者也）、比干、伯夷、吕望、宁戚、百里、介推、子胥，暴君则有若夏启、羿、浞、桀、纣，皆北方学者之所常称道，而于南方学者所称黄帝、广成等不一及焉。虽《远游》一篇，似专述南方之思想，然此实屈子愤激之词，如孔子之居夷浮海，非其志也。《离骚》之卒章，其旨亦与《远游》同，然卒曰："陟升皇之赫戏兮，忽临睨夫旧乡。仆夫悲余马怀兮，蜷局顾而不行。"《九章》中之《怀沙》，乃其绝笔，然犹称重华、汤、禹，足知屈子固彻头彻尾抱北方之思想，虽欲为南方之学者，而终有所不慊者也。

屈子之自赞曰"廉贞"。余谓屈子之性格，此二字尽之矣。其廉固南方学者之所优为，其贞则其所不屑为，亦不能为者也。女嬃之詈，巫咸之占，渔父之歌，皆代表南方学者之思想，然皆不足以动屈子。而知屈子者，唯詹尹一人。盖屈子之于楚，亲则肺腑，尊则大夫，又尝管内政外交上之大事矣，其于国家既同累世之休戚，其于怀王又有一日之知遇，一疏再放，而终不能易其志，于是其性格与境遇相待，而使之成一种之欧穆亚。《离骚》以下诸作，实此欧穆亚所发表者也。使南方之学者处此，则贾谊（《吊屈原文》）、扬雄（《反离骚》）是，而屈子非矣。此屈子之文学，所负于北方学派者也。

然就屈子文学之形式言之，则所负于南方学派者，抑又不少。彼之丰富之想象力，实与《庄》《列》为近。《天问》《远游》凿空之谈，求女谬悠之语，庄语之不足，而继之以谐，于是思想之游戏，更为自由矣。变《三百篇》之体而为长句，变短什而为长篇，于是感情之发表，更为宛转矣。此皆古代北方文学之所未有，而其端自屈子开之。然所以驱使想象而成此大文学者，实由其北方之肫挚的性格。此庄周等之所以仅为哲学家，而周秦间之大诗人，不能不独数屈子也。

要之，诗歌者，感情的产物也。虽其中之想象的原质（即知力的原质），亦须有肫挚之感情为之素地，而后此原质乃显。故诗歌者，实北方文学之产物，而非僵薄冷淡之夫所能托也。观后世之诗人，若渊明，若子美，无非受北方学派之影响者，岂独一屈子然哉！岂独一屈子然哉！

（原载《教育世界》杂志 1906 年。）

屈子文学之精神

169

人间词话定稿

一

词以境界为最上。有境界则自成高格，自有名句。五代北宋之词所以独绝者在此。

二

有造境，有写境，此理想与写实二派之所由分。然二者颇难分别。因大诗人所造之境，必合乎自然，所写之境，亦必邻于理想故也。

三

有有我之境，有无我之境。"泪眼问花花不语，乱红飞过秋千去。""可堪孤馆闭春寒，杜鹃声里斜阳暮。"有我之境也。"采菊东篱下，悠然见南山。""寒波澹澹起，白鸟悠悠下。"无我之境也。有我之境，以我观物，故物皆著我之色彩。无我之境，以物观物，故不知何者为我，何者为物。古人为词，写有我之境者为多，然未始不能写无我之境，此在豪杰之士能自树立耳。

四

无我之境，人惟于静中得之。有我之境，于由动之静时得之。故一优美，一宏壮也。

五

自然中之物，互相关系，互相限制。然其写之于文学及美术中也，必遗其关系，限制之处。故虽写实家，亦理想家也。又虽如何虚构之境，其材料必求之于自然，而其构造，亦必从自然之法则。故虽理想家，亦写实家也。

六

境非独谓景物也。喜怒哀乐，亦人心中之一境界。故能写真景物，真感情者，谓之有境界。否则谓之无境界。

七

"红杏枝头春意闹"，著一"闹"字，而境界全出。"云破月来花弄影"，著一"弄"字，而境界全出矣。

八

境界有大小，不以是而分优劣。"细雨鱼儿出，微风燕子斜"何遽不若"落日照大旗，马鸣风萧萧"。"宝帘闲挂小银钩"何遽不若"雾失楼台，月迷津渡"也。

九

严沧浪《诗话》谓："盛唐诸公，唯在兴趣。羚羊挂角，无迹可求。故其妙处，透彻玲珑，不可凑泊。如空中之音、相中之色、水中之月、镜中之象，言有尽而意无穷。"余谓：北宋以前之词，亦复如是。然沧浪所谓兴趣，阮亭所谓神韵，犹不过道其面目，不若鄙人拈出"境界"二字，为探其本也。

一〇

太白纯以气象胜。"西风残照，汉家陵阙。"寥寥八字，遂关千古登临之口。后世唯范文正之渔家傲，夏英公之喜迁莺，差足继武，然气象已不逮矣。

十一

张皋文谓："飞卿之词，深美闳约。"余谓：此四字唯冯正中足以当之。刘融齐谓："飞卿精妙绝人。"差近之耳。

十二

"画屏金鹧鸪"，飞卿语也，其词品似之。"弦上黄莺语"，端己语也，其词品亦似之。正中词品，若欲于其词句中求之，则"和泪试严妆"，殆近之欤?

十三

南唐中主词："菡萏香销翠叶残，西风愁起绿波间。"大有众芳芜秽，美人迟暮之感。乃古今独赏其"细雨梦回鸡塞远，小楼吹彻玉笙寒。"故知解人正不易得。

十四

温飞卿之词，句秀也。韦端己之词，骨秀也。李重光之词，神秀也。

十五

词至李后主而眼界始大，感慨遂深，遂变伶工之词而为士大夫之词。周介存置诸温韦之下，可谓颠倒黑白矣。"自是人生长恨水长东""流水落花春去也，天上人间"，《金荃》《浣花》，能有此气象耶?

十六

词人者，不失其赤子之心者也。故生于深宫之中，长于妇人之手，是后主为人君所短处，亦即为词人所长处。

十七

客观之诗人，不可不多阅世。阅世愈深，则材料愈丰富，愈变化，《水浒传》《红楼梦》之作者是也。主观之诗人，不必多阅世。阅世愈浅，则性情愈真，李后主是也。

十八

尼采谓："一切文学，余爱以血书者。"后主之词，真所谓以血书者也。宋道君皇帝《燕山亭》词亦略似之。然道君不过自道生世之戚，后主则俨有释迦、基督担荷人类罪恶之意，其大小固不同矣。

十九

冯正中词虽不失五代风格，而堂庑特大，开北宋一代风气。与中后二主词皆在《花间》范围之外，宜《花间集》中不登其只字也。

二〇

正中词除《鹊踏枝》《菩萨蛮》十数阕最煊赫外，如《醉花间》之

"高树鹊衔巢，斜月明寒草"，余谓韦苏州之"流萤渡高阁"、孟襄阳之"疏雨滴梧桐"不能过也。

二一

欧九《浣溪沙》词："绿杨楼外出秋千。"晁补之谓：只一"出"字，便后人所不能道。余谓：此本于正中《上行杯》词"柳外秋千出画墙"，但欧语尤工耳。

二二

梅圣俞《苏幕遮》词："落尽梨花春事又了。满地斜阳，翠色和烟老。"刘融斋谓：少游一生似专学此种。余谓：冯正中《玉楼春》词："芳菲次第长相续，自是情多无处足。尊前百计得春归，莫为伤春眉黛促。"永叔一生似专学此种。

二三

人知和靖《点绛唇》、圣俞《苏幕遮》、永叔《少年游》三阕为咏春草绝调。不知先有正中"细雨湿流光"五字，皆能摄春草之魂者也。

二四

《诗·蒹葭》一篇，最得风人深致。晏同叔之"昨夜西风凋碧树。独上高楼，望尽天涯路。"意颇近之。但一洒落，一悲壮耳。

二五

"我瞻四方，蹙蹙靡所骋。"诗人之忧生也。"昨夜西风凋碧树。独上高楼，望尽天涯路"似之。"终日驰车走，不见所问津。"诗人之忧世也。"百草千花寒食路，香车系在谁家树"似之。

二六

古今之成大事业、大学问者，必经过三种之境界："昨夜西风凋碧树。独上高楼，望尽天涯路。"此第一境也。"衣带渐宽终不悔，为伊消得人憔悴。"此第二境也。"众里寻他千百度，蓦然回首，那人却在，灯火阑珊处。"此第三境也。此等语皆非大词人不能道。然遽以此意解释诸词，恐为晏欧诸公所不许也。

二七

永叔"人生自是有情痴，此恨不关风与月。""直须看尽洛城花，始共春风容易别。"于豪放之中有沈著之致，所以尤高。

二八

冯梦华《宋六十一家词选序例》谓："淮海小山，古之伤心人也。其淡语皆有味，浅语皆有致。"余谓此唯淮海足以当之。小山矜贵有余，但方可驾子野方回，未足抗衡淮海也。

二九

少游词境最为凄婉。至"可堪孤馆闭春寒，杜鹃声里斜阳暮。"则变而凄厉矣。东坡赏其后二语，犹为皮相。

三〇

"风雨如晦，鸡鸣不已""山峻高以蔽日兮，下幽晦以多雨；霰雪纷其无垠兮，云霏霏而承宇""树树皆秋色，山山唯落晖""可堪孤馆闭春寒，杜鹃声里斜阳暮"，气象皆相似。

三一

昭明太子称：陶渊明诗"跌宕昭彰，独超众类。抑扬爽朗，莫之于京。"王无功称：薛收赋"韵趣高奇，词义晦远。嵯峨萧瑟，真不可言。"词中惜少此二种气象，前者唯东坡，后者唯白石，略得一二耳。

三二

词之雅郑，在神不在貌。永叔少游虽作艳语，终有品格。方之美成，便有淑女与倡伎之别。

三三

美成深远之致不及欧秦。唯言情体物，穷极工巧，故不失为第一流之作者。但恨创调之才多，创意之才少耳。

三四

词忌用替代字。美成《解语花》之"桂华流瓦"，境界极妙。惜以"桂华"二字代"月"耳。梦窗以下，则用代字更多。其所以然者，非意不足，则语不妙也。盖意足则不暇代，语妙则不必代。此少游之"小楼连苑""绣毂雕鞍"，所以为东坡所讥也。

三五

沈伯时《乐府指迷》云："说桃不可直说破桃，须用'红雨''刘郎'等字。咏柳不可直说破柳，须用'章台''灞岸'等字。"若惟恐人不用代字者。果以是为工，则古今类书具在，又安用词为耶？宜其为《提要》所讥也。

三六

美成《苏幕遮》词："叶上初阳干宿雨。水面清圆，一一风荷举。"此真能得荷之神理者。觉白石《念奴娇》《惜红衣》二词，犹有隔雾看花之恨。

三七

东坡《水龙吟》咏杨花，和均而似元唱。章质夫词，元唱而似和均。才之不可强也如是！

三八

咏物之词，自以东坡《水龙吟》最工，邦卿《双双燕》次之。白石《暗香》《疏影》，格调虽高，然无一语道着，视古人"江边一树垂垂发"等句何如耶？

三九

白石写景之作，如"二十四桥仍在，波心荡、冷月无声""数峰清苦，商略黄昏雨""高树晚蝉，说西风消息"虽格韵高绝，然如雾里看花，终隔一层。梅溪、梦窗诸家写景之病，皆在一"隔"字。北宋风流，渡江遂绝。抑真有运会存乎其间耶？

四〇

问"隔"与"不隔"之别，曰：陶谢之诗不隔，延年则稍隔矣。东坡之诗不隔，山谷则稍隔矣。"池塘生春草""空梁落燕泥"等二句，妙处唯在不隔，词亦如是。即以一人一词论，如欧阳公《少年游》咏春草上半阕云："阑干十二独凭春，晴碧远连云。千里万里，二月三月，行色苦愁人。"语语都在目前，便是不隔。至云："谢家池上，江淹浦畔。"则隔矣。白石《翠楼吟》："此地。宜有词仙，拥素云黄鹤，与君游戏。玉梯凝望久，叹芳草、萋萋千里。"便是不隔。至"酒祓清愁，花消英气"，则隔矣。然南宋词虽不隔处，比之前人，自有浅深厚薄之别。

四一

"生年不满百，常怀千岁忧。昼短苦夜长，何不秉烛游？""服食求神仙，多为药所误。不如饮美酒，被服纨与素。"写情如此，方为不隔。"采菊东篱下，悠然见南山。山气日夕佳，飞鸟相与还。""天似穹庐，笼盖四野。天苍苍，野茫茫，风吹草低见牛羊。"写景如此，方为不隔。

四二

古今词人格调之高，无如白石。惜不于意境上用力，故觉无言外之味，弦外之响。终不能与于第一流之作者也。

四三

南宋词人，白石有格而无情，剑南有气而乏韵。其堪与北宋人颉颃者，唯一幼安耳。近人祖南宋而祧北宋，以南宋之词可学，北宋不可学也。学南宋者，不祖白石，则祖梦窗，以白石、梦窗可学，幼安不可学也。学幼安者率祖其粗犷、滑稽，以其粗犷、滑稽处可学，佳处不可学也。幼安之佳处，在有性情，有境界。即以气象论，亦有"横素波、干青云"之概，宁后世龌龊小生所可拟耶？

四四

东坡之词旷，稼轩之词豪。无二人之胸襟而学其词，犹东施之效捧心也。

四五

读东坡、稼轩词，须观其雅量高致，有伯夷、柳下惠之风。白石虽似蝉脱尘埃，然终不免局促辕下。

四六

苏辛，词中之狂。白石犹不失为狷。若梦窗、梅溪、玉固、草窗、西麓辈，面目不同，同归于乡愿而已。

四七

稼轩中秋饮酒达旦，用《天问》体作《木兰花慢》以送月，曰："可怜今夕月，向何处，去悠悠？是别有人间，那边才见，光景东头。"词人想象，直悟月轮绕地之理，与科学家密合，可谓神悟。

四八

周介存谓："梅溪词中，喜用'偷'字，足以定其品格。"刘融斋谓："周旨荡而史意贪"此二语令人解颐。

四九

介存谓：梦窗词之佳者，如"水光云影，摇荡绿波，抚玩无极，追寻已远"。余览梦窗《甲乙丙丁稿》中，实无足当此者。有之，其"隔江人在雨声中，晚风菰叶生愁怨"二语乎？

五〇

梦窗之词，吾得取其词中一语以评之，曰："映梦窗零乱碧。"玉田之词，余得取其词中之一语以评之，曰："玉老田荒。"

五一

"明月照积雪""大江流日夜""中天悬明月""长河落日圆"，此种境界，可谓千古壮观。求之于词，唯纳兰容若塞上之作，如《长相思》之"夜深千帐灯"，《如梦令》之"万帐穹庐人醉，星影摇摇欲坠"差近之。

五二

纳兰容若以自然之眼观物，以自然之舌言情。此由初入中原，未染汉人风气，故能真切如此。北宋以来，一人而已。

五三

陆放翁跋《花间集》，谓"唐季五代，诗愈卑，而倚声者辄简古可爱。能此不能彼，未易以理推也。"《提要》驳之，谓："犹能举七十斤者，举百斤则蹶，举五十斤则运掉自如。"其言甚辨。然谓词必易于诗，余未敢信。善乎陈卧子之言曰："宋人不知诗而强作诗，故终宋之世无诗。然其欢愉愁怨之致，动于中而不能抑者，类发于诗余，故其所造独工。"五代词之所以独胜，亦以此也。

五四

四言敝而有楚辞，楚辞敝而有五言，五言敝而有七言，古诗敝而有律绝，律绝敝而有词。盖文体通行既久，染指遂多，自成习套。豪杰之士，亦难于其中自出新意，故遁而作他体，以自解脱。一切文体所以始盛终衰者，皆由于此。故谓文学后不如前，余未敢信。但就一体论，则此说固无以易也。

五五

诗之《三百篇》《十九首》，词之五代北宋，皆无题也。非无题也，诗词中之意，不能以题尽之也。自《花庵》《草堂》每调立题，并古人无题之词亦为之作题。如观一幅佳山水，而即曰此某山某河，可乎？诗有题而诗亡，词有题而词亡，然中材之士，鲜能知此而自振拔者矣。

五六

大家之作，其言情也必沁人心脾，其写景也必豁人耳目。其辞脱口而出，无矫揉妆束之态。以其所见者真，所知者深也。诗词皆然。持此以衡古今之作者，可无大误也。

五七

人能于诗词中不为美刺投赠之篇，不使隶事之句，不用粉饰之字，则于此道已过半矣。

五八

以《长恨歌》之壮采，而所隶之事，只"小玉双成"四字，才有余也。梅村歌行，则非隶事不办。白吴优劣，即于此见。不独作诗为然，填词家亦不可不知也。

五九

近体诗体制，以五七言绝句为最尊，律诗次之，排律最下。盖此体于寄兴言情，两无所当，殆有均之骈体文耳。词中小令如绝句，长调似律诗，若长调之百字令、沁园春等，则近于排律矣。

六〇

诗人对宇宙人生，须入乎其内，又须出乎其外。入乎其内，故能写之。出乎其外，故能观之。入乎其内，故有生气。出乎其外，故有高致。美成能入而不出。白石以降，于此二事皆未梦见。

六一

诗人必有轻视外物之意，故能以奴仆命风月。又必有重视外物之意，故能与花鸟共忧乐。

六二

"昔为倡家女，今为荡子妇。荡子行不归，空床难独守。""何不策高足，先据要路津？无为守穷贱，轗轲长苦辛。"可为淫鄙之尤。然无视为淫词、鄙词者，以其真也。五代北宋之大词人亦然。非无淫词，读之者但觉其亲切动人。非无鄙词，但觉其精力弥满。可知淫词与鄙词之病，非淫与鄙之病，而游词之病也。"岂不尔思，室是远而。"而子曰："未之思也，夫何远之有？"恶其游也。

六三

"枯藤老树昏鸦。小桥流水人家。古道西风瘦马。夕阳西下。断肠人在天涯。"此元人马东篱《天净沙》小令也。寥寥数语，深得唐人绝句妙境。有元一代词家，皆不能办此也。

六四

　　白仁甫《秋夜梧桐雨》剧，沈雄悲壮，为元曲冠冕。然所作《天籁词》，粗浅之甚，不足为稼轩奴隶。岂创者易工，而因者难巧欤？抑人各有能与不能也？读者观欧秦之诗远不如词，足透此中消息。

（原载《国粹学报》1908—1909 年。）

人间词话删稿

一

白石之词，余所最爱者，亦仅二语，曰："淮南皓月冷千山，冥冥归去无人管。"

二

双声、叠韵之论，盛于六朝，唐人犹多用之。至宋以后，则渐不讲，并不知二者为何物。乾嘉间，吾乡周松霭先生（春）著《杜诗双声叠韵谱括略》，正千余年之误，可谓有功文苑者矣。其言曰："两字同母谓之双声，两字同韵谓之叠韵。"余按用今日各国文法通用之语表之，则两字同一子音者谓之双声。如《南史·羊元保传》之"官家恨狭，更广八分"，"官家更广"四字，皆从 k 得声。《洛阳伽蓝记》之"狞奴慢骂"，"狞奴"二字，皆从 n 得声。"慢骂"二字，皆从 m 得声也。两字同一母音者，谓之叠韵。如梁武帝"后牖有朽柳"，"后牖有"三字，双声而兼叠韵。"有朽柳"三字，其母音皆为 u。刘孝绰之"梁皇长康强"，"梁长强"三字，其母音皆为 ian 也。自李淑《诗苑》伪造沈约之说，以双声叠韵为诗中八病之二，后世诗家多废而不讲，亦不复用之于词。余谓苟于词之荡漾处多用叠韵，促节处用双声，则其铿锵可诵，必有过于前人者。惜世之专讲音律者，尚未悟此也！

三

昔人但知双声之不拘四声，不知叠韵亦不拘平、上、去三声。凡字之同母者，虽平仄有殊，皆叠韵也。

四

诗至唐中叶以后，殆为羔雁之具矣。故五代、北宋之诗，佳者绝少，而词则为其极盛时代。即诗词兼擅如永叔、少游者，词胜于诗远甚。以其写之于诗者，不若写之于词者之真也。至南宋以后，词亦为羔雁之具，而词亦替矣。此亦文学升降之一关键也。

五

曾纯甫中秋应制，作《壶中天慢》词，自注云："是夜，西兴亦闻天乐。"谓宫中乐声，闻于隔岸也。毛子晋谓："天神亦不以人废言。"近冯梦华复辨其诬。不解"天乐"二字文义，殊笑人也。

六

北宋名家以方回为最次。其词如历下、新城之诗，非不华赡，惜少真味。

七

散文易学而难工，骈文难学而易工。近体诗易学而难工，古体诗难学而易工。小令易学而难工，长调难学而易工。

八

古诗云："谁能思不歌？谁能饥不食？"诗词者，物之不得其平而鸣者也。故欢愉之辞难工，愁苦之言易巧。

九

社会上之习惯，杀许多之善人。文学上之习惯，杀许多之天才。

一○

昔人论诗词，有景语、情语之别。不知一切景语，皆情语也。

一一

词家多以景寓情。其专作情语而绝妙者，如牛峤之"甘作一生拼，尽君今日欢"，顾夐之"换我心为你心，始知相忆深"，欧阳修之"衣带渐宽终不悔，为伊消得人憔悴"，美成之"许多烦恼，只为当时，一饷留情"。此等词求之古今人词中，曾不多见。

一二

词之为体，要眇宜修。能言诗之所不能言，而不能尽言诗之所能言。诗之境阔，词之言长。

一三

言气质，言神韵，不如言境界。有境界，本也。气质、神韵，末也。有境界而二者随之矣。

一四

"西风吹渭水，落日满长安。"美成以之入词，白仁甫以之入曲，此借古人之境界为我之境界者也。然非自有境界，古人亦不为我用。

一五

长调自以周、柳、苏、辛为最工。美成《浪淘沙慢》二词，精壮顿挫，已开北曲之先声。若屯田之《八声甘州》，东坡之《水调歌头》，则伫兴之作，格高千古，不能以常调论也。

一六

稼轩《贺新郎》词"送茂嘉十二弟"，章法绝妙。且语语有境界，此能品而几于神者。然非有意为之，故后人不能学也。

一七

稼轩《贺新郎》词："柳暗凌波路。送春归猛风暴雨，一番新绿。"又《定风波》词："从此酒酣明月夜。耳热。""绿""热"二字，皆作上去用。与韩玉《东浦词》《贺新郎》以"玉""曲"叶"注""女"，《卜算子》以"夜""谢"叶"食""月"，已开北曲四声通押之祖。

一八

谭复堂《箧中词选》谓："蒋鹿潭《水云楼词》与成容若、项莲生，二百年间，分鼎三足。"然《水云楼词》小令颇有境界，长调惟存气格。《忆云词》精实有余，超逸不足，皆不足与容若比。然视皋文、止庵辈，则偶乎远矣。

一九

词家时代之说，盛于国初。竹垞谓：词至北宋而大，至南宋而深。后此词人，群奉其说。然其中亦非无具眼者。周保绪曰："南宋下不犯北宋拙率之病，高不到北宋浑涵之诣。"又曰："北宋词多就景叙情，故珠圆玉润，四照玲珑。至稼轩、白石，一变而为即事叙景，使深者反浅，曲者反直。"潘四农德舆曰:"词滥觞于唐,畅于五代,而意格之闳深曲挚,则莫盛于北宋。词之有北宋,犹诗之有盛唐。至南宋则稍衰矣。"刘融斋熙载曰:"北宋词用密亦疏、用隐亦亮、用沈亦快、用细亦阔、用精亦浑。南宋只是掉转过来。"可知此事自有公论。虽止庵词颇浅薄,潘、刘尤甚。然其推尊北宋,则与明季、云间诸公,同一卓识也。

二〇

唐五代北宋词,可谓生香真色。若云间诸公,则采花耳。湘真且然,况其次也者乎?

二一

《衍波词》之佳者,颇似贺方回。虽不及容若,要在锡鬯、其年之上。

二二

近人词如《复堂词》之深婉,《彊村词》之隐秀,皆在半塘老人上。彊村学梦窗而情味较梦窗反胜。盖有临川、庐陵之高华,而济以白石之疏越者。学人之词,斯为极则。然古人自然神妙处,尚未见及。

二三

宋直方(原作"尚木",误。案"徵舆"字"直方","尚木"乃

"徵壁"字，因据改。)《蝶恋花》："新样罗衣浑弃却，犹寻旧日春衫著。"谭复堂《蝶恋花》："连理枝头侬与汝，千花百草从渠许。"可谓寄兴深微。

二四

《半塘丁稿》中和冯正中《鹊踏枝》十阕，乃《鹜翁词》之最精者。"望远愁多休纵目"等阕，郁伊惝恍，令人不能为怀。《定稿》只存六阕，殊为未允也。

二五

固哉，皋文之为词也！飞卿《菩萨蛮》、永叔《蝶恋花》、子瞻《卜算子》，皆兴到之作，有何命意？皆被皋文深文罗织。阮亭《花草蒙拾》谓："坡公命宫磨蝎，生前为王珪、舒亶辈所苦，身后又硬受此差排。"由今观之，受差排者，独一坡公已耶？

二六

贺黄公谓："姜论史词，不称其'软语商量'，而赏其'柳昏花暝'，固知不免项羽学兵法之恨。"然"柳昏花暝"自是欧、秦辈句法，前后有画工化工之殊。吾从白石，不能附和黄公矣。

二七

"池塘春草谢家春，万古千秋五字新。传语闭门陈正字，可怜无补费精神。"此遗山《论诗绝句》也。梦窗、玉田辈，当不乐闻此语。

二八

朱子《清邃阁论诗》谓："古人诗中有句，今人诗更无句，只是一直说将去。这般诗一日作百首也得。"余谓北宋之词有句，南宋以后便无句。如玉田、草窗之词，所谓"一日作百首也得"者也。

二九

朱子谓："梅圣俞诗，不是平淡，乃是枯槁。"余谓草窗、玉田之词亦然。

三〇

"自怜诗酒瘦，难应接，许多春色。""能几番游？看花又是明年。"此等语亦算警句耶？乃值如许笔力！

三一

文文山词，风骨甚高，亦有境界，远在圣与、叔夏、公谨诸公之上。亦如明初诚意伯词，非季迪、孟载诸人所敢望也。

三二

和凝《长命女》词："天欲晓。宫漏穿花声缭绕，窗里星光少。　冷霞寒侵帐额，残月光沈树杪。梦断锦闱空悄悄。强起愁眉小。"此词前半，不减夏英公《喜迁莺》也。

三三

宋李希声《诗话》曰："唐人作诗，正以风调高古为主。虽意远语疏，皆为佳作。后人有切近的当、气格凡下者，终使人可憎。"余谓北宋词亦不妨疏远。若梅溪以降，正所谓切近的当、气格凡下者也。

三四

自竹垞痛贬《草堂诗余》而推《绝妙好词》，后人群附和之。不知《草堂》虽有亵诨之作，然佳词恒得十之六七。《绝妙好词》则除张、范、辛、刘诸家外，十之八九，皆极无聊赖之词。甚矣，人之贵耳贱目也！

三五

梅溪、梦窗、玉田、草窗、西麓诸家，词虽不同，然同失之肤浅。虽时代使然，亦其才分有限也。近人弃周鼎而宝康瓠，实难索解。

三六

余友沈昕伯（纮）自巴黎寄余《蝶恋花》一阕云："帘外东风随燕到。春色东来，循我来时道。一霎围场生绿草，归迟却怨春来早。　锦绣一城春水绕。庭院笙歌，行乐多年少。著意来开孤客抱，不知名字闲花鸟。"此词当在晏氏父子间，南宋人不能道也。

三七

"君王枉把平陈业，换得雷塘数亩田。"政治家之言也。"长陵亦是闲丘陇，异日谁知与仲多？"诗人之言也。政治家之眼，域于一人一事。诗人之眼，则通古今而观之。词人观物，须用诗人之眼，不可用政治家之眼。故感事、怀古等作，当与寿词同为词家所禁也。

三八

宋人小说，多不足信。如《雪舟脞语》谓：台州知府唐仲友眷官伎严蕊奴。朱晦庵系治之。及晦庵移去，提刑岳霖行部至台，蕊乞自便。岳问曰：去将安归？蕊赋《卜算子》词云："住也如何住"云云。案此词系仲友戚高宣教作，使蕊歌以侑觞者，见朱子《纠唐仲友奏牍》。则《齐东野语》所纪朱、唐公案，恐亦未可信也。

三九

《沧浪》《凤兮》二歌，已开《楚辞》体格。然《楚辞》之最工者，推屈原、宋玉，而后此之王褒、刘向之词不与焉。五古之最工者，实推阮嗣宗、左太冲、郭景纯、陶渊明，而前此曹、刘，后此陈子昂、李太白不与焉。词之最工者，实推后主、正中、永叔、少游、美成，而后此南宋诸公不与焉。

四〇

唐、五代之词，有句而无篇。南宋名家之词，有篇而无句。有篇有句，唯李后主降宋后之作，及永叔、子瞻、少游、美成、稼轩数人而已。

四一

唐、五代、北宋之词家，倡优也。南宋后之词家，俗子也。二者其失相等。但词人之词，宁失之倡优，不失之俗子。以俗子之可厌，较倡优为甚故也。

四二

《蝶恋花》"独倚危楼"一阕，见《六一词》，亦见《乐章集》。余谓：屯田轻薄子，只能道"奶奶兰心蕙性"耳。

四三

读《会真记》者，恶张生之薄倖，而恕其奸非。读《水浒传》者，恕宋江之横暴，而责其深险。此人人之所同也。故艳词可作，唯万不可作儇薄语。龚定庵诗云："偶赋凌云偶倦飞。偶然闲慕遂初衣。偶逢锦瑟佳人问，便说寻春为汝归。"其人之凉薄无行，跃然纸墨间。余辈读耆卿、伯可词，亦有此感。视永叔、希文小词何如耶？

四四

词人之忠实，不独对人事宜然。即对一草一木，亦须有忠实之意，否则所谓游词也。

四五

读《花间》《尊前集》，令人回想徐陵《玉台新咏》。读《草堂诗余》，令人回想韦谷《才调集》。读朱竹垞《词综》，张皋文、董子远《词选》，令人回想沈德潜《三朝诗别裁集》。

四六

明季国初诸老之论词，大似袁简斋之论诗，其失也，纤小而轻薄。竹垞以降之论词者，大似沈规愚，其失也，枯槁而庸陋。

四七

东坡之旷在神，白石之旷在貌。白石如王衍口不言阿堵物，而暗中为营三窟之计，此其所以可鄙也。

四八

"纷吾既有此内美兮，又重之以修能。"文字之事，于此二者，不能缺一。然词乃抒情之作，故尤重内美。无内美而但有修能，则白石耳。

四九

诗人视一切外物，皆游戏之材料也。然其游戏，则以热心为之，故诙谐与严重二性质，亦不可缺一也。

（1908—1909 年作，王国维生前未发表或删手稿。）

人间词话附录

一

蕙风词小令似叔原，长调亦在清真、梅溪间，而沈痛过之。彊村虽富丽精工，犹逊其真挚也。天以百凶成就一词人，果何为哉！

二

蕙风《洞仙歌》秋日游某氏园及《苏武慢》寒夜闻角二阕，境似清真，集中他作，不能过之。

三

彊村词，余最赏其《浣溪沙》"独鸟冲波去意闲"二阕，笔力峭拔，非他词可能过之。

四

蕙风《听歌》诸作，自以《满路花》为最佳。至《题香南雅集图》诸词，殊觉泛泛，无一言道著。

五

（皇甫松）词，黄叔旸称其《摘得新》二首，为有达观之见。余谓不若《忆江南》二阕，情味深长，在乐天、梦得上也。

六

端己词情深语秀，虽规模不及后主、正中，要在飞卿之上。观昔人颜、谢优劣论可知矣。

七

（毛文锡）词比牛、薛诸人，殊为不及。叶梦得谓："文锡词以质直为情致，殊不知流十率露。诸人评庸陋词者，必曰：此仿毛文锡之《赞成功》而不及者。"其言是也。

八

（魏承班）词逊于薛昭蕴、牛峤，而高于毛文锡，然皆不如王衍。五代词以帝王为最工，岂不以无意于求工欤。

九

（顾）夐词在牛给事、毛司徒间。《浣溪沙》"春色迷人"一阕，亦见《阳春录》。与《河传》《诉衷情》数阕，当为夐最佳之作矣。

一〇

（毛熙震）周密《齐东野语》称其词新警而不为儇薄。余尤爱其《后庭花》，不独意胜，即以调论，亦有隽上清越之致，视文锡蔑如也。

一一

（阎选）词唯《临江仙》第二首有轩翥之意，余尚未足与于作者也。

一二

昔沈文悫深赏（张）泌"绿杨花扑一溪烟"为晚唐名句。然其词如"露浓香泛小庭花"，较前语似更幽艳。

一三

（孙光宪词）昔黄玉林赏其"一庭疏雨湿春愁"为古今佳句。余以为不若"片帆烟际闪孤光"，尤有境界也。

一四

（周清真）先生于诗文无所不工，然尚未尽脱古人蹊径。平生著述，自以乐府为第一。词人甲乙，宋人早有定论。惟张叔夏病其意趣不高远。然北宋人如欧、苏、秦、黄，高则高矣，至精工博大，殊不逮先生。故以宋词比唐诗，则东坡似太白，欧、秦似摩诘，耆卿似乐天，方回、叔原则大历十子之流。南宋惟一稼轩可比昌黎。而词中老杜，则非先生不可。昔人以耆卿比少陵，犹为未当也。

一五

（清真）先生之词，陈直斋谓其多用唐人诗句隐括入律，浑然天成。张玉田谓其善于融化诗句，然此不过一端。不如强焕云："模写物态，曲尽其妙。"为知言也。

一六

山谷云："天下清景，不择贤愚而与之，然吾特疑端为我辈设。"诚哉是言！抑岂独清景而已，一切境界，无不为诗人设。世无诗人，即无此种境界。夫境界之呈于吾心而见于外物者，皆须臾之物。惟诗人能以此须臾之物，镌诸不朽之文字，使读者自得之。遂觉诗人之言，字字为我心中所欲言，而又非我之所能自言，此大诗人之祕妙也。境界有二：有诗人之境界，有常人之境界。诗人之境界，惟诗人能感之而能写之，故读其诗者，亦高举远慕，有遗世之意。而亦有得有不得，且得之者亦各有深浅焉，若夫悲欢离合、羁旅行役之感，常人皆能感之，而惟诗人能写之。故其入于人者至深，而行与世也尤广。（清真）先生之词，属于第二种为多。故宋时别本之多，他无与匹。又和者三家。注者二家。（强焕本亦有注，见毛跋）自士大夫以至妇人女子，莫不知有清真，而种种无稽之言，亦由此以起。然非入人之深，乌能如是耶？

一七

楼忠简谓（清真）先生妙解音律，惟王晦叔《碧鸡漫志》谓："江南某氏者，解音律，时时度曲。周美成与有瓜葛。每得一解，即为制词。故周集中多新声。"则集中新曲，非尽自度。然顾曲名堂，不能自已，固非不知音者。故先生之词，文字之外，须兼味其音律。惟词中所注宫调，不出教坊十八调之外。则其音非大晟乐府之新声，而为隋、唐以来之燕乐，固可知也。今其声虽亡，读其词者，犹觉拗怒之中，自饶和婉。曼声促节，繁会相宣；清浊抑扬，辘轳交往。两宋之间，一人而已。

一八

（《云谣集杂曲子》）天仙子词特深峭隐秀，堪与飞卿、端已抗行。

一九

（王）以凝词句法精壮，如和虞彦恭寄钱逊升（当作"叔"）《蓦山溪》一阕、重午登霞楼《满庭芳》一阕、舣舟洪江步下《浣溪沙》一阕，绝无南宋浮艳虚薄之习。其他作亦多类是也。（按，此则乃观堂所录阮元《四库未收书目·王周士词提要》，实非观堂论词之语。）

二〇

有明一代，乐府道衰。《写情》《扣舷》，尚有宋、元遗响。仁、宣以后，兹事几绝。独文愍（夏言）以魁硕之才，起而振之。豪壮典丽，与于湖、剑南为近。

二一

王君静安将刊其所为《人间词》，诒书告余曰："知我词者莫如子，叙之亦莫如子宜。"余与君处十年矣，比年以来，君颇以词自娱。余虽不能词，然喜读词。每夜漏始下，一灯荧然，玩古人之作，未尝不与君共。君成一阕，易一字，未尝不以讯余。既而暌离，苟有所作，未尝不邮以示余也。然则余于君之词，又乌可以无言乎？夫自南宋以来，斯道之不振久矣！元、明及国初诸老，非无警句也。然不免乎局促者，气困于雕琢也。嘉、道以后之词，非不谐美也。然无救于浅薄者，意竭于摹拟也。君之于词，于五代喜李后主、冯正中，于北宋喜永叔、子瞻、少游、美成，于南宋除稼轩、白石外，所嗜盖鲜矣。尤痛诋梦窗、玉田。谓梦窗砌字，玉田叠句。一雕琢，一敷衍。其病不同，而同归于浅薄。六百年来词之不振，实自此始。其持论如此。及读君自所为词，则诚往复幽咽，动摇人心。快而沈，直而能曲。不屑屑于言词之末，而名句间出，殆往往度越前人。至其言近而指远，意决而辞婉，自永叔以后，殆未有工如君者也。君始为词时，亦不自意其至此，而卒至此者，天也，非人之所能为也。若夫观物之微，托兴之深，则又君诗词之特色。求之古代作者，罕有伦比。呜呼！不胜古人，不足以与古人并，君其知之矣。世有疑余言者乎，则何不取古人之词，与君词比类而观之也？光绪丙午三月，山阴樊志厚叙。

二二

去岁夏，王君静安集其所为词，得六十余阕，名曰《人间词甲稿》，余既叙而行之矣。今冬，复汇所作词为《乙稿》，丏余为之叙。余其敢辞。乃称曰：文学之事，其内足以摅己，而外足以感人者，意与境二者而已。上焉者意与境浑，其次或以境胜，或以意胜。苟缺其一，不足以言文学。原夫文学之所以有意境者，以其能观也。出于观我者，意余于境。而出于观物者，境多于意。然非物无以见我，而观我之时，又自有我在。故二者常互相错综，能有所偏重，而不能有所偏废也。文学之工不工，亦视其意境之有无，与其深浅而已。自夫人不能观古人之所观，而徒学古人之所作，于是始有伪文学，学者便之，相尚以辞，相习以模拟，遂不复知意境之为何物，岂不悲哉！苟持此以观古今人之词，则其得失，可得而言焉。温、韦之精艳，所以不如正中者，意境有深浅也。《珠玉》所以逊《六一》，《小山》所以愧《淮海》者，意境异也。美成晚出，始以辞采擅长，然终不失为北宋人之词者，有意境也。南宋词人之有意境者，惟一稼轩，然亦若不欲以意境胜。白石之词，气体雅健耳。至于意境，则去北宋人远甚。及梦窗、玉田出，并不求诸气体，而惟文字之是务，于是词之道熄矣。自元迄明，益以不振。至于国朝，而纳兰侍卫以天赋之才，崛起于方兴之族。其所为词，悲凉顽艳，独有得于意境之深，可谓豪杰之士，奋乎百世之下者矣。同时朱、陈，既非劲敌，后世项、蒋，尤难鼎足。至乾、嘉以降，审乎体格韵律之间者愈微，而意味之溢于字句之表者愈浅。岂非拘泥文字，而不求诸意境之失欤？抑观我观物主事自有天在，固难期诸流俗欤？余与静安，均夙持此论。静安之为词，真能以意境胜。夫古今人词之以意胜者，莫若欧阳公。以境胜者，莫若秦少游。至意境两浑，则惟太白、后主、正中数人足以当之。静安之词，大抵意深于欧，而境次于秦。至其合作，如《甲稿·浣溪沙》之"天末同云"、《蝶恋花》之"昨夜梦中"、《乙稿·蝶恋花》之"百尺朱楼"等阕，皆意境两忘，物我一体。高蹈乎八荒之表，而抗心乎千秋之间。骎骎乎两汉之疆域，广于三代，贞观之政治，隆于武德矣，方之侍卫，岂徒伯仲。此固君所得于天者独深，抑岂非致力于意境之效也。至君词之体裁，亦与五代、北宋为近。然君词之所以为五代、北宋之词者，以其有意境在。若以其体裁故，而至遽指为五代、北宋，此又君之不任受。固当与梦窗、玉田之徒，专事摹拟者，同类而笑之也。　光绪三十三年十月，山阴樊志厚叙。（按：此二序虽为观堂手笔，而命意实出自樊氏。观堂废稿中曾引樊氏之语，而樊氏所赏诸词，《观堂集林》亦不尽入选，可证也。）

二三

欧公《蝶恋花》"面旋落花"云云，字字沈响，殊不可及。

二四

《片玉词》"良夜灯光簇如豆"一首，乃改山谷《忆帝京》词为之者，似屯田最下之作，非美成所宜有也。

二五

温飞卿《菩萨蛮》："雨后却斜阳，杏花零落香。"少游之"雨余芳草斜阳。杏花零落（当作'乱'）燕泥香"，虽自此脱胎，而实有出蓝之妙。

二六

白石尚有骨，玉田则一乞人耳。

二七

美成词多作态，故不是大家气象。若同叔、永叔虽不作态，而一笑百媚生矣。此天才与人力之别也。

二八

周介存谓白石以诗法入词，门径浅狭，如孙过庭书，但便后人模仿。予谓近人所以崇拜玉田，亦由于此。

二九

予于词，五代喜李后主、冯正中而不喜《花间》。宋喜同叔、永叔、子瞻、少游而不喜美成。南宋只爱稼轩一人，而最恶梦窗、玉田。介存《词辨》所选词，颇多不当人意。而其论词则多独到之语。始知天下固有具眼人，非予一人之私见也。

（由徐孚调、陈乃乾从王国维遗著中辑集而成。）

《玉溪生诗年谱会笺》序

善哉，孟子之言诗也！曰："说诗者，不以文害辞，不以辞害志、以意逆志，是为得之。"顾意逆在我，志在古人。果何修而能使我之所意不失古人之志乎？此其术孟子亦言之，曰："诵其诗，读其书，不知其人可乎？是以论其世也。"是故由其世以知其人，由其人以逆其志，则古诗虽有不能解者，寡矣。汉人传诗皆用此法，故四家诗皆有序。序者，序所以为作者之意也。《毛序》今存，《鲁诗说》之见于刘向所述者，于诗事尤为详尽。及北海郑君出，乃专用孟子之法以治诗。其于诗也，有"谱"有"笺"。谱也者，所以论古人之世也；笺也者，所以逆古人之志也。故其书虽宗毛公，而亦兼采三家，则以论世所得者然也。又《毛诗序》以《小雅·十月之交》《雨无正》《小旻》《小宛》四篇为刺幽王作，郑君独据《国语》及《纬候》，以为刺厉王之诗，于"谱"及"笺"并加厘正。尔后王基、王肃、孙毓之徒"，申难相承。洎于近世，迄无定论。逮同治间，函皇父敦出于关中，而毛、郑是非乃决于百世之下（敦铭云："函皇父作周娟、盘、盉、尊器、敦、鼎、自冢鼎、降十又两罍、两壶，周娟其万年，子子孙孙永宝用。"周娟犹言周姜，即函皇父之女，归于周，而皇父为作媵器者。《十月之交》"艳妻"，《鲁诗》本作"阎妻"，皆此敦函之假借字。函者，其国或氏；娟者，其姓。而幽王之后则为姜、为姒，均非娟姓。郑长于毛，即此可证。）信乎，论世之不可以已也。故郑君序《诗谱》曰："欲知源流清浊之所处，则循其上下而省之；欲知风化、芳臭、气泽之所及，则旁行而观之。"治古诗如是，治后世诗亦何独不然？余读吾友张君孟劬《玉溪生年谱》，而益信此法之不可易也。有唐一代，惟玉溪生诗词旨最为微晦，遗山论诗已有"无人作郑笺"之叹。三百年来，治之者近十家，盖未尝不以论世为逆志之具。然唐自大中以后，史失其官，《武宗实录》亦亡于五季，故《新》《旧》二书，于会昌后事动多疏舛，后世注玉溪诗者，仅求之于二书，宜其于玉溪之志多所扞格也。君独旁搜远绍，博采唐人文集、说部及金石文字，以正刘、宋二书之失。宋次道之补亡，吴廷珍之纠谬，君殆兼之，而一寄于此谱。以古书例之，朱、冯诸君之书，《齐》《鲁》《韩》《毛》之"序"也；君书则郑君之"谱"及"笺"也。其所考定者，固质诸古而无疑。其未及论定者，亦将得其证于百世之下。郑君说《小雅·十月之交》，其已事也。君尝与余论浙东、西学派，谓浙东自梨洲、季野、谢山以迄实斋，其学多长于史；浙西自亭林、定宇，以及分流之皖、鲁诸派，其学多长于经。浙东博通，其失也疏；浙西专精，其失也固。君之学，固自浙西入而渐渍于浙东者，故曩为《史微》以史法治经、子二学。四通六辟，多发前人所未发。及为此书，则又旁疏曲证，至纤至悉。而孰知其所用者，仍先秦、两汉治经之家法也。故述孟子、郑君之言以序君书，意亦君之所首肯乎？丁巳六月。

（1917 年作，原载《观堂集林》。）

清真先生遗事（选录）

先生诗之存者，一鳞片爪俱有足观。至如《曝日》诗云："冬曦如村酿，微温只须臾。行行正须此，恋恋忽已无。"语极自然而言外有北风雨雪之意，在东坡和陶诗中犹为上乘，惜仅存四句也。

陈元靓《岁时广记》有先生《内制春帖子》三断句，案宋制春帖子词均翰林学士为之，先生未任此官，殆为人代作耶？

先生诗文之外兼擅书法，岳倦翁《法书》赞称其体具态全，董史《皇宋书录》谓其正行皆善，又石刻铺叙。《凤墅堂帖》第二十卷中刻有周清真书："古人能事之多，自不可测也。"

先生于诗文无所不工，然尚未尽脱古人蹊径。平生著述自以《乐府》为第一，《词人甲乙》宋人早有定论，惟张叔夏病其意趣不高远。然北宋人如欧、苏、秦、黄高则高矣，至精工博大殊不逮先生。故以宋词比唐诗，则东坡似太白，欧秦似摩诘，耆卿似乐天，方回、叔原则大历十子之流，南宋惟一稼轩可比昌黎，而词中老杜则非先生不可；昔人以耆卿比少陵，犹为未当也。

先生之词，陈直斋谓其多用唐人诗句，檃括入律，浑然天成。张玉田谓其善于融化诗句，然此不过一端，不如强焕云："模写物态，曲尽其妙"为知言也。

山谷云："天下清景，不择贤愚而与之。"然吾特疑，端为我辈设诚哉？是言抑岂独清景而已？一切境界无不为诗人设，世无诗人，即无此种境界。夫境界之呈于吾心，而见于外物者，皆须臾之物，惟诗人能以此须臾之物，镌诸不朽之文字，使读者自得之，遂觉诗人之言，字字为我心中所欲言，而又非我之所能自言，此大诗人之秘妙也。境界有二：有诗人之境界，有常人之境界。诗人之境界，惟诗人能感之而能写之。故读其诗者亦高举远慕，有遗世之意，而亦有得、有不得；且得之者，亦各有深浅焉。若夫悲欢离合、羁旅行役之感，常人皆能感之，而惟诗人能写之，故其入于人者至深，而行于世也尤广。先生之词属于第二种为多，故宋时别本之多，他无与匹。又和者三家，注者二家，自士大夫以至妇人女子，莫不知有清真，而种种无稽之言亦由此以起，然非入人之深，乌能如是耶？

楼忠简谓先生妙解音律，惟王晦叔《碧鸡漫志》谓："江南某氏者，解音律，时时度曲，周美成与有瓜葛，每得一解即为制词，故周集中多新声，则集中新曲非尽自度。"然顾曲名堂不能自已，固非不知音者。故先生之词，文字之外须兼味其音律。惟词中所注宫调不出教坊十八调之外，则其音非《大晟乐府》之新声，而为隋唐以来之燕乐，固可知也。今其声虽亡，读其词者犹觉拗怒之中自饶和婉。曼声促节繁会相宣，清浊抑扬辘轳交往，两宋之间一人而已。

先生逸词，除毛氏所录《草堂》数阕外，罕有所见。只《乐府雅词拾遗》下有《南歌子》一首，《能改斋漫录》载先生增王晋卿《烛影摇红》半阕耳。惟伪词最多，强焕本所增，强半皆是，如《片玉词》上《青玉案》"良夜灯光簇红豆"一阕，乃改山谷《忆帝京》词为之者，决非先生作，不独《送传国华》《寄李伯纪》二首，岁月不合也。

（1910 年作，原载《王国维遗书》。）

《中国名画集》序

　　绘画之事，由来古矣。六书之字，作始于象形；五服之章，辉煌于作会。楚壁神灵，发累臣之问；宋舍众史，受元君之图。汉代黄门，亦有画者，殷纣踞妲己之图，周公负成王之象，遂乃悬诸别殿，颁之重臣。魏晋以还，盛图故事；齐梁以降，兼写佛象。爰自开天之际，实分南北之宗。王中允之清华，李将军之刻画，人物告退，而山水方滋。下至韩马、戴牛、张松、薛鹤，一物之工，兹焉托始。荆、关崛起，董、巨代兴。天水一朝，士夫工于画苑；有元四杰，气韵溢乎典型。胜国兴朝，代有作者，莫不家抱钟山之璧，人握赤水之珠，变化拟于鬼神，矩矱通于造化。陈之列肆，非徒照乘之光；闷之巾箱，恒有冲天之气。今夫成而必亏者，时也；往而不复者，器也。江陵末造，见玉轴之扬灰；宣和旧藏，与降旛而北去。文武之道既尽，昆明之劫方多。即或脱坠简于秦余，逸焦桐于爨下。然且天吴紫凤，坼为牧竖之衣；长康探微，辱于酒家之壁。同糅玉石，终委泥涂。又或幸遘收藏，并遭著录，而兰亭茧纸，永闷昭陵；争坐遗文，竟分安氏。中郎帐中之帙，仅与王朗同观；博士壁中之书，不许晁生转写。此则叔疑之登龙断，众议其私，阳虎之窃大弓，当书为盗者矣。

　　平等阁主人英英如云，醰醰好古。慨横流之潏洞，惧名迹之榛芜。是用尽发旧藏，并征百氏。琳瑯辐凑，吴越好事之家；摹写精能，欧美发明之术。八万四千之宝塔，成于崇朝；什一千百之菁英，珍兹片羽。冀以永留名墨，广被人间。

懿此一举有三美焉。夫学须才也，才须学。是以右相丹青，坐卧僧繇之侧，率更翰墨，徘徊索靖之傍。近世画师，罕窥真迹，见华亭而求北苑，执娄水以觅大痴，既摹仿之不知，于创作乎何有。今则摹从手迹，集自名家，裨我后生，殆之高矩，其美一也。且夫张而必弛者，文武之道；劳而求息者，含生之情。然走狗斗鸡，颇乖大雅；弹棋博籁，易入机心。若夫象在而遗其形，心生而无所住，则岂有对曹霸、韩干而计驰骋之乐，见毕宏、韦偃之松而思栋梁之用。会心之处不远，鄙吝之情聿销，诚遣日之良方，亦息肩之胜地，其美二也。三代损益；文质殊尚，五方悬隔，嗜好不同。或以优美、宏壮为宗，或以古雅、简易为尚。我国绘事自为一宗，绘影绘声则有所短，一邱一壑则有所长。凡厥反唇，胥由韫椟；今则假以印刷，广彼流传。贾舶东来，慧光西被，不使蜻蜓岛国独辉日出之光，罗马故国专称美日之国，其美三也。

小有搜罗，粗谙鉴别，睹兹盛举，颇发幽情，索我弁言，贻君小引。冀夫笔精墨妙，随江汉而长流；玉躞金题，与昆仑而永固。八月。

（1908 年作。）

此君轩记

　　竹之为物，草木中之有特操者与？群居而不倚，虚中而多节，可折而不可曲，凌寒暑而不渝其色。至于烟晨雨夕，枝梢空而叶成滴，含风弄月，形态百变。自渭川淇澳千亩之园，以至小庭幽榭三竿两竿，皆使人观之，其胸廓然而高，渊然而深，泠然而清。挹之而无穷，玩之而不可亵也。其超世之致与不可屈之节，与君子为近，是以君子取焉。古之君子，其为道也盖不同；而其所以同者，则在超世之致与不可屈之节而已。其观物也，见夫类是者而乐焉；其创物也，达夫如是者而后慊焉。如屈子之于香草，渊明之于菊，王子猷之于竹，玩赏之不足而咏叹之，咏叹之不足而斯物遂若为斯人之所专有，是岂徒有托而然哉？其于此数者，必有以相契于意言之表也。善画竹者亦然，彼独有见于其原而直以其胸中潇洒之致，劲直之气一寄之于画。其所写者即其所观，其所观者即其所蓄者也。物我无间，而道艺为一，与天冥合而不知其所以然。故古之工画竹者，亦高致直节之士为多，如宋之文与可、苏子瞻，元之吴仲圭是已。观爱竹者之胸，可以知画竹者之胸；知画竹者之胸，则爱画竹者之胸亦可知也已。

　　日本川口国次郎君冲澹有识度，善绘事，尤爱墨竹，尝集元吴仲圭，明夏仲昭、文徵仲诸家画竹，为室以奉之，名之曰"此君轩"。其嗜之也至笃，而搜之也至专，非其志节意度符于古君子，亦安能有契于是哉？吾闻川口君之居在备后之国，三原之城，山海环抱，松竹之所丛生。君优游其间，远眺林木，近观图画，必有有味于余之言者。既属余为轩记，因书以质之，惜不获从君于其间，而日与仲圭、徵仲诸贤游，且与此君游也。壬子九月。

（1912 年作，原载《观堂集林》。）

墨妙亭记

　　昔宋孙莘老守湖州，尝集郡内自汉以来古文遗刻，为"墨妙亭"于府第之北，而东坡先生为之记；元乐善居士顾信，亦集其师松雪翁之书刻诸其亭之壁，而名之曰"墨妙"；国朝顾湘舟（沇）又集明代诸贤小像、墨迹，多至数百通，复以"墨妙"名其亭。于是兹名凡三用矣。湖郡遗刻今无片石存者，松雪翁之书世多有之，而顾氏所刻者尽亡，独湘舟所集古人小像刻于吴中沧浪亭者，岿然尚存，其墨迹虽更兵燹，然其中烜赫者百余通。今归于日本久野元吉君。君又益以国朝名人墨迹，为亭储之，仍从其旧主人之所以名之者，而属余为之记。

　　昔东坡之记是亭也，假客之言，谓有物必归于尽，虽金石之坚，俄而变坏。至于功名、文章，其传世垂后犹为差久，今乃以此托于彼，是久存者反求助于速坏，以此致疑于莘老，而自以知命者，必尽人事释之。今湖州石刻与亭俱亡，而墨妙亭之名反藉东坡之文以传，则东坡之言信矣。夫古之有德行、政事、学问、文章者，固不藉金石翰墨以为重；苟非其人，则其金石翰墨虽存，仅足为学者考古之资，其流传之途固已隘，而其入于人心者固已浅矣。若是者，世固亦听其存亡，而反乐取夫德行、政事、学问、文章，其力自足以传后者之金石翰墨而宝之。何者？彼之志节、度量固与世绝殊，故其发于金石翰墨者，不因其人亦足以自存于天壤，况其德行、政事、学问、文章又足以垂世而行远也！

久野君之所储，其人皆足以自传，其发诸翰墨者，亦皆焕乎其有文，渊乎其有味，使人得窥其树立之所以然，与夫载籍之所不能纪。虽所托者无金石之坚，吾知其精神、意度必百世不可摩灭，宜君之构斯亭以奉之也。抑乐善居士所汇刻者，松雪一人之书耳；莘老所集者稍广，亦止吴兴一郡。湘舟之藏，殆网罗有明一代之名迹；而君复以国朝人益之。以两朝人之墨迹萃于斯亭，君之嗜古固前无孙、顾。余也不肖，乃从东坡之后为君记斯亭，故略广东坡之意，以为君之所为，非徒尽人事而已。壬子九月。

（1912 年作，原载《观堂集林》。）

二田画顾记

日本备后三原城，有好古之士三：曰川口国次郎，曰久野元吉，曰隅田吉卫。三君者，相得也，余皆得与之游。川口君之所居有"此君轩"，久野君有"墨妙亭"，余皆记之矣。既而隅田君以书来曰："余有二田画顾者，以沈石田、恽南田之画名焉。君于二君之居既有文，请为我记之。"则应之曰"诺"。

夫绘画之可贵者，非以其所绘之物也，必有我焉以寄于物之中。故自其外而观之，则山水、云树、竹石、花草，无往而非物也；自其内而观之，则子久也，仲圭也，元镇也，叔明也，吾见之于墙而闻其謦欬矣。且子久不能为仲圭，仲圭不能为元镇，元镇、叔明不能为子久、仲圭；则以子久之我，非仲圭之我，而仲圭、元镇、叔明三人者，亦各自有其我故也。画之高下，视其我之高下；一人之画之高下，又视其一时之我之高下。隅田君之于画，其知此也。夫二田之画，至不相类也。石田之苍古、南田之秀润，皆其所谓我，而不能相为者也。石田之画，荟蔚沉厚，得气之夏，其所写者，虽小草拳石，而有土厚水深之势；南田之画，融和骀荡，得气之春，其所写者，虽枯木断流，而皆有苏生旁出之意。此其不能相为者也。其于书也亦然。石田之书，瘦硬如黄山谷；南田之书，秀媚如褚登善；而二田之书又非登善、山谷之书也，彼各有所谓我者在也。不然，如石田者，生全盛之世，康宁好德，俯仰无怍，

二田画顾记

219

以老寿终，宜其和平简易，无奇伟之观。南田幼遭国变，至为童仆，为浮屠，虽返初服，而枯槁以终。上有雍端之亲，下有敬通之妇，宜其忧伤憔悴，无乐生之意，而其发于书画者如此，岂非所谓真我者得之于天，不以境遇易欤？二田之画绝不相类，而君乃合而珍弆之，是必有见于其我之高且大者，而不以其迹也。故书以谂君，并质之川口、久野二君，以为何如也？壬子十月。

（1912 年作，原载《观堂集林》。）

《待时轩仿古钤印谱》序

　　一艺之微，风俗之盛衰见焉。今之攻艺术者，其心偷，其力弱，其气虚悁而不定。其为人也多，而其自为也少，厌常而好奇，师心而不说学。是故于绘画未窥王、恽之藩，而辄效清湘、八大放逸之笔；于书则耻言赵、董，乃舍欧、虞、褚、薛，而学北朝碑工鄙别之体；于刻印则鄙薄文、何，乃不宗秦、汉，而摹魏晋以后镵凿之迹。其中本枵然无有，而苟且、鄙倍、骄吝之意乃充塞于刀笔间，其去艺术远矣。余与上虞罗雪堂参事深有慨乎此。参事有季子曰子期，笃嗜篆刻。其家所蓄，有秦、汉古钤印千百钮及近世所出古钤印谱录数十种。子期年幼而志锐，浑浑焉，浩浩焉，日摩挲耽玩于其中。其于世之所谓高名厚利未尝知也，世人虚悁鄙倍之作未尝见也。其泽于古也至深，而于今也若遗。故其所作，于古人准绳规矩无毫发遗憾，乃至并其精神意味之不可传者而传之。其伎如庖丁之解牛、痀偻丈人之承蜩，纵指之所至，无不中者。其全于天者欤？其诸不为风俗所转而能转移风俗者欤？风俗之转移，艺术之幸，抑非徒艺术之幸也。适子期以其所仿古钤印谱见示，因书以序之。癸亥秋日。

（1923 年作，原载《观堂集林》。）

梁虞思美造象跋

　　阮文达公作《南北书派论》，世人推为创见。然世所传北人书皆碑碣，南人书多简尺，北人简尺世无一字传者。然敦煌所出《萧凉草书札》与羲献规摹亦不甚远，南朝碑板则如始兴忠武王碑之雄劲，瘗鹤铭之浩逸，与北碑自是一家眷属也。此造象若不著年号、地名，又谁能知为梁朝物耶？不知文达见此，又将何说也？

（原载《观堂别集》。）

甘陵相碑跋

　　此碑额署甘陵相，其人必在桓帝建和元年，改清河国为甘陵之后，而立碑又在其后，当在后汉末矣。隶法健拔恣肆，已开北碑风气，不似黄初诸碑，尚有东京承平气象也。

　　前人研精书法，精诚之至，乃与古人不谋而合。如完白山人篆书，一生学汉碑额，所得乃与新出之汉太仆残碑同。吴让之、赵悲庵以北朝楷法入隶，所得乃与此碑同。邓、吴、赵均未见此二碑，而千载吻合如此，所谓鬼神通之者，非耶？癸亥九月叔平先生以此属为考证。碑中姓氏不具，又龁事实久之，无以报命，因就其书法，略记数语。甲子花朝后一日。

（1924 年作，原载《观堂别集》。）

宋元戏曲考（节选）

自 序

　　凡一代有一代之文学。楚之骚，汉之赋，六代之骈语，唐之诗，宋之词，元之曲，皆所谓一代之文学，而后世莫能继焉者也。独元人之曲，为时既近，托体稍卑，故两朝史志及《四库》集部均不著于录，后世儒硕皆鄙弃不复道。而为此学者，大率不学之徒；即有一二学子以余力及此，亦未有能观其会通，窥其奥窔者。遂使一代文献郁堙沉晦者且数百年，愚甚惑焉。往者读元人杂剧而善之，以为能道人情，状物态，词采俊拔而出乎自然。盖古所未有，而后人所不能仿佛也。辄思究其渊源，明其变化之迹，以为非求诸唐、宋、辽、金之文学，弗能得也。乃成《曲录》六卷，《戏曲考原》一卷，《宋大曲考》一卷，《优语录》二卷，《古剧脚色考》一卷，《曲调源流表》一卷。从事既久，续有所得，颇觉昔人之说与自己之书罅漏日多，而手所疏记与心所领会者，亦日有增益。壬子岁暮，旅居多暇，乃以三月之力写为此书。凡诸材料，皆余所搜集；其所说明，亦大抵余之所创获也。世之为此学者自余始，其所贡于此学者，亦以此书为多。非吾辈才力过于古人，实以古人未尝为此学故也。写定有日，辄记其缘起。其有匡正补益，则俟诸异日云。海宁王国维序。

宋之小说杂戏

宋之滑稽戏虽托故事以讽时事，然不以演事实为主，而以所含之意义为主。至其变为演事实之戏剧，则当时之小说实有力焉。

小说之名起于汉，《西京赋》云："小说九百，本自虞初。"《汉书·艺文志》有"《虞初周说》九百四十四篇"。其书之体例如何，今无由知。唯《魏略》（《魏志·王粲传》注引）言："临淄侯植，诵俳优小说数千言。"则似与后世小说已不相远。六朝时，干宝、任昉、刘义庆诸人咸有著述，至唐而大盛。今《太平广记》所载，实集其成。然但为著述上之事，与宋之小说无与焉。宋之小说则不以著述为事，而以讲演为事。灌园耐得翁《都城纪胜》谓："说话有四种，一小说，一说经，一说参请，一说史书。"《梦粱录》（卷二十）所纪略同。《武林旧事》（卷六）所载诸色伎艺人中，有书会（谓说书会），有演史，有说经诨经，有小说。而《都城纪胜》《梦粱录》均谓小说人能以一朝一代故事，顷刻间提破。则演史与小说自为一类。此三书所记皆南渡以后之事，而其源则发于宋初。高承《事物纪原》（卷九）："仁宗时，市人有能谈三国事者，或采其说，加缘饰，作影人。"《东坡志林》（卷六）：王彭尝云："涂巷中小儿薄劣，为其家所厌苦，辄与钱，令聚坐，听说古话，至说三国事。"云云。《东京梦华录》（卷五）所载京瓦伎艺，有霍四究说三分，尹常卖《五代史》。至南渡以后，有敷衍《复华篇》及《中兴名将传》者，见于《梦粱录》。此皆演史之类也。其无关史事者，则谓之小说。《梦粱录》云："小说一名银字儿，如烟粉、灵怪、传奇、公案、朴刀杆棒、发发踪参等事。"则其体例亦当与演史大略相同。今日所传之《五代平话》，实演史之遗；《宣和遗事》，殆小说之遗也。此种说话以叙事为主，与滑稽剧之但托故事者迥异。其发达之迹虽略与戏曲平行，而后世戏剧之题目多取诸此，其结构亦多依仿为之，所以资戏剧之发达者实不少也。

至与戏剧更相近者，则为傀儡。傀儡起于周季，《列子》以偃师刻木人事为在周穆王时，或系寓言；然谓列子时已有此事，当不诬也。《乐府杂录》以为起于汉祖平城之围，其说无稽。《通典》则云："《窟礧子》作偶人以戏，善歌舞，本丧家乐也，汉末始用之于嘉会。"其说本于应劭《风俗通》，则汉时固确有此戏矣。汉时此戏结构如何，虽不可考，然六朝之际，此戏已演故事。《颜氏家训·书证篇》："或问：俗名傀儡子为郭秃，有故实乎？答曰：《风俗通》云，诸郭皆讳秃，当是前世有姓郭而病秃者，滑稽调戏，故后人为其象，呼为郭秃。"唐时傀儡戏中之郭郎实出于此，至宋犹有此名。唐之傀儡亦演故事，《封氏闻见记》（卷六）："大历中，太原节度辛景云葬日，诸道节度使使人修祭。范阳祭盘最为高大，刻木为尉迟鄂公、突厥斗将之象，机关动作，不异于生。祭讫，灵车欲过，使者请曰：对数未尽。又停车，设项羽与汉高祖会鸿门之象，良久乃毕。"至宋而傀儡最盛，种类亦最繁，有悬丝傀儡、走线傀儡、杖头傀儡、药发傀儡、肉傀儡、水傀儡各种（《东京梦华录》《武林旧事》《梦粱录》）。《梦粱录》云："凡傀儡敷衍烟粉、灵怪、铁骑、公案、史书，历代君臣将相故事。话本或讲史，或作杂剧，或如崖词。（中略）大抵弄此，多虚少实，如《巨灵神》《朱姬大仙》等也。"则宋时此戏实与戏剧同时发达，其以敷衍故事为主，且较胜于滑稽剧。此于戏剧之进步上，不能不注意者也。

傀儡之外，似戏剧而非真戏剧者，尚有影戏。此则自宋始有之。《事物纪原》（卷九）："宋朝仁宗时，市人有能谈三国事者，或采其说加缘饰、作影人，始为魏、吴、蜀三分战争之象。"《东京梦华录》所载京瓦伎艺，有影戏，有乔影戏。南宋尤盛。《梦粱录》云："有弄影戏者，元汴京初以素纸雕簇，自后人巧工精，以羊皮雕形，以彩色装饰，不致损坏。（中略）其话本与讲史书者颇同，大抵真假相半。公忠者雕以正貌，奸邪者刻以丑形，盖亦寓褒贬于其间耳。"然则影戏之为物，专以演故事为事，与傀儡同。此亦有助于戏剧之进步者也。

以上三者，皆以演故事为事。小说但以口演，傀儡、影戏则为其形象矣，然而非以人演也；其以人演者，戏剧之外，尚有种种，亦戏剧之支流，而不可不一注意也。

"三教"《东京梦华录》（卷十）："十二月，即有贫者，三教人为一火，装妇人、神、鬼，敲锣击鼓，巡门乞钱，俗呼为'打夜胡'。"

"讶鼓"《续墨客挥犀》（卷七）："王子醇初平熙河，边陲宁静，讲武之暇，因教军士为讶鼓戏，数年间遂盛行于世。其举动、舞装之状与优人之词，皆子醇初制也。或云：子醇初与西人对阵，兵未交，子醇命军士百余人装为讶鼓队，绕出军前，虏见皆愕眙，进兵奋击，大破之。"《朱子语类》（卷一百三十九）亦云："如舞讶鼓，其间男子、妇人、僧道、杂色无所不有，但都是假的。"

"舞队"《武林旧事》（卷二）所记舞队，全与前二者相似。今列其目（原著所列之目略）其中装作种种人物，或有故事。其所以异于戏剧者，则演剧有定所，此则巡回演之。然后来戏名、曲名中多用其名目，可知其与戏剧非毫无关系也。

元剧之结构

元剧以一宫调之曲一套为一折。普通杂剧，大抵四折，或加楔子。按《说文》（六）："楔，櫼也。"今木工于两木间有不固处，则斫木札入之，谓之楔子，亦谓之櫼。杂剧之楔子亦然，四折之外，意有未尽，则以楔子足之。昔人谓北曲之楔子即南曲之引子，其实不然。元剧楔子或在前，或在各折之间，大抵用【仙吕·赏花时】或【端正好】二曲。唯《西厢记》第二剧中之楔子，则用【正宫·端正好】全套，与一折等，其实亦楔子也。除楔子计之，仍为四折。唯纪君祥之《赵氏孤儿》，则有五折，又有楔子。此为元剧变例。又张时起之《赛花月秋千记》，今虽不存，然据《录鬼簿》所纪，则有六折。此外无闻焉。若《西厢记》之二十折，则自五剧构成，合之为一，分之则仍为五。此在元剧中，亦非仅见之作。如吴昌龄之《西游记》，其书至国初尚存，其著录于《也是园书目》者云四卷，见于曹寅《楝亭书目》者云六卷。明凌濛初《西厢序》云："吴昌龄《西游记》有六本。"则每本为一卷矣。凌氏又云："王实甫《破窑记》《丽春园》《贩茶船》《进梅谏》《于公高门》，各有二本；关汉卿《破窑记》《浇花旦》，亦各有二本。"此必与《西厢记》同一体例。此外，《录鬼簿》所载，如李文蔚有《谢安东山高卧》，下注云"赵公辅次本"；而于赵公辅之《晋谢安东山高卧》下，则注云"次本"。武汉臣有《虎牢关三战吕布》，下注云"郑德辉次本"；而于郑德辉此剧下，则注云"次本"。盖李、武二人作前本。而赵、郑续之，以成一全体者也。余如武汉臣之《曹伯明错勘赃》，尚仲贤之《崔护谒浆》，赵子祥之《太祖夜斩石守信》《风月害夫人》，赵文殷之《宦门子弟错立身》，金仁杰之《蔡琰还朝》，皆注"次本"。虽不言所续何人，当亦续《西厢记》之类。然此不过增多剧数，而每剧之以四折为率，则固无甚出入也。

　　杂剧之为物，合动作、言语、歌唱三者而成。故元剧对此三者，各有其相当之物。其纪动作者曰"科"，纪言语者曰"宾"曰"白"，纪所歌唱者曰"曲"。元剧中所纪动作皆以"科"字终，后人与"白"并举，谓之"科白"，其实自为二事。《辍耕录》纪金人院本，谓教坊魏、武、刘三人鼎新编辑，魏长于念诵，武长于筋斗，刘长于科泛。"科泛"，或即指动作而言也。宾、白，则余所见周宪王自刊杂剧，每剧题目下即有"全宾"字样。明姜南《抱璞简记》（《续说郛》卷十九）曰："北曲中有全宾全白，两人相说曰宾，一人自说曰白。"则宾、白又有别矣。臧氏《元曲选序》云："或谓元取士有填词科，（中略）主司所定题目外，止曲名及韵耳。其宾白则演剧时伶人自为之，故多鄙俚蹈袭之语。"填词取士说之妄，今不必辩。至谓宾白为伶人自为，其说亦颇难通。元剧之词，大抵曲、白相生；苟不兼作白，则曲亦无从作，此最易明之理也。今就其存者言之，则《元曲选》中百种，无不有白，此犹可诿为明人之作也；然白中所用之语，如马致远《荐福碑》剧中之"曳剌"、郑光祖《王粲登楼》剧中之"点汤"，一为辽、金人语，一为宋人语，明人已无此语，必为当时之作无疑。至《元刊杂剧三十种》，则有曲无白者诚多，然其与《元曲选》复出者，字句亦略相同，而有曲、白相生之妙，恐坊间刊刻时删去其白，如今日坊刊脚本然。盖白则人人皆知，而曲则听者不能尽解。此种刊本当为供观剧者之便故也。且元剧中宾白鄙俚蹈袭者固多，然其杰作，如《老生儿》等，其妙处全在于白，苟去其白，则其曲全无意味。欲强分为二人之作，安可得也？且周宪王时代去元未远，观其所自刊杂剧，曲、白俱全，则元剧亦当如此，愈以知臧说之不足信矣。

元剧每折唱者止限一人，若末若旦，他色则有白无唱；若唱，则限于楔子中；至四折中之唱者，则非末若旦不可。而末若旦所扮者，不必皆为剧中主要之人物；苟剧中主要之人物于此折不唱，则亦退居他色，而以末若旦扮唱者，此一定之例也。然亦有出于例外者，如关汉卿之《蝴蝶梦》第三折，则旦之外，俫儿亦唱。尚仲贤之《气英布》第四折，则正末扮探子唱，又扮英布唱。张国宾之《薛仁贵》第三折，则丑扮禾旦上唱，正末复扮伴哥唱。范子安之《竹叶舟》第三折，则首列御寇唱，次正末唱。然《气英布》剧探子所唱已至尾声，故元刊本及《雍熙乐府》所选，皆至尾声而止，后三曲或后人所加。《蝴蝶梦》《薛仁贵》中，俫及丑所唱者，既非本宫之曲，且刊本中皆低一格，明非曲。《竹叶舟》中，列御寇所唱明曰道情，至下【端正好】曲，乃入正剧。盖但以供点缀之用，不足破元剧之例也。唯《西厢记》第一、第四、第五剧之第四折，皆以二人唱。今《西厢》只有明人所刊，其为原本如此，抑由后人窜入，则不可考矣。

元剧脚色中，除末、旦主唱，为当场正色外，则有净有丑，而末、旦二色支派弥繁。今举其见于元剧者，则末有外末、冲末、二末、小末；旦有老旦、大旦、小旦、旦俫、色旦、搽旦、外旦、贴旦等。《青楼集》云："凡伎以墨点破其面为花旦"，元剧中之色旦、搽旦殆即是也。元剧有外旦、外末，而又有外；外则或扮男，或扮女，当为外末、外旦之省。外末、外旦之省为外，犹贴旦之后省为贴也。按《宋史·职官志》："凡直馆院，则谓之馆职；以他官兼者，谓之贴职。"又《武林旧事》（卷四）"乾淳教坊乐部"有衙前，有和顾，而和顾人中，如朱和、蒋宁、王原全下，皆注云"次贴衙前"，意当与贴职之贴同，即谓非衙前而充衙前（"衙前"，谓临安府乐人）也。然则曰冲、曰外、曰贴，均系一义，谓于正色之外，又加某色以充之也。此外见于元剧者，以年龄言，则有若孛老、卜儿、徕儿；以地位、职业言，则有若孤、细酸、伴歌、禾旦、曳刺、邦老，皆有某色以扮之，而其自身则非脚色之名，与宋、金之脚色无异也。

元剧中歌者与演者之为一人，固不待言。毛西河《词话》独创异说，以为演者不唱、唱者不演。然《元曲选》各剧明云"末唱""旦唱"；《元刊杂剧》亦云"正末开"或"正末放"，则为旦、末自唱可知。且毛氏"连厢"之说，元、明人著述中从未见之，疑其言犹蹈明人杜撰之习；即有此事，亦不过演剧中之一派，而不足以概元剧也。

演剧时所用之物，谓之"砌末"。焦理堂《易余籥录》（卷十七）曰：《辍耕录》有'诸杂砌'之目，不知所谓。按元曲《杀狗劝夫》祇从取砌末上，谓所埋之死狗也；《货郎旦》外旦取砌末付净科，谓金银财宝也；《梧桐雨》正末引宫娥挑灯拿砌末上，谓七夕乞巧筵所设物也；《陈抟高卧》外扮使臣引卒子捧砌末上，谓诏书纁帛也；《冤家债主》和尚交砌末科，谓银也；《误入桃源》正末扮刘晨、外扮阮肇带砌末上，谓行李包裹或采药器具也；又净扮刘德引沙三、王留等将砌末上，谓春社中羊酒、纸钱之属也。"余谓焦氏之解砌末是也；然以之与杂砌相牵合，则颇不然。杂砌之解，已见上文，似与砌末无涉。砌末之语虽始见元剧，必为古语。按宋无名氏《续墨客挥犀》（卷七）云："问'今州郡有公宴，将作曲，伶人呼细末将来，此是何义？'对曰：'凡御宴进乐，先以弦声发之，然后众乐和之，故号丝抹将来。'今所在起曲，遂先之以竹声，不唯讹其名，亦失其实矣。"又张表臣《珊瑚钩诗话》（卷二）亦云："始作乐必曰'丝抹将来'，亦唐以来如是。"余疑"砌末"或为"细末"之讹，盖"丝抹"一语既讹为"细末"，其义已亡，而其语独存，遂误视为"将某物来"之意，因以指演剧时所用之物耳。

元剧之文章

元杂剧之为一代之绝作，元人未之知也。明之文人始激赏之，至有以关汉卿比司马子长者（韩文靖邦奇）。三百年来，学者、文人大抵屏元剧不观；其见元剧者，无不加以倾倒，如焦理堂《易余籥录》之说，可谓具眼矣。焦氏谓一代有一代之所胜，欲自楚骚以下撰为一集，汉则专取其赋，魏晋六朝至隋则专录其五言诗，唐则专录其律诗，宋专录其词，元专录其曲。余谓律诗与词固莫盛于唐、宋，然此二者果为二代文学中最佳之作否，尚属疑问。若元之文学，则固未有尚于其曲者也。元曲之佳处何在？一言以蔽之，曰：自然而已矣。古今之大文学，无不以自然胜，而莫著于元曲。盖元剧之作者，其人均非有名位、学问也；其作剧也，非有藏之名山、传之后人之意也。彼以意兴之所至为之，以自娱娱人。关目之拙劣所不问也，思想之卑陋所不讳也，人物之矛盾所不顾也。彼但摹写其胸中之感想与时代之情状，而真挚之理与秀杰之气时流露于其间。故谓元曲为中国最自然之文学，无不可也。若其文字之自然，则又为其必然之结果，抑其次也。

明以后传奇，无非喜剧，而元则有悲剧在其中。就其存者言之，如《汉宫秋》《梧桐雨》《西蜀梦》《火烧介子推》《张千替杀妻》等，初无所谓先离后合、始困终亨之事也。其最有悲剧之性质者，则如关汉卿之《窦娥冤》，纪君祥之《赵氏孤儿》。剧中虽有恶人交构其间，而其蹈汤赴火者，仍出于其主人翁之意志，即列之于世界大悲剧中，亦无愧色也。

元剧关目之拙，固不待言。此由当日未尝重视此事，故往往互相蹈袭，或草草为之。然如武汉臣之《老生儿》、关汉卿之《救风尘》，其布置、结构，亦极意匠惨淡之致，宁较后世之传奇有优无劣也。

然元剧最佳之处，不在其思想、结构，而在其文章。其文章之妙，亦一言以蔽之，曰：有意境而已矣。何以谓之有意境？曰：写情则沁人心脾，写景则在人耳目，述事则如其口出是也。古诗词之佳者无不如是，元曲亦然。明以后，其思想、结构尽有胜于前人者，唯意境则为元人所独擅。兹举数例以证之。其言情、述事之佳者，如关汉卿《谢天香》第三折：

【正宫端正好】我往常在风尘为歌妓，不过多见了几个筵席，回家来，仍作个自由鬼。今日倒落在无底磨牢笼内。

马致远《任风子》第二折：

【正宫端正好】添酒力，晚风凉，助杀气，秋云暮，尚兀自脚 趔趄，醉眼模糊。他化的我一方之地都食素，单则俺杀生的无缘度。

语语明白如画，而言外有无穷之意。又如《窦娥冤》第二折：

【斗虾蟆】空悲戚，没理会，人生死，是轮回。感著这般病疾，值著这般时势，可是风寒暑湿，或是饥饱劳役，各人征候自知。人命关天关地，别人怎生替得？寿数非干一世，相守三朝五夕。说甚一家一计，又无羊酒缎匹，又无花红财礼。把手为活过日，撒手如同休弃。不是窦娥忤逆，生怕旁人论议，不如听咱劝你，认个自家晦气。割舍的一具棺材，停置几件布帛，收拾出了咱家门里，送入他家坟地。这不是你那从小儿年纪，指脚的夫妻。我其实不关亲，无半点凄怆泪。休得要，心如醉，意似痴，便这等嗟嗟怨怨、哭哭啼啼。

此一曲直是宾白，令人忘其为曲。元初所谓当行家，大率如此。至中叶以后，已罕觏矣。其写男女离别之情者，如郑光祖《倩女离魂》第三折：

【醉春风】空服遍觑眩药，不能痊。知他这腌脏病何日起？要好时，直等的见他时。也只为这症候，因他上得得。一会家缥渺〔缈〕呵，忘了魂灵；一会家精细呵，使著躯壳；一会家混沌呵，不知天地。

【迎仙客】日长也，愁更长；红稀也，信尤稀；春归也，奄然人未归。我则道，相别也数十年；我则道，相隔著数万里。为数归期，则那竹院里刻遍琅玕翠。

此种词，如弹丸脱手，后人无能为役。唯南曲中《拜月》《琵琶》差能近之。

至写景之工者，则马致远《汉宫秋》第三折：

【梅花酒】呀！对著这迥野凄凉，草色已添黄。兔起早迎霜，犬褪得毛苍，人搠起缨枪，马负著行装，车运著餱粮，打猎起围场。他、他、他伤心辞汉主，我、我、我携手上河梁；他部从入穷荒，我銮舆返咸阳。返咸阳，过宫墙；过宫墙，绕回廊；绕回廊，近椒房；近椒房，月昏黄；月昏黄，夜生凉；夜生凉，泣寒螀；泣寒螀，绿纱窗；绿纱窗，不思量！

【收江南】呀！不思量，便是铁心肠；铁心肠，也愁泪滴千行。美人图今夜挂昭阳，我那里供养，便是我，高烧银烛照红妆。

（尚书云）陛下回銮罢，娘娘去远了也。（驾唱）：

【鸳鸯煞】我煞大臣行、说一个推辞谎，又则怕笔尖儿那火编修讲。不见那花朵儿精神，怎趁那草地里风光？唱道伫立多时，徘徊半晌，猛听的塞雁南翔，呀呀的声嘹亮，却原来满目牛羊，是兀那载离恨的毡车半坡里响。

以上数曲，真所谓写情则沁人心脾，写景则在人耳目，述事则如其口出者。第一期之元剧，虽浅深、大小不同，而莫不有此意境也。

古代文学之形容事物也，率用古语，其用俗语者绝无。又所用之字数亦不甚多。独元曲以许用衬字故，故辄以许多俗语，或以自然之声音形容之，此自古文学上所未有也。兹举其例，如《西厢记》第四剧第四折：

【雁儿落】绿依依，墙高柳半遮；静悄悄，门掩清秋夜；疏刺刺，林梢落叶风；昏惨惨，云际穿窗月。

【得胜令】惊觉我的是颤颤巍竹影走龙蛇，虚飘飘庄周梦蝴蝶，絮叨叨促织儿无休歇，韵悠悠砧声儿不断绝。痛煞煞伤别，急煎煎好梦儿应难舍。冷清清的咨嗟，娇滴滴玉人儿何处也？

此犹仅用三字也。其用四字者，如马致远《黄粱梦》第四折：

【叨叨令】我这里稳丕丕土炕上迷脮没腾的坐，那婆婆将粗剌剌陈米喜收希和的播，那蹇驴儿柳阴下舒著足乞留恶滥的卧，那汉子去脖项上婆娑没索的摸。你则早醒来了也么哥，你则早醒来了也么哥，可正是窗前弹指时光过。

其更奇绝者，则如郑光祖《倩女离魂》第四折：

【古水仙子】全不想这姻亲是旧盟，则待教煤庙火刮刮匝匝烈焰生，将水面上鸳鸯忒楞楞腾分开交颈，疏刺刺沙鞴雕鞍撒了锁鞋，厮琅琅汤偷香处喝号提铃，支楞楞争弦断了不续碧玉筝，吉丁丁珰精砖上摔破菱花镜，扑通通东井底坠银瓶。

又无名氏《货郎旦》剧第三折，则所用叠字其数更多：

【货郎儿六转】 我则见黯黯惨惨天涯云布，万万点点潇湘夜雨。正值著窄窄狭狭沟沟堑堑路崎岖，黑黑黯黯彤云布，赤留赤律潇潇洒洒断断续续出出律律忽忽鲁鲁阴云开处，霍霍闪闪电光星注；正值著飕飕摔摔风，淋淋渌渌雨，高高下下凹凹答答一水模糊，扑扑簌簌湿湿渌渌疏林人物，却便似一幅惨惨昏昏潇湘水墨图。

由是观之，则元剧实于新文体中自由使用新言语，在我国文学中，于《楚辞》《内典》外，得此而三。然其源远在宋、金二代，不过至元而大成。其写景、抒情、述事之美，所负于此者实不少也。

元曲分三种，杂剧之外，尚有小令、套数。小令只用一曲，与宋词略同；套数则合一宫调中诸曲为一套，与杂剧之一折略同。但杂剧以代言为事，而套数则以自叙为事，此其所以异也。元人小令、套数之佳，亦不让于其杂剧。兹各录其最佳者一篇，以示其例，略可以见元人之能事也。

小令《天净沙》（无名氏。此词庶斋《老学从谈》及元刊《乐府新声》均不著名氏。《尧山堂外纪》以为马致远撰，朱竹垞《词综》仍之，不知何据）：

枯藤老树昏鸦，小桥流水人家，古道西风瘦马，夕阳西下，断肠人在大涯。

套数《秋思》（马致远。见元刊《中原音韵》《乐府新声》）：

【双调夜行船】百岁光阴如梦蝶，重回首，往事堪嗟。昨日春来，今朝花谢，急罚盏，夜阑灯灭。

【乔木查】秦宫汉阙，做衰草牛羊野，不恁渔樵无话说。纵荒坟横断碑，不辨龙蛇。

【庆宣和】投至狐踪与兔穴，多少豪杰，鼎足三分半腰折，魏耶？晋耶？

【落梅风】天教富，不待奢，无多时好天良夜。看钱奴硬将心似铁，空辜负锦堂风月。

【风入松】眼前红日又西斜，疾似下坡车，晚来清镜添白雪，上床与鞋履相别，莫笑鸠巢计拙，葫芦提一就装呆。

【拨不断】利名竭，是非绝，红尘不向门前惹，绿树偏宜屋角遮，青山正补墙东缺，竹篱茅舍。

【离亭宴煞】蛩吟罢，一枕才宁贴；鸡鸣后，万事无休歇；算名利，何年是彻？密匝匝蚁排兵，乱纷纷蜂酿蜜，闹穰穰蝇争血。裴公"绿野堂"，陶令"血莲社"。爱秋来那些和露滴黄花，带霜烹紫蟹，煮酒烧红叶。人生有限杯，几个登高节？嘱咐与顽童记者：便北海探吾来，道东篱醉了也。

《天净沙》小令绝是天籁，仿佛唐人绝句。马东篱《秋思》一套，周德清评之，以为万中无一。明王元美等亦推为套数中第一，诚定论也。此二体虽与元杂剧无涉，可知元人之于曲，天实纵之，非后世所能望其项背也。

元代曲家，自明以来称关、马、郑、白。然以其年代及造诣论之，宁称关、白、马、郑为妥也。关汉卿一空依傍，自铸伟词，而其言曲尽人情，字字本色，故当为元人第一。白仁甫、马东篱高华雄浑，情深文明；郑德辉清丽芊绵，自成馨逸，均不失为第一流。其余曲家皆在四家范围内，惟宫大用瘦硬通神，独树一帜。以唐诗喻之，则汉卿似白乐天，仁甫似刘梦得，东篱似李义山，德辉似温飞卿，而大用则似韩昌黎；以宋词喻之，则汉卿似柳耆卿，仁甫似苏东坡，东篱似欧阳永叔，德辉似秦少游，大用似张子野。虽地位不必同，而品格则略相似也。明宁献王《曲品》跻马致远于第一，而抑汉卿于第十。盖元中叶以后，曲家多祖马、郑，而祧汉卿，故宁王之评如是，其实非笃论也。

元剧自文章上言之，优足以当一代之文学；又以其自然故，故能写当时政治及社会之情状，足以供史家论世之资者不少。又曲之多用俗语，故宋、金、元三朝遗语所存甚多。辑而存之、理而董之，自足为一专书。此又言语学上之事，而非此书之所有事也。

余　论

一

由此书所研究者观之，知我国戏剧汉、魏以来，与百戏合，至唐而分为歌舞戏及滑稽戏二种；宋时滑稽戏尤盛，又渐藉歌舞以缘饰故事；于是向之歌舞戏不以歌舞为主，而以故事为主，至元杂剧出而体制遂定。南戏出而变化更多，于是我国始有纯粹之戏曲；然其与百戏及滑稽戏之关系亦非全绝。此于第八章论古剧之结构时已略及之。元代亦然。意大利人马哥朴禄《游记》中，记元世祖时曲宴礼节云："宴毕彻〔撤〕案，伎人入，优戏者、奏乐者、倒植者、弄手技者，皆呈艺于大汗之前，观者大悦。"则元时戏剧亦与百戏合演矣。明代亦然。吕毖《明宫史》（木集）谓："钟鼓司过锦之戏约有百回，每回十余人不拘。浓淡相间，雅俗并陈，全在结局有趣。如说笑话之类，又如杂剧故事之类，各有引旗一对，锣鼓送上。所装扮者，备极世间骗局俗态，并闺阃拙妇呆男，及市井商匠、刁赖词讼、杂耍把戏等项。"则与宋之杂扮略同。至杂耍把戏，则又兼及百戏，虽在今日，犹与戏剧未尝全无关系也。

二

由前章观之，则北剧、南戏皆至元而大成，其发达亦至元代而止。嗣是以后，则明初杂剧，如谷子敬、贾仲名辈，矜重典丽，尚似元代中叶之作；至仁、宣间，而周宪王有燉，最以杂剧知名，其所著见于《也是园书目》者共三十种。即以平生所见者论，其所自刊者九种，刊于《杂剧十段锦》者十种，而一种复出，共得十八种。其词虽谐稳，然元人生气至是顿尽，且中颇杂以南曲，且每折唱者不限一人，已失元人法度矣。此后唯王渼陂九思、康对山海，皆以北曲擅场；而二人所作《杜甫游春》《中山狼》二剧，均鲜动人之处。徐文长渭之《四声猿》，虽有佳处，然不逮元人远甚。至明季所谓杂剧，如汪伯玉道昆、陈玉阳与郊、梁伯龙辰鱼、梅禹金鼎祚、王辰玉衡、卓珂月人月所作，搜于《盛明杂剧》中者，既无定折，又多用南曲，其词亦无足观。南戏亦然。此戏明中叶以前作者寥寥，至隆、万后始盛，而尤以吴江沈伯英璟、临川汤义仍显祖为巨擘。沈氏之词以合律称，而其文则庸俗不足道；汤氏才思诚一时之隽，然较之元人，显有人工与自然之别。故余谓北剧、南戏限于元代，非过为苛论也。

三

杂剧、院本、传奇之名，自古迄今，其义颇不一。宋时所谓杂剧，其初殆专指滑稽戏言之。孔平仲《谈苑》（卷五）："山谷云：作诗正如作杂剧，初时布置，临了须打诨。"吕本中《童蒙训》亦云："如作杂剧，打猛诨人，却打猛诨出。"《梦粱录》亦云："杂剧全用故事，务在滑稽。"故第二章所集之滑稽戏，宋人恒谓之杂剧，此杂剧最初之意也。至《武林旧事》所载之官本杂剧段数，则多以故事为主，与滑稽戏截然不同；而亦谓之杂剧，盖其初本为滑稽戏之名，后扩而为戏剧之总名也。元杂剧又与宋官本杂剧截然不同。至明中叶以后，则以戏曲之短者为杂剧，其折数则自一折以至六七折皆有之，又舍北曲而用南曲，又非元人所谓杂剧矣。

　　院本之名义亦不一。金之院本与宋杂剧略同。元人既创新杂剧，而又有院本，则院本殆即金之旧剧也。然至明初，则已有谓元杂剧为院本者，如《草木子》所谓"北院本特盛，南戏遂绝"者，实谓北杂剧也。顾起元《客座赘语》谓："南都万历以前大席，则用教坊打院本，乃北曲四大套者。"此亦指北杂剧言之也。然明文林《琅玡漫钞》（《苑录汇编》卷一百九十七）所纪太监阿丑打院本事，与《万历野获编》（卷二十六）所纪郭武定家优人打院本事，皆与唐、宋以来之滑稽戏同，则犹用金、元院本之本义也。但自明以后，大抵谓北剧或南戏为院本。《野获编》谓"逮本朝，院本久不传；今尚称院本者，犹沿宋、元之旧也。金章宗时，董解元《西厢》尚是院本模范"云云。其以《董西厢》为院本固误，然可知明以后所谓院本，实与戏曲之意无异也。

　　传奇之名，实始于唐。唐裴铏所作《传奇》六卷，本小说家言，为传奇之第一义也。至宋，则以诸宫调为传奇，《武林旧事》所载诸色伎艺人，诸宫调传奇有高郎妇、黄淑卿、王双莲、袁太道等。《梦粱录》亦云："说唱诸宫调，昨汴京有孔三传，编成传奇、灵怪，入曲说唱。"即《碧鸡漫志》所谓"泽州孔三传首唱诸宫调古传，士大夫皆能诵之"者也。则宋之传奇，即诸宫调，一谓之古传，与戏曲亦无涉也。元人则以元杂剧为传奇，《录鬼簿》所著录者均为杂剧，而录中则谓之传奇。又，杨铁崖《元宫词》云："《尸谏灵公》演传奇，一朝传到九重知。奉宣赍与中书省，诸路都教唱此词。"按：《尸谏灵公》乃鲍天祐所撰杂剧，则元人均以杂剧为传奇也。至明，人则以戏曲之长者为传奇（如沈璟《南九宫谱》等），以与北杂剧相别。乾隆间，黄文旸编《曲海目》，遂分戏曲为杂剧、传奇二种。余曩作《曲录》，从之。盖传奇之名，至明凡四变矣。

　　戏文之名出于宋、元之间，其意盖指南戏。明人亦多用此语，意亦略同。唯《野获编》始云："自北有《西厢》，南有《拜月》，杂剧变为戏文，以至《琵琶》，遂演为四十余折，几倍杂剧。"则戏曲之长者，不问北剧、南戏，皆谓之戏文，意与明以后所谓传奇无异。而戏曲之长者，北少而南多，故亦恒指南戏。要之，意义之最少变化者，唯此一语耳。

至我国乐曲与外国之关系，亦可略言焉。三代之顷，庙中已列夷蛮之乐。汉张骞之使西域也，得《摩诃兜勒》之曲以归，至晋吕光平西域，得龟兹之乐，而变其声。魏太武平河西得之，谓之西凉乐；魏、周之际，遂谓之国伎。龟兹之乐，亦于后魏时入中国。至齐、周二代，而胡乐更盛。《隋志》谓："齐后主唯好胡戎乐，耽爱无已，于是繁乎淫声，争新哀怨，故曹妙达、安未弱、安马驹之徒，至有封王开府者（曹妙达之祖曹婆罗门，受琵琶曲于龟兹商人，盖亦西域人也），遂服簪缨而为伶人之事。后主亦能自度曲，亲执乐器，悦玩无厌，使胡儿、阉官之辈齐唱和之。"北周亦然。太祖辅魏之时，得高昌伎，教习以备飨宴之礼。及武帝天和六年，罗掖庭四夷乐，其后帝娉皇后于北狄，得其所获康国、龟兹等乐，更杂以高昌之旧，并于大司乐习焉。故齐、周二代并用胡乐。至隋初，而太常雅乐，并用胡声；而龟兹之八十四调，遂由苏祗婆郑译而显。当时九部伎，除清乐、文康为江南旧乐外，余七部皆胡乐也。有唐仍之，其大曲、法曲，大抵胡乐，而龟兹之八十四调，其中二十八调尤为盛行。宋教坊之十八调，亦唐二十八调之遗物；北曲之十二宫调与南曲之十三宫调，又宋教坊十八调之遗物也。故南北曲之声，皆来自外国。而曲亦有自外国来者，其出于大曲、法曲等，自唐以前入中国者且勿论，即以宋以后言之，则徽宗时蕃曲复盛行于世。吴曾《能改斋漫录》（卷一）云，徽宗"政和初有旨，立赏钱五百千，若用鼓板改作北曲子，并著北服之类，并禁止，支赏。其后民间不废鼓板之戏，第改名太平鼓"云云。至"绍兴年间，有张五牛大夫听动鼓板，中有【太平令】，因撰为赚。"（见上）则北曲中之【太平令】与南曲中之【太平歌】皆北曲子。又第四章所载南宋赚词，其结构似北曲而曲名似南曲者，亦当自蕃曲出。而南北曲之赚，又自赚词出也。至宣和末，京师街巷鄙人多歌蕃曲，名曰【异国朝】、【四国朝】、【六国朝】、【蛮牌序】、【蓬蓬花】等，其言至俚，一时士大夫皆能歌之（见上）。今南北曲中尚有【四国朝】、【六国朝】、【蛮牌儿】，此亦蕃曲，而于宣和时已入中原矣。至金人入主中国，而女真乐亦随之而入。《中原音韵》谓："女真【风流体】等乐章，皆以女真人音声歌之。虽字有舛讹，不伤于音律者，不为害也。"则北曲双调中之【风流体】等，实女真曲也。此外，如北曲黄钟宫之【者刺古】，双调之【阿纳忽】、【古都白】、【唐兀歹】、【阿忽令】，越调之【拙鲁速】，商调之【浪来里】，皆非中原之语，亦当为女真或蒙古之曲也。

以上就乐曲之方面论之。至于戏剧，则除《拨头》一戏自西域入中国外，别无所闻。辽、金之杂剧院本，与唐、宋之杂剧结构全同。吾辈宁谓辽、金之剧皆自宋往，而宋之杂剧不自辽、金来，较可信也。至元剧之结构，诚为创见；然创之者实为汉人。而亦大用古剧之材料与古曲之形式，不能谓之自外国输入也。

至我国戏曲之译为外国文字也，为时颇早。如《赵氏孤儿》，则法人特赫尔特（Du Halde）实译于千七百六十二年，至一千八百三十四年，而裘利安（Julian）又重译之。又英人大维斯（Davis）之译《老生儿》在千八百十七年，其译《汉宫秋》在千八百二十九年。又，裘利安所译，尚有《灰阑记》《连环计》《看钱奴》，均在千八百三四十年间。而拔残（Bazin）氏所译尤多，如《金钱记》《鸳鸯被》《赚蒯通》《合汗衫》《来生债》《薛仁贵》《铁拐李》《秋胡戏妻》《倩女离魂》《黄粱梦》《昊天塔》《忍字记》《窦娥冤》《货郎旦》，皆其所译也。此种译书，皆据《元曲选》；而《元曲选》百种中，译成外国文者已达三十种矣。

（原载《东方杂志》1913 年。）

译本《琵琶记》序

　　欲知古人，必先论其世；欲知后代，必先求诸古；欲知一国之文学，非知其国古今之情状、学术不可也。近二百年来，瀛海大通，欧洲之人讲求我国故者亦夥矣，而真知我国文学者盖鲜。则岂不以道德、风俗之悬殊，而所知所感亦因之而异欤？抑无形之情感固较有形之事物为难知欤？要之，疆界所存，非徒在语言文字而已。以知之之艰，愈以知夫译之之艰。苟人于其所知于他国者虽博以深，然非老于本国之文学，则外之不能喻于人，内之不能慊诸己，盖兹事之难能久矣。如戏曲之作，于我国文学中为最晚，而其流传于他国也则颇早。法人赫特之译《赵氏孤儿》也，距今百五十年；英人大维斯之译《老生儿》，亦垂百年。嗣是以后，欧利安、拔善诸氏并事翻译，讫于今，元剧之有剧本者，几居三之一焉。余虽未读其译书，然大维斯于所译《老生儿》序中，谓元剧之曲但以声为主，而不以义为主，盖其所迻译者，科白而已。夫以元剧之精髓全在曲辞，以科白取元剧，其智去买椟还珠者有几？日本与我隔裨海，而士大夫能读汉籍者亦往往而有，故译书之事反后于欧人，而其能知我文学，固非欧人所能望也。癸丑夏日，得西村天囚君所译《琵琶记》而读之。南曲之剧，曲多于白。其曲白相生，亦较北曲为甚。故欧人所译北剧，多至三十种，而南戏则未有闻也。君之译此书，其力全注于曲。以余之不敏，未解日本文学，故于君文之趣、神、味、韵，余未能道焉；然以君之邃于汉学，又老于本国之文学，信君之所为，必远出欧人译本之上无疑也。

海宁王国维　序于日本京都吉田山麓寓庐

（1913 年作，原载《静庵文集续编》。）

附　录

《静庵文集》自序

　　余之研究哲学，始于辛壬之间。癸卯春，始读汗德之《纯理批评》，苦其不可解，读几半而辍。嗣读叔本华之书，而大好之。自癸卯之夏，以至甲辰之冬，皆与叔本华之书为伴侣之时代也。其所尤惬心者，则在叔本华之知识论，汗德之说得因之以上窥。然于其人生哲学观，其观察之精锐，与议论之犀利，亦未尝不心怡神释也。后渐觉其有矛盾之处。去夏所作《红楼梦评论》，其立论虽全在叔氏之立脚地，然于第四章内已提出绝大之疑问。旋悟叔氏之说，半出于其主观的气质，而无关于客观的知识。此意于《叔本华及尼采》一文中始畅发之。今岁之春，复返而读汗德之书。嗣今以后，将以数年之力，研究汗德。他日稍有所进，取前说而读之，亦一快也。故并诸杂文刊而行之，以存此二三年间思想上之陈迹云尔。

　　光绪三十一年秋八月，海宁王国维自序。

（1905 年作。）

《三十自序》一

　　岁月不居，时节如流，犬马之齿，已过三十。志学以来，十有余年，体素羸弱，不能锐进于学。进无师友之助，退有生事之累，故十年所造，遂如今日而已。然此十年间进步之迹，有可言焉。夫怀旧之感，恒笃于暮年，进取之方，不容于反顾。余年甫壮，而学未成，冀一篑以为山，行百里而未半。然举前十年之进步，以为后此十年、二十年进步之券，非敢自喜，抑亦自策励之一道也。余家在海宁，故中人产也，一岁所入，略足以给衣食。家有书五六簏，除《十三经注疏》为儿时所不喜外，其余晚自塾归，每泛览焉。十六岁，见友人读《汉书》而悦之，乃以幼时所储蓄之岁朝钱万，购前四史于杭州，是为平生读书之始。时方治举子业，又以其间学骈文、散文，用力不专，略能形似而已。未几而有甲午之役，始知世尚有所谓学者。家贫不能以资供游学，居恒怏怏，亦不能专力于是矣。二十二岁正月，始至上海，主《时务报》馆，任书记校雠之役。二月而上虞罗君振玉等私立之东文学社成，请于馆主汪君康年，日以午后三小时往学焉。汪君许之。然馆事颇剧，无自习之暇，故半年中之进步，不如同学诸子远甚。夏六月，又以病足归里，数月而愈。愈而复至沪，则《时务报》馆已闭，罗君乃使治社之庶务，而免其学资。是时社中教师为日本文学士藤田丰八、田冈佐代治二君。二君故治哲学，余一日见田冈君之文集中，有引汗德、叔本华之哲学者，心甚喜之。顾文字暌隔，自以为终身无读二氏之书之日矣。次年社中兼授数学、物理、化学、英文等，其时担任数学者，即藤田君。君以文学者而授数学，亦未尝不自笑也。顾君勤于教授，其时所用藤泽博士之算术、代数两教科书，问题殆以万计，同学三四人者，无一问题不解，君亦无一不校阅也。又一年，而值庚子之变，学社解散。盖余之学于东文学社也二年有半，而其学英文亦一年有半。时方毕第三读本，乃购第四第五读本，归里自习之。日尽一二课，必以能解为度，不解者且置之。而北乱稍定，罗君乃助以资，使游学于日本。亦从藤田君之劝，拟专修理学。故抵日本后，昼习英文，夜至物理学校习数学。留东京四五月而病作，遂以是夏归国。自是以后，遂为独学之时代矣。体素羸弱，性复忧郁，人生之问题，日往复于吾前。自是始决从事于哲学，而此时为余读书之指导者，亦即藤田君也。次岁春，始读翻尔彭之《社会学》及文之《名学》，海甫定《心理学》之半，而所购哲学之书亦至，于是暂辍《心理学》而读巴尔善之《哲学概论》、文特尔彭之《哲学史》。当时之读此等书，固与前日之读英文读本之道无异。幸而已得读日文，则与日文之此类书参照而观之，遂得通其大略。既卒《哲学概论》《哲学史》，次年始读汗德之《纯理批评》，至《先天分析论》几全不可解，更辍不读，而读叔本华之《意志及表象之世界》一书。叔氏之书，思精而笔锐。是岁前后读二过，次及于其《充足理由之原则论》《自然中之意志论》及其文集等，尤以其《意志及表象之世界》中《汗德哲学之批评》一篇，为通汗德哲学关键。至二十九岁，更返而读汗德之书，则非复前日之窒碍矣。嗣是于汗德之《纯理批评》外，兼及其伦理学及美学。至今年从事第四次之研究，则窒碍更少，而觉其窒碍之处，大抵其说之不可恃处而已。此则当日志学之初所不及料，而在今日亦得以自慰藉者也。此外如洛克、休蒙之书，亦时涉猎及之。近数年来为学之大略如此。顾此五六年间，亦非能终日治学问，其为生活故而治他人之事，日少则二三时，多或三四时，其所用以读书者，日多不逾四时，少不过二时。过此以往则精神涣散，非与朋友谈论，则涉猎杂书。唯此二三时间之读书，则非有大故，不稍间断而已。夫以余境之贫薄，而体之孱弱也，又每日为学时间之寡也，持之以恒，尚能小有所就，况财力精力之倍于余者，循序而进，其所造岂有量哉！故书十年间之进步，非徒以为责他日进步之券，亦将以励今之人使不自馁也。若夫余之哲学上及文学上之撰述，其见识、文采，亦诚有过人者，此则汪氏中所谓"斯有天致，非由人力，虽情符曩哲，未足多矜"者，固不暇为世告焉。

（原载《教育世界》杂志 1907 年。）

《三十自序》二

前篇既述数年间为学之事，兹复就为学之结果述之。

余疲于哲学有日矣。哲学上之说，大都可爱者不可信，可信者不可爱。余知真理，而余又爱其谬误。伟大之形而上学、高严之伦理学与纯粹之美学，此吾人所酷嗜也。然求其可信者，则宁在知识论上之实证论、伦理学上之快乐论与美学上之经验论。知其可信而不能爱，觉其可爱而不能信，此近二三年中最大之烦闷，而近日之嗜好，所以渐由哲学而移于文学，而欲于其中求直接之慰藉者也。要之，余之性质，欲为哲学家，则感情苦多而知力苦寡；欲为诗人，则又苦感情寡而理性多。诗歌乎？哲学乎？他日以何者终吾身，所不敢知，抑在二者之间乎？

今日之哲学界，自赫尔德曼以后，未有敢立一家系统者也。居今日而欲自立一新系统，自创一新哲学，非愚则狂也。近二十年之哲学家，如德之芬德，英之斯宾塞尔，但搜集科学之结果，或古人之说而综合之、修正之耳。此皆第二流之作者，又皆所谓可信而不可爱者也。此外所谓哲学家，则实哲学史家耳。以余之力，加之以学问，以研究哲学史，或可操成功之券。然为哲学家则不能，为哲学史则又不喜，此亦疲于哲学之一原因也。

近年嗜好之移于文学，亦有由焉，则填词之成功是也。余之于词，虽所作尚不及百阕，然自南宋以后，除一二人外，尚未有能及余者，则平日之所自信也。虽比之五代、北宋之大词人，余愧有所不如；然此等词人，亦未始无不及余之处。因词之成功，而有志于戏曲，此亦近日之奢愿也。然词之于戏曲，一抒情，一叙事，其性质既异，其难易又殊，又何敢因前者之成功，而遽冀后者乎？但余所以有志于戏曲者，又自有故。吾中国文学之最不振者，莫戏曲若。元之杂剧，明之传奇，存于今日者，尚以百数。其中之文字虽有佳者，然其理想及结构，虽欲不谓至幼稚至拙劣，不可得也。国朝之作者，虽略有进步，然比诸西洋之名剧，相去尚不能以道里计。此余所以自忘其不敏，而独有志乎是也。然目与手不相谋，志与力不相副，此又后人之通病。故他日能为之与否，所不敢知；至为之而能成功与否，则愈不敢知矣。

虽然，以余今日研究之日浅，而修养之力乏，而遽绝望于哲学及文学，毋乃太早计乎？苟积毕生之力，安知于哲学上不有所得，而于文学上不终有成功之一日乎？即今一无成功，而得于局促之生活中，以思索玩赏为消遣之法，以自逭于声色货利之域，其益固已多矣。《诗》云："且以喜乐，且以永日。"此吾辈才弱者之所有事也。若夫深湛之思，创造之力，苟一日集于余躬，则俟诸天之所为欤！俟诸天之所为欤！

（原载《教育世界》杂志 1907 年。）

初版总跋

金　雅

《中国现代美学名家文丛》选题的动议起自 2007 年末，至全部校定已是 2009 年的初春了。

对中国现代美学作一些资料方面的整理，一直是我的心愿。这既是近年从事相关研究所积累的感情的因素，更是因为随着对相关研究现状的逐渐了解，觉得这方面的整理工作，是很需要也是很有意义的。中国现代美学的研究，在国内的美学研究中，本身就是一个薄弱的环节，资料整理更是欠缺。但是，中国现代美学在中国美学的发展进程中，又是非常重要的一个阶段，它是中国美学学科自觉的开端，有着承前启后的重要意义。同时，由于美学自身作为人文学科的特殊性质以及中国现代美学所孕生的特定时代背景，中国现代美学具有浓郁的人文情怀以及特有的思想锋芒，它们对于今天仍有着独特的价值。而相对于中国古代文献整理工作的硕果累累，20 世纪前 50 年即通常所说的中国"近代"后期与"现代"阶段的相关成果，在文献的整理出版方面，无疑是相对滞后的。近年来，或听到或看到关于"20 世纪文化遗产"的概念与说法。希望这样的理念与识见也能够在更广泛的领域引起关注与重视！事实上，对于中国近现代学术与思想典籍的整理滞后，必然会影响对这一阶段研究的深入，也不利于民族学术、思想、文化精神的贯通、发掘与创新。同时晚清以降至民国时期的文献资料，若不及早整理抢救，也同样面临着散佚缺失等种种问题。而且民国时期的文献，有大量的并未整理成集，仅见诸报端；有些只是书信或手稿。将这些现代文献依据一定的要求与体例予以梳理整饬，编辑校定，相信亦是一桩有意义的事情！

《文丛》编选过程中所涉及的具体工作与难度，在某些方面超出了开始的预计与想象。对中国现代美学的重要代表人物在同一层面上作集中的文献整理与推出，迄今可能是第一次尝试。我们希望这样的组合，不是表面的，而是通过各卷对文献的遴选与组织，能够有效体现出各家的特色，突出中国现代美学的性质。为此，《文丛》各卷在编排上也采用了上、下编的体例。上编主要为选主对美与艺术的基本观念的文字与相关论著，包括关系密切的哲学、人生、文化、教育、伦理、生活等方面的文字，以及关于美与艺术基本性质、价值等方面的文字。下编则主要为选主对审美、艺术等问题具体见解的文字。同时，《文丛》各卷文章的前后编排也不似通常的以时间为序，而主要依据所论思想或问题的性质、内在逻辑等为序。这样的安排一方面是尊重所选各家的固有特点，另一方面也是希望能通过这些有意识的编排，来体现我们在学术上的某些思考和对中国现代美学主要特征的某些认识。

在编选中，我们也希望这套《文丛》能够成为具有普遍意义的人文读物，充分发挥美学文丛的所长，不仅是专门的研究者来读，也可以有更多的人文关怀者、更多的普通读者来读。因此在编选中，我们也努力想做到学术与思想的并重，这也正是中国现代美学的重要特点之一，是《文丛》几位选主的重要特点之一。同时，《文丛》在文字、标点等方面的校订处理上，在尊重学术严谨性的基础上，也尽量力求贴近今人的习惯，以方便今天读者的阅读。

我们的努力与想法，真诚期望能得到学界朋友们和读者朋友们的批评、指教！

这样一个工程，能够顺利完成，是离不开各方面的关心与支持的！

首先，要诚挚感谢热心参与编选的各位先生。他们都是相关选主的研究专家，著有相关方面的专著，有些还是相关领域的开拓者或权威专家，手头拥有相对丰富的一手资料。他们的加盟，从根本上保证了《文丛》的编选质量。他们撰写的各卷《导读》，也是各自多年研究的心得，为整套《文丛》增色不少，不仅提升了《文丛》的学术含量，相信对于读者的阅读也一定会有帮助。在整个编选过程中，各位先生屡屡放下手头诸多其他重要工作，也常常放弃了包括国庆、元旦、春节等在内的许多假日。在整个编选过程中，我们反复讨论甚至争执，从整体选题框架的确立、丛书的基本定位与风格、具体文章的遴选，到各个小的细节。这个过程，不仅促进了彼此思想的沟通，也切实提升了《文丛》的质量。

《文丛》的顺利编选出版，还得益于学界诸多专家与朋友们的热心支持与帮助！《文丛》专家委员会的各位先生为整套文丛的编选出版与质量保证付出了心血，从选题到文章篇目，包括一些小的细节！其中有几位先生还多次审读了相关文稿，并给出了具体宝贵的意见！诸多热心的朋友与同道或提供相关咨询，或出谋划策，在学术与其他方面给予了热情的帮助！我的几位研究生也认真校阅了部分书稿。在此一并致谢！

2009 年初春于杭州运河畔松风居

重印后记

金 雅

　　《中国现代美学名家文丛》于 2009 年 3 月首印，迄今短短两载。这样的纯学术书籍能在如此短的时间内重印，当然是令人高兴的。感谢出版社对这套《文丛》的高度重视和读者朋友们的厚爱。《文丛》问世以来，也得到了媒体、名家后人、学界友人们的关心和关注。我先后工作的杭州师范大学、浙江理工大学也都对这套丛书给予了大力支持。此外，常有相熟不相熟的旧友新朋或相询或自荐或推荐，希望《文丛》能继续编下去，希望中国现代美学的资料库能更为完整。我相信，这一切都源自对民族文化学术薪火相传的渴望。

　　朱光潜先生言，穷到究竟，美与真与善并无隔阂。梁启超先生言，我们不可能个个都做供给美术的"美术家"，但应该个个都成为能够享用美术的"美术人"。体美乃成人。相信《文丛》各家的智慧也会源源不断滋润我们生命之根柢。

　　生命因为有艰难有困惑有痛苦有喜悦而丰满而明艳，生命也因为我们自己的欣赏品味而动人而美丽！

　　感谢一路相携相助的诸位师长、亲友、领导和同事，还有在电话中在邮件中讨论争议相知而不曾谋面的朋友们，谢谢你们！

2011 年春再记于杭州运河畔松风居

再版后记

金 雅

　　本《文丛》2009年由浙江大学出版社初版，2011年由该社第2次印刷。现在，《文丛》将由中国文联出版社再版，我借此机会，一来向两家出版社致谢，二来也再絮叨几句。

　　《文丛》是中国现代美学领域第一套大型文献汇编。可以说，这套《文丛》有三个突出的特点：一是把中国现代美学最具代表性和成就的六位名家集中在一起，予以整体呈现；二是通过有针对性有重点的遴选编排，着力呈现这些名家所共同体现的中华美学的一些重要精神传统；三是各卷选编者都有对选主的精深研究，是相关领域公认的重要专家。

　　《文丛》出版后，受到了广泛的关注和好评。为进一步推进对《文丛》遴选的六大家及中国现代美学的研究，2012年，我们原班人马又一起合作，出版了共计6册的《中国现代美学名家研究丛书》。《丛书》是与《文丛》配套的研究专著系列。

　　中国现代美学研究，曾长期沉寂。学界的研究重点，或在中国古代，或在西方。实际上，中国现代，恰恰是古今中西的交汇点，在美学领域，其重要意义更不容小觑。美学的学科概念，在此时引入中国。中国美学自此才开启了不同于古代的现代学科进程。也正是从这个时候开始，中国美学才真正有了与西方自觉对话的意愿与可能。同时，在这个时期，我们的重要美学大家，以《文丛》遴选的六位为杰出代表，几乎都是既兼融中西古今滋养，又深承民族文化神髓，在直面民族审美的现实问题中来思考构建中国现代美学的理论大厦的。所以，从这些大家身上，从他们的精彩文字中，我们不仅可以去了解去观照中国现代美学的基本面貌，也可以去感受去体会中国现代文化的精神气韵。可以说，从中国现代美学始，中华美学的民族学派已风姿初呈，呼之欲出。而中国现代美学的突出民族精神，审美情怀与现实关怀相统一的人生论精神，正是美学，也是人文科学，启益我们的最为重要的价值之一。

把这套《文丛》既做成学术研究的经典文献，又做成具有普遍意义的人文读物，一直是我们的期冀。希望以六大家为代表的精彩的审美世界和精神世界，能照亮我们的生命和生活。也希望在专门的学者和研究者之外，有更多的读者，阅读这套书，喜欢这套书。

2017 年春于杭州运河畔松风居

再版重印后记

金 雅

  《中国现代美学名家文丛》于 2009 年 3 月首次出版印行，2011 年 5 月第 2 次印刷面市。2017 年 7 月，《文丛》由中国文联出版社再版。如今，新版《文丛》首印库存告罄，拟再印。这确让人欣喜而感慨。

  《文丛》的编辑出版，承聂振斌、宛小平、王德胜、余连祥诸先生的倾力支持，也得到了诸学界前辈、同仁、专家、名家后人、出版社、媒体等的大力支持。2009 年初版面市时，我们曾与中华美学学会、浙江省社科联、浙江大学出版社等，于 2009 年 4 月共同在杭举行了《文丛》的首发式，梁启超先生子梁思礼院士、中华美学学会会长汝信先生莅临，发表了热情洋溢的讲话，给予了高度的肯定与勉励。2017 年《文丛》再版，承中华美学学会、中国文联文艺评论中心、《社会科学战线》杂志社、东南大学艺术学院、《艺术百家》杂志社、《中国文艺评论》杂志等支持，还有出版方中国文联出版社，6 月共同在杭举行了《文丛》新版发布仪式，中国文联副主席陈振濂先生、中华美学学会会长高建平先生、中国文联文艺评论中心主任庞井君先生、朱光潜孙宛小平先生、王国维重孙王亮先生等莅临。前后两次活动，还有诸多学界同仁和多家媒体等参与。

  作为《文丛》的主编和编选之一，我深深感谢大家的厚爱！《文丛》的编选，我们始终坚持一个理念，就是不是一般地罗列文章，而是以突出中华美学的人生论精神传统为主线，围绕这个核心遴选编排。可以说，《文丛》编选的过程也是我们研究、学习民族美学的优秀思想资源，认识、辨析中华美学的基本精神特质的过程。

《文丛》是一套美学资料库，也是一套人文读本库。梁启超的"趣味"美、王国维的"境界"美、朱光潜的"情趣"美、宗白华的"情调"美、丰子恺的"真率"美，还有蔡元培对"合美丽与尊严"之美感价值的吁呼，读之无不涵情慧趣，启智益心。相信这套美学之美文，会有更多的读者喜爱。

2017 年初秋于杭州运河畔松风居

图书在版编目（CIP）数据

中国现代美学名家文丛·王国维卷 / 金雅主编；王国维原著；聂振斌选编．
-- 北京：中国文联出版社，2017.7
ISBN 978-7-5190-1679-1

Ⅰ．①中… Ⅱ．①金…②王…③聂… Ⅲ．①社会科学 – 文集②王国维
（1877–1927）—文集 Ⅳ．① C53

中国版本图书馆 CIP 数据核字（2016）第 162887 号

中国现代美学名家文丛·王国维卷

文丛主编：金　雅

原　　著：王国维　　　　　　　　选　　编：聂振斌

出版人：朱　庆

终审人：奚耀华　　　　　　　　　复审人：曹艺凡

责任编辑：邓友女　王海腾　　　　责任校对：张　宇

封面设计：申爱芬　　　　　　　　责任印制：陈　晨

出版发行：中国文联出版社

地　　址：北京市朝阳区农展馆南里 10 号，100125

电　　话：010–85923074（咨询）85923000（编务）85923020（邮购）

传　　真：010–85923000（总编室），010–85923020（发行部）

网　　址：http://www.clapnet.cn　　　　http://www.claplus.cn

E – mail：clap@clapnet.cn　　　　　　wanght@clapnet.cn

印　　刷：中煤（北京）印务有限公司

装　　订：中煤（北京）印务有限公司

法律顾问：北京天驰君泰律师事务所徐波律师

本书如有破损、缺页、装订错误，请与本社联系调换

开　本：710×1000	1/16
字　数：260 千字	印　张：19.25
版　次：2017 年 7 月第 1 版	印　次：2017 年 10 月第 2 次印刷
书　号：ISBN 978-7-5190-1679-1	
定　价：58.00 元	